HENRY FORD. MI VIDA Y OBRA

HENRY FORD

EN COLABORACIÓN CON SAMUEL CROWTHER

Título Original: My life and work.
© Diseño de cubierta, Jon Rouco, 2014.
© De la traducción, Jon Rouco, 2014.
Todos los derechos reservados.
ISBN: 1500844160
ISBN-13: 978-1500844165

ÍNDICE

INTRODUCCIÓN: ¿CUÁL ES LA IDEA? 9

CAPÍTULO I: EL COMIENZO DEL NEGOCIO 21

CAPÍTULO II: LO QUE APRENDÍ ACERCA DE LOS NEGOCIOS 29

CAPÍTULO III: LA PUESTA EN MARCHA DEL VERDADERO NEGOCIO 39

CAPÍTULO IV: EL SECRETO DE LA FABRICACIÓN Y EL SERVICIO 51

CAPÍTULO V: COMIENZA LA PRODUCCIÓN 59

CAPÍTULO VI: MÁQUINAS Y HOMBRES 69

CAPÍTULO VII: EL TERROR A LA MÁQUINA 77

CAPÍTULO VIII: SALARIOS 85

CAPÍTULO IX: ¿POR QUÉ NO TENER SIEMPRE BUENOS NEGOCIOS? 95

CAPÍTULO X: ¿CÓMO DE BARATAS PUEDEN HACERSE LAS COSAS? 101

CAPÍTULO XI: DINERO Y BIENES 111

CAPÍTULO XII: DINERO: ¿AMO O SIRVIENTE? 119

CAPÍTULO XIII: ¿POR QUÉ SER POBRES? 129

CAPÍTULO XIV: EL TRACTOR Y LA AGRICULTURA MECANIZADA 137

CAPÍTULO XV: ¿POR QUÉ CARIDAD? 145

CAPÍTULO XVI: LOS FERROCARRILES 155

CAPÍTULO XVII: LAS COSAS EN GENERAL 163

CAPÍTULO XVIII: DEMOCRACIA E INDUSTRIA 175

CAPÍTULO XIX: LO QUE PODEMOS ESPERAR 183

Henry Ford. Hartsook Photographer, 1919 / LOC.

INTRODUCCIÓN
¿CUÁL ES LA IDEA?

Solamente estamos al comienzo del desarrollo de nuestro país: hasta ahora no hemos hecho, con toda nuestra charla sobre el maravilloso progreso, más que arañar la superficie. El progreso ha sido bastante asombroso, pero cuando comparamos lo que hemos hecho con lo que queda por hacer, entonces nuestros logros pasados son como nada. Si tenemos en cuenta que simplemente para arar el suelo se utiliza más energía que la que se utiliza en todos los establecimientos industriales del país juntos, eso nos da una idea de la cantidad de oportunidades que hay por delante. Y ahora, con tantos países del mundo en efervescencia y con tanta inquietud en todas partes, es un excelente momento para sugerir algo sobre las cosas que se podrían hacer a la luz de lo que ya se ha hecho.

Cuando uno habla de aumentar la energía, la maquinaria y la industria se proyecta la imagen de un mundo frío y metálico en el que las grandes fábricas acaban con los árboles, las flores, los pájaros y los campos verdes. Y se piensa que de este modo tendremos un mundo compuesto de máquinas de metal y máquinas humanas. No estoy de acuerdo con todo eso. Yo pienso que a menos que sepamos más acerca de las máquinas y su uso, a menos que entendamos mejor la parte mecánica de la vida, no podremos tener el tiempo para disfrutar de los árboles, y los pájaros, y las flores, y los campos verdes.

Creo que ya hemos ido demasiado lejos desterrando las cosas agradables de la vida por pensar que hay cierta oposición entre vivir y lograr los medios para vivir. Perdemos tanto tiempo y energía que nos sobra poco para disfrutar de nosotros mismos.

Energía y maquinaria, dinero y bienes, solo son útiles en la medida en que nos hacen libres para vivir. No son más que medios para alcanzar un fin. Por ejemplo, yo no considero a las máquinas que llevan mi nombre simplemente como máquinas. Si eso fuera todo lo que me inspiran me dedicaría a otra cosa. Yo las considero como una prueba concreta de la elaboración de una teoría de los negocios que espero que sea algo más que una teoría de los negocios: una teoría orientada a hacer de este mundo un lugar mejor en el que vivir. El hecho de que el éxito comercial de la Ford Motor Company haya sido de lo más inusual es importante solamente porque sirve para demostrar, de un modo que nadie puede dejar de entender, que la teoría, hasta la fecha, es correcta. Únicamente considerándolo a esta luz puedo criticar el sistema prevaleciente de la industria y la organización del dinero y de la sociedad desde el punto de vista de alguien que no ha sido vencido por ellos. Tal y como están organizadas las cosas ahora, podría, si pensara solo egoístamente, no demandar ningún cambio. Si solo quiero dinero, el sistema actual está bien; me proporciona dinero en cantidad. Pero estoy pensando en el servicio. El sistema actual no permite el mejor servicio porque alienta todo tipo de despilfarros: impide que muchos hombres consigan el retorno pleno del servicio. Y eso no va a ninguna parte. Todo consiste en mejorar la planificación y el ajuste.

No tengo nada en contra de la actitud general de mofarse de las nuevas ideas. Es mejor ser escéptico con todas las ideas nuevas e insistir en que se demuestren antes que precipitarse a un ajetreo mental continuo después de cada idea nueva. El escepticismo, si con él nos referimos a la cautela, es el volante regulador de la civilización. La mayoría de los graves problemas actuales del mundo surgen de asumir nuevas ideas sin antes investigar cuidadosamente para descubrir si son buenas ideas. Una idea no es necesariamente buena porque es vieja, o necesariamente mala porque es nueva, pero si una vieja idea funciona, entonces todo el peso de la evidencia está a su favor. Las ideas son extraordinariamente valiosas en sí mismas, pero una idea es solamente una idea. Casi cualquiera puede tener una idea. Lo que cuenta es convertirla en un producto práctico.

Ahora mismo estoy más interesado en demostrar por completo que las ideas que hemos puesto en práctica son capaces de las mayores aplicaciones, que no tienen nada que ver en particular con automóviles o tractores, sino que forman en la naturaleza algo así como un código universal. Estoy bastante seguro de que es el código natural, y quiero demostrarlo tan a fondo que llegue a aceptarse no como una idea nueva, sino como un código natural.

Lo natural es trabajar, reconocer que la prosperidad y la felicidad solo pueden obtenerse a través del esfuerzo honesto. Los males humanos surgen en gran medida de intentar escapar de este trazado natural. No tengo ninguna sugerencia que vaya más allá de aceptar en toda su plenitud este principio de la naturaleza. Doy por sentado que debemos trabajar. Todo lo que hemos logrado viene como resultado de una cierta insistencia en que, dado que tenemos que trabajar, es mejor trabajar con inteligencia y previsión; que cuanto mejor hagamos nuestro trabajo, mejor estaremos nosotros. Todo esto lo concibo como del sentido común más elemental.

Yo no soy un reformista. Creo que sobreabundan las tentativas de reforma en el mundo y que prestamos demasiada atención a los reformistas. Hay dos tipos de reformistas. Ambos son molestos. El hombre que se hace llamar a si mismo reformista quiere destrozar las cosas. Es el tipo de hombre que rompe una camisa entera porque el botón del cuello no encaja en el ojal. A él nunca se le ocurriría agrandar el ojal. Esta clase de reformista nunca, bajo ninguna circunstancia, sabe lo que está haciendo. Experiencia y reforma no van de la mano. Un reformista no puede mantener su entusiasmo al rojo vivo en presencia de un hecho. Debe impugnar todos los hechos.

Desde 1914 una enorme cantidad de personas ha recibido ropajes intelectuales nuevos. Muchos están empezando a pensar por primera vez. Abrieron los ojos y se dieron cuenta de que estaban en el mundo. Luego, con un estremecimiento de independencia, se dieron cuenta de que podían ver el mundo de manera crítica. Así lo hicieron, y lo encontraron defectuoso. La intoxicación de asumir la posición dominante de un crítico social, que cada cual tiene el derecho a asumir, resulta desequilibrante al principio. El crítico muy joven está muy desequilibrado. Está vigorosamente a favor de acabar con el viejo orden y comenzar uno nuevo. De hecho se las arreglaron para iniciar un nuevo mundo en Rusia. Es allí donde mejor se puede estudiar el trabajo de los creadores de mundos. Aprendemos de Rusia que es la minoría y no la mayoría la que determina la acción destructiva. Aprendemos también que aunque los hombres puedan dictar leyes sociales en conflicto con las leyes naturales, la naturaleza veta esas leyes con más inclemencia que los zares. La naturaleza ha vetado toda la República Soviética. Pues pretendía negar la naturaleza. Por encima de todo negó el derecho a los frutos del trabajo. Algunas personas dicen: "Rusia tendrá que ponerse a trabajar", pero eso no describe la situación. El hecho es que la pobre Rusia está trabajando, pero su trabajo no cuenta para nada. No es trabajo libre. En los Estados Unidos, un trabajador trabaja ocho horas al día; en Rusia, trabaja de doce a catorce. En los Estados Unidos, si un trabajador quiere dejar de trabajar un día o una semana, y puede costeárselo, no hay nada que se lo impida. En Rusia, bajo el régimen soviético, el trabajador va a trabajar tanto si quiere como si no. La libertad del ciudadano ha desaparecido en la disciplina de una monotonía carcelaria en la que todos son tratados por igual. Eso es esclavitud. La libertad es el derecho a trabajar una cantidad decente de horas y conseguir una vida decente por hacerlo; es ser capaz de organizar los pequeños detalles personales de la propia vida de uno. La suma de estos y muchos otros conceptos de la libertad es lo que constituye la gran Libertad ideal. Son las formas menores de la Libertad las que lubrican la vida cotidiana de todos nosotros.

Rusia no pudo arreglárselas sin inteligencia y sin experiencia. Tan pronto como empezó a dirigir sus fábricas mediante comités, las condujo al desastre y la ruina; había más debate que producción. Tan pronto como expulsaron a los hombres cualificados, miles de toneladas de materiales preciosos se echaron a perder. Los fanáticos indujeron a la gente a morirse de hambre. Los soviéticos están ofreciendo ahora grandes sumas de dinero a los ingenieros, a los administradores, a los capataces y a los superintendentes, a los que al principio expulsaron, solamente para que vuelvan. El bolchevismo está llorando ahora por los cerebros y la experiencia a los que tan despiadadamente trató ayer. Todo lo que la "reforma" hizo por Rusia fue bloquear la producción.

Hay en este país un elemento siniestro que desea introducirse entre los hombres que trabajan con sus manos y los hombres que piensan y planifican para los hombres que trabajan con sus manos. La misma tendencia que expulsó de Rusia a los cerebros, la experiencia y la aptitud está muy ocupada creando prejuicios aquí. No debemos tolerar que el extraño, el destructor, el que odia a la humanidad feliz, divida a nuestro pueblo. En la unión reside la fuerza de América, y su libertad. Por otro lado, tenemos a un tipo diferente de reformista que nunca se hace llamar así. Se parece extraordinariamente al reformista radical. El radical no ha tenido ninguna experiencia y no la desea. La otra clase de reformista ha tenido mucha experiencia pero no le ha hecho ningún bien. Me refiero al reaccionario, quien se sorprenderá de encontrarse incluido exactamente en la misma categoría que el bolchevique. Él quiere volver a alguna situación previa, no porque fuera la mejor situación, sino porque cree que sabe acerca de esa situación.

Una multitud quiere destruir el mundo entero con el fin de crear uno mejor. La otra considera tan bueno al mundo que bien podría dejarlo tal y como está...

y verlo decaer. La segunda noción surge, al igual que la primera, de no usar los ojos para ver. Es perfectamente posible destrozar este mundo, pero no es posible construir uno nuevo. Es posible evitar que el mundo avance, pero entonces no es posible evitar que retroceda... y decaiga. Es absurdo creer que, si todo se vuelve del revés, todo el mundo obtendrá por ello tres comidas al día. O bien que si todo se petrificara podría pagarse el seis por ciento de interés. El problema que tienen en común los reformistas y los reaccionarios es que ambos se alejan de las realidades, de las actividades principales.

Uno de los consejos de la cautela es estar muy seguros de que no confundimos un giro reaccionario con un retorno al sentido común. Hemos pasado por un período de fuegos artificiales de todo tipo, y por la realización de un gran número de mapas ideales de progreso. No hemos llegado a ninguna parte. Fue una conferencia, no una marcha. Se dijeron cosas preciosas, pero cuando llegamos a casa nos encontramos el horno apagado. Los reaccionarios se han aprovechado con frecuencia del retroceso de ese período, y han prometido "los buenos viejos tiempos" (que por lo general significa los malos viejos abusos), y debido a que están enteramente privados de visión a veces se los considera "hombres prácticos". Su regreso al poder es a menudo aclamado como el retorno del sentido común.

Las actividades principales son la agricultura, la fabricación y el transporte. La vida en comunidad es imposible sin ellas. Ellas mantienen al mundo unido. Cultivar cosas, fabricar cosas y obtener cosas es tan primitivo como la necesidad humana, y sin embargo tan moderno como cualquier cosa puede serlo. Esas cosas son la esencia de la vida física. Cuando cesan, la vida en comunidad cesa. Es verdad que las cosas se están desbocando en el mundo actual bajo el sistema actual, pero podemos esperar una mejora si los fundamentos permanecen firmes. El gran engaño es que uno puede cambiar el fundamento, usurpar la parte del destino en el proceso social. Los fundamentos de la sociedad son los hombres y los medios para hacer crecer cosas, para fabricar cosas y para transportar cosas. Mientras que la agricultura, la fabricación y el transporte sobrevivan, el mundo puede sobrevivir a cualquier cambio económico o social. Al cumplir con nuestro trabajo servimos al mundo.

Hay mucho trabajo que hacer. Los negocios son simplemente trabajo. La especulación sobre cosas ya producidas, eso no es negocio. Es solo trapicheo más o menos respetable. Pero no puede desterrarse de la existencia por ley. Las leyes pueden hacer muy poco. La ley nunca hace nada constructivo. Nunca puede ser más que un policía, por lo que es una pérdida de tiempo mirar a nuestras capitales de Estado o a Washington para que hagan lo que la ley no fue diseñada para hacer. Mientras sigamos recurriendo a la legislación para curar la pobreza o abolir los privilegios especiales, seguiremos viendo la pobreza expandirse y los privilegios especiales crecer. Ya hemos tenido suficiente de mirar a Washington y ya hemos tenido suficiente de legisladores (no tanto, sin embargo, en este como en otros países) que prometen leyes que hagan lo que las leyes no pueden hacer.

Cuando tienes un país entero (como es nuestro caso) que piensa que Washington es una especie de cielo y que detrás de sus nubes habitan la omnisciencia y la omnipotencia, estás educando a ese país en una mentalidad dependiente que no augura nada bueno para el futuro. Nuestra ayuda no viene de Washington, sino de nosotros mismos; nuestra ayuda puede, no obstante, ir a Washington como a una especie de punto de distribución central donde todos nuestros esfuerzos se coordinen para el bien general. Nosotros podemos ayudar al Gobierno; el Gobierno no puede ayudarnos a nosotros. La consigna de "menos del gobierno en los negocios y más de los negocios en el gobierno" es una muy buena, no solamente con respecto a los negocios y el gobierno, sino con respecto a la gente. El negocio no es la razón por la cual se fundó Estados Unidos. La Declaración de Independencia no es un acta de negocios, ni la Constitución de los Estados Unidos una agenda comercial. Los Estados Unidos, su tierra, su gente, su gobierno y sus negocios, no son más que métodos para hacer que la vida de la gente merezca la pena. El Gobierno es un sirviente y no debe ser nada más que un sirviente. En el momento en que las personas se convierten en complementos del gobierno, la ley de retribución comienza a funcionar, ya que esa relación es antinatural, inmoral e inhumana. No podemos vivir sin negocios y no podemos vivir sin gobierno. Los negocios y el gobierno son necesarios como sirvientes, como el agua y las semillas; como maestros, invierten el orden natural.

El bienestar del país depende por completo de nosotros como individuos. Así es como debe ser y así es como resulta más seguro. Los gobiernos pueden prometer algo a cambio de nada, pero no pueden dispensarlo. Ellos pueden hacer juegos malabares con el tipo de cambio como hicieron en Europa (y los banqueros de todo el mundo lo hacen en abundancia, siempre que pueden obtener el beneficio de esos malabares) con un soniquete de palabrería solemne. Pero es el trabajo y solo el trabajo el que puede seguir dispensando los bienes, y eso, en su interior, es lo que todo hombre sabe.

Es poco probable que un pueblo inteligente como el nuestro arruine los procesos fundamentales de la vida económica. La mayoría de los hombres sabe que no puede obtener algo a cambio de nada. La mayoría de los hombres siente, incluso sin saberlo con certeza, que el dinero no es riqueza. Las teorías ordinarias que prometen todo a todos sin exigir nada a nadie son desechadas de inmediato por los instintos del hombre corriente, aunque no encuentre las razones para oponerse a ellas. Él sabe que son erróneas. Eso es suficiente. El orden actual, siempre torpe, a menudo estúpido, y en muchos sentidos imperfecto, tiene esta ventaja sobre cualquier otro: que funciona.

Sin duda, nuestro orden se convertirá gradualmente en otro, y el nuevo también funcionará, pero no tanto por lo que es como por lo que los hombres implantarán en él. La razón por la que el Bolchevismo no funcionó, y no puede funcionar, no es económica. No importa si la industria es de gestión privada o pública; no importa si las remuneraciones de los trabajadores se denominan "salarios" o "dividendos"; no importa si se reglamenta que las personas coman, se vistan y tengan cobijo, o si se les permite comer, vestirse y vivir como quieran. Esas son meras cuestiones de detalle. La incapacidad de los líderes bolcheviques se manifiesta en el alboroto que crearon alrededor de esos detalles. El

Bolchevismo fracasó porque era a la vez antinatural e inmoral. Nuestro sistema sigue en pie. ¿Es defectuoso? ¡Por supuesto que es defectuoso en un millar de puntos! ¿Es torpe? Por supuesto que es torpe. Con todo el derecho y toda la razón debería venirse abajo. Pero no lo hace porque es instinto con ciertos fundamentos económicos y morales.

El hecho económico fundamental es el trabajo. El trabajo es el elemento humano que hace que las estaciones fructíferas de la tierra sean útiles para los hombres. Es el trabajo de los hombres el que hace que la cosecha sea lo que es. Ese es el hecho económico fundamental: cada uno de nosotros trabajando con materia que no creamos y que no podríamos crear, pero que nos fue ofrecida por la Naturaleza.

El principio moral fundamental es el derecho del hombre a su trabajo. Esto se establece de varias formas. A veces se denomina "el derecho de propiedad". A veces se enmascara en el mandamiento "No robarás". Es el derecho de otro sobre su propiedad el que hace que el robo sea un crimen. Cuando un hombre se ha ganado su pan, tiene el derecho a ese pan. Si otro lo roba, hace algo más que robar pan; usurpa un derecho humano sagrado. Si no podemos producir no podemos tener, pero algunos dicen que si producimos es solo para los capitalistas. Los capitalistas que se convierten en tales porque proporcionan mejores medios de producción son el cimiento de la sociedad. En realidad no tienen nada en propiedad. Se limitan a gestionar la propiedad para el beneficio de otros. Los capitalistas que se convierten en tales a través de la negociación de dinero son un mal necesario transitoriamente. Puede que no sean un mal en absoluto si su dinero se destina a la producción. Si su dinero se destina a complicar la distribución, a erigir barreras entre el productor y el consumidor, entonces son malos capitalistas y desaparecerán cuando el dinero esté mejor adaptado al trabajo; y el dinero se adaptará mejor al trabajo cuando se entienda del todo que es inevitablemente a través del trabajo, y solo a través del trabajo que pueden asegurarse la salud, la riqueza y la felicidad.

No hay ninguna razón por la que un hombre que esté dispuesto a trabajar no deba poder trabajar y recibir todo el valor de su trabajo. Tampoco hay razón por la que un hombre que pueda trabajar pero no lo haga no tenga que recibir todo el valor de sus servicios a la comunidad. Habría que permitirle recibir de la comunidad el equivalente de lo que contribuye a ella. Si no aporta nada, no debería recibir nada. Debería tener la libertad de morir de hambre. No llegamos a ninguna parte insistiendo en que todo hombre debe tener más de lo que merece tener, solo porque sea cierto que algunos reciben más de lo que merecen tener.

No puede haber mayor absurdo y mayor perjuicio para la humanidad en general que insistir en que todos los hombres son iguales. Ciertamente no todos los hombres son iguales, y cualquier concepción democrática que se esfuerce por hacer que los hombres sean iguales es solo un esfuerzo para bloquear el progreso. Los hombres no pueden tener el mismo rendimiento. Los hombres de mayor aptitud son menos numerosos que los hombres de aptitud más reducida; es posible que una masa de hombres más pequeños pueda tirar de los más grandes hacia abajo, pero al hacerlo tiran de sí mismos hacia abajo. Son los hombres más grandes quienes procuran liderazgo a la comunidad y permiten a los hombres más pequeños vivir con menos esfuerzo.

La concepción de la democracia que se refiere a una nivelación a la baja de la aptitud no sirve para nada. No existen dos cosas en la naturaleza que sean iguales. Nosotros hacemos nuestros coches absolutamente intercambiables. Todas las piezas son todo lo parecidas que el análisis químico, la mejor maquinaria y la mejor mano de obra pueden fabricarlas. No se requiere instalación de ningún tipo, y sin duda podría parecer que dos Fords puestos uno al lado del otro, exactamente iguales y fabricados tan exactamente iguales que cualquier pieza podría quitarse de uno y ponerse en el otro, son iguales. Pero no lo son. Tienen diferentes hábitos de carretera. Tenemos hombres que han conducido cientos, y en algunos casos miles de Fords, y dicen que no hay dos que funcionen siempre exactamente de la misma forma; que, si tuvieran que conducir un coche nuevo durante una hora o incluso menos, y luego el coche se mezclara con un montón de otros nuevos, cada uno de ellos conducido durante una hora y en las mismas condiciones, a pesar de que no pudieran reconocer el coche en el que habían estado conduciendo con solo mirarlo, podrían reconocerlo al conducirlo.

He estado hablando en términos generales. Seamos más concretos. Un hombre debe ser capaz de vivir en una escala acorde con el servicio que presta. Este es un buen momento para hablar sobre este punto, pues hemos pasado recientemente por un período en el que la prestación del servicio era la última cosa en la que pensaba la mayoría de la gente. Estábamos llegando a un punto en que nadie se preocupaba por los costos o el servicio. Los pedidos llegaban sin esfuerzo. Mientras que antes era el cliente quien favorecía al comerciante negociando con él, las circunstancias cambiaron hasta que era el comerciante quien favorecía al cliente vendiéndole. Eso es malo para los negocios. El monopolio es malo para los negocios. La especulación es mala para los negocios. La falta de necesidad para apresurarse es mala para los negocios. Cuando más sanos están los negocios es cuando, como un pollo, deben rascar un buen rato para conseguir algo. Las cosas estaban llegando con demasiada facilidad. Hubo una dejación del principio de que debería establecerse una relación honesta entre valores y precios. El público ya no debía "ser abastecido". Había incluso una actitud de "al diablo con el público" en muchos lugares. Eso ha sido intensamente malo para los negocios. Algunos hombres llamaban "prosperidad" a aquel estado anormal. No era prosperidad: era solo una innecesaria persecución de dinero. Los negocios no consisten en perseguir el dinero.

Es muy fácil, a menos que uno tenga en mente un plan completo, verse enredado con dinero y luego, en un esfuerzo por hacer más dinero, olvidar todo lo referente a venderle a la gente lo que quiere. Los negocios basados en hacer dinero son los más inseguros. Es una práctica arriesgada, que se comporta de manera irregular y rara vez se mantiene en el largo plazo. Corresponde a las empresas producir para el consumo y no para el dinero o la especulación. La producción para el consumo implica que la calidad del artículo producido será alta y que el precio será bajo; que el artículo será tal que sirva a las personas y no solo al productor. Si las características del dinero se apartan de la perspectiva apropiada, entonces la producción se adulterará para servir al productor.

El productor deriva su prosperidad de servir a la gente. Durante un tiempo puede servirse a sí mismo, pero si lo hace será puramente accidental, y cuando la gente descubra que no está siendo atendida, el propósito de ese productor estará a la vista. Durante el período de auge el mayor esfuerzo de la producción consistía en servirse a sí misma y, por tanto, en el momento en que la gente despertó, muchos productores se hundieron. Decían que habían entrado en un "período de depresión". Realmente no lo habían hecho. Sencillamente estaban tratando de oponer el absurdo a la sensatez, que es algo que no se puede hacer con éxito. Ser codicioso con el dinero es la forma más segura de no conseguirlo, pero cuando uno sirve por el bien del servicio, por la satisfacción de hacer lo que uno cree que es correcto, entonces el dinero cuida generosamente de sí mismo.

El dinero viene de forma natural como resultado del servicio. Y es absolutamente necesario tener dinero. Pero no queremos olvidar que el fin del dinero no es la molicie, sino la oportunidad de realizar más servicio. En mi mente no hay nada más indeseable que una vida de molicie. Ninguno de nosotros tiene derecho a la molicie. No hay lugar en la civilización para el indolente. Cualquier esquema que busque abolir el dinero solo estará complicando más las cosas, pues debemos tener una medida. Que nuestro actual sistema de dinero es una base satisfactoria para el intercambio es una cuestión muy dudosa. Esa es una cuestión de la que hablaré en un capítulo posterior. La esencia de mi objeción al sistema monetario actual es que tiende a convertirse en una cosa en sí y a bloquear en lugar de facilitar la producción.

Mi esfuerzo va en la dirección de la simplicidad. La gente en general tiene muy poco, y cuesta mucho obtener incluso las necesidades más básicas (por no hablar de la porción de lujos a la que creo que todo el mundo tiene derecho), ya que casi todo lo que hacemos es mucho más complejo de lo que necesita ser. Nuestra ropa, nuestra comida, nuestros muebles... todo podría ser mucho más simple de lo que es ahora y al mismo tiempo tener mejor aspecto. Las cosas en épocas pasadas se hicieron de ciertas maneras, y los productores desde entonces se han limitado a continuarlas.

No quiero decir que debamos adoptar estilos estrafalarios. No hay necesidad de que la ropa sea una bolsa con un agujero. Eso podría ser fácil de hacer, pero sería incómodo de llevar. Una manta no requiere mucha sastrería, pero ninguno de nosotros podría sacar mucho trabajo adelante si fuéramos por ahí vestidos con mantas a lo indio. La simplicidad real significa aquello que ofrece el mejor servicio y que es lo más cómodo de usar. El problema con las reformas drásticas es que siempre insisten en que se modifique al hombre con el fin de utilizar ciertos artículos diseñados. Creo que la reforma en la vestimenta de las mujeres (que parece significar ropa fea) debe originarse siempre con mujeres del montón que quieren hacer que todas las demás parezcan del montón. Ese no es el proceso correcto. Comienza con un artículo que encaje y luego estudia para encontrar alguna manera de eliminar las partes completamente inútiles. Esto se aplica a todo: un zapato, un vestido, una casa, una pieza de maquinaria, un ferrocarril, un barco de vapor, un avión. A medida que suprimimos piezas inútiles y simplificamos las necesarias también reducimos el costo de fabricación. Esto es simple lógica, pero por extraño que parezca el proceso ordinario se inicia con un abaratamiento de la fabricación en lugar de con una simplificación del artículo. Debe comenzarse por el artículo. Primero debemos saber si está tan bien hecho como debería estarlo: ¿ofrece el mejor servicio posible? Después: ¿son los materiales los mejores o simplemente los más caros? Después: ¿puede reducirse su complejidad y peso? Y así sucesivamente.

No tiene más sentido tener exceso de peso en un artículo que tenerlo en la escarapela del sombrero de un cochero. De hecho, no pesa mucho. Y eso porque la escarapela puede ayudar al cochero a identificar su sombrero mientras que el peso extra solo conlleva una pérdida de fuerza. No me puedo imaginar de dónde provino el engaño de que el peso implica fuerza. Eso está bastante bien para un martillo pilón, pero ¿por qué mover un peso pesado si no vamos a golpear nada con él? En el transporte ¿por qué poner un peso extra en una máquina? ¿Por qué no añadirlo a la carga que la máquina está diseñada para llevar? Los hombres gordos no pueden correr tan rápido como los hombres delgados, ¡pero fabricamos la mayor parte de nuestros vehículos como si el peso muerto de la grasa incrementara la velocidad! Una parte de la pobreza proviene de transportar exceso de peso. Algún día descubriremos la manera de seguir eliminando peso. Tomemos la madera, por ejemplo. Para ciertos propósitos la madera es la mejor sustancia que conocemos ahora, pero la madera es extremadamente ineficiente. La madera en un coche Ford contiene treinta libras de agua. Tiene que haber alguna forma de hacerlo mejor que eso. Debe haber algún método por el cual podamos obtener la misma fuerza y elasticidad sin tener que cargar con el peso inútil. Y así, con mil procesos.

El granjero hace de su trabajo diario un proceso demasiado complejo. Creo que el agricultor medio emplea solo alrededor del 5 por ciento de la energía que gasta en un propósito realmente útil. Si alguna vez alguien equipara una fábrica a la manera, digamos, en que está equipada la granja media, el lugar estaría atestado de hombres. La peor fábrica de Europa es difícilmente tan mala como como el establo medio. La energía se utiliza en el menor grado posible. No solo se hace todo a mano, sino que rara vez se piensa en una disposición lógica. Un agricultor haciendo sus tareas ascenderá y descenderá por una escalera desvencijada una docena de veces. Acarreará agua durante años en vez de instalar unos cuantos tramos de tubería. Toda su idea, cuando hay trabajo extra que hacer, es contratar a más hombres. Piensa que destinar dinero a mejoras es un gasto. Los productos agrícolas en sus precios más bajos son más caros de lo que deberían ser. Los beneficios agrícolas en su nivel más alto son más bajos de lo que deberían ser. Es la actividad desperdiciada, el esfuerzo perdido, lo que hace que los precios agrícolas sean elevados y los beneficios bajos.

En mi propia granja en Dearborn lo hacemos todo con maquinaria. Hemos eliminado un gran número de desperdicios, pero todavía no hemos tocado la economía real. Todavía no hemos sido capaces de dedicar cinco o diez años de estudio intenso de día y de noche para descubrir lo que realmente debe hacerse. Hemos dejado sin hacer más de lo que hemos hecho. Sin embargo, en ningún momento (con independencia del valor de los cultivos) hemos dejado de obtener un beneficio de primera clase. No somos agricultores: somos industriales de la granja. En el momento en que el agricultor se considere a sí mismo un industrial, con horror por los despilfarros, ya sea en material o en hombres, entonces tendremos productos agrícolas tan baratos que todo el mundo tendrá suficiente para comer, y las ganancias serán tan satisfactorios que la agricultura será considerada como una de las ocupaciones menos peligrosas y más rentables.

La falta de conocimiento de lo que está pasando y la falta de conocimiento de lo que realmente es el trabajo y la mejor forma de hacerlo son las razones por las que se piensa que la agricultura no renta. Nada podría hacer rentable el modo en que se lleva a cabo la agricultura. El agricultor se rige por la suerte y por sus antepasados. No sabe cómo producir económicamente y no sabe cómo comercializar. Un fabricante que no supiera cómo producir ni cómo comercializar no permanecería mucho tiempo en el negocio. Que el agricultor pueda permanecer muestra lo maravillosamente rentable que puede ser la agricultura.

La manera de lograr una producción barata a gran volumen en la fábrica o en la granja (y producción barata y de gran volumen significa mucho para todo el mundo) es bastante simple. El problema es que la tendencia general es a complicar procesos muy simples. Tomemos, por ejemplo, una "mejora".

Cuando hablamos de mejoras por lo general tenemos en mente algún cambio en un producto. Un producto "mejorado" es uno que ha sido modificado. Esa no es mi idea. Yo no creo en empezar a fabricar algo hasta que he descubierto el mejor producto posible. Esto, por supuesto, no significa que un producto no se deba cambiar nunca, pero creo que al final se encontrará más económico ni siquiera intentar producir un artículo hasta que uno mismo no se haya convencido plenamente de que la utilidad, el diseño y el material son los mejores. Si sus indagaciones no le dan esa confianza, entonces siga indagando hasta encontrar la confianza. El lugar donde comenzar la fabricación es el artículo. La fábrica, la organización, la venta y los planes financieros se ajustarán todos al artículo. Usted tendrá un borde afilado en su cincel, y al final se ahorrará tiempo. Lanzarse a fabricar sin estar seguro del producto es la causa no reconocida de muchos fracasos empresariales. La gente parece pensar que lo importante es la fábrica o la tienda o el respaldo financiero o la gestión. Lo más importante es el producto, y cualquier prisa por entrar en fabricación antes de que los diseños estén completos es simplemente perder el tiempo. A mí me costó doce años tener un Modelo T, que es lo que se conoce hoy como el coche Ford, que me encajara. No intentamos entrar en producción real hasta que tuvimos un producto real. Ese producto no ha sido esencialmente modificado.

Estamos constantemente experimentando con nuevas ideas. Si viaja usted por las carreteras de la zona de Dearborn puede encontrarse con todo tipo de modelos de coches Ford. Son coches experimentales, no son nuevos modelos. Yo no creo en dejar que cualquier buena idea me pase de largo, pero no decido rápidamente si una idea es buena o mala. Si una idea parece buena o incluso parece tener posibilidades, yo creo en hacer lo que sea necesario para poner a prueba la idea desde todos los ángulos. Pero poner a prueba la idea es algo muy diferente de hacer una modificación en el coche. Mientras que la mayoría de los fabricantes se consideran más proclives a hacer un cambio en el producto que en el método de fabricación, nosotros seguimos exactamente el camino opuesto.

Nuestros mayores cambios han sido en los métodos de fabricación. Esos cambios nunca se detienen. Creo que apenas hay una sola operación en la fabricación de nuestro coche que sea igual que cuando fabricamos nuestro primer coche del actual modelo. Esa es la razón por la que los hacemos tan baratos. Los pocos cambios que se han hecho en el coche han ido orientados a la comodidad en su uso, o cuando vemos que un cambio en el diseño podría ofrecer resistencia suplementaria. Los materiales en el coche cambian a medida que aprendemos más y más acerca de los materiales. Además, no queremos quedarnos atascados en la producción o que la producción se encarezca por cualquier posible escasez de un material determinado, así que para la mayoría de las piezas hemos desarrollado materiales sustitutivos. El acero de vanadio, por ejemplo, es nuestro acero principal. Con él podemos conseguir la mayor resistencia con el mínimo peso, pero no sería un buen negocio hacer depender todo nuestro futuro de ser capaces de obtener acero de vanadio. Hemos desarrollado un sustituto. Todos nuestros aceros son especiales, pero para cada uno de ellos tenemos al menos un sustituto, y a veces varios, plenamente probados y contrastados. Y así sucesivamente con todos nuestros materiales y también con nuestras piezas. Al principio fabricábamos muy pocas de nuestras piezas y ninguno de nuestros motores. Ahora fabricamos todos nuestros motores y la mayoría de nuestras piezas porque nos resulta más barato hacerlo. Pero también queremos hacer un poco de cada pieza de modo que no podamos quedar atrapados por cualquier emergencia del mercado o acabar paralizados por algún fabricante externo incapaz de cumplir con sus pedidos. Los precios del vidrio fueron escandalosamente elevados durante la guerra; nosotros estamos entre los mayores consumidores de vidrio del país. Ahora estamos construyendo nuestra propia fábrica de vidrio. Si hubiéramos dedicado toda esa energía a hacer cambios en el producto no habríamos llegado a ninguna parte; pero, al no cambiar el producto, somos capaces de dedicar nuestra energía a la mejora de la fabricación.

La parte principal de un cincel es el filo cortante. Si existe un único principio sobre el que descansa nuestro negocio es ese. No importa lo bien acabado que esté un cincel, o lo espléndido que sea el acero que contenga, o lo bien que esté forjado: si no tiene un filo cortante no es un cincel. Es solo un pedazo de metal. Todo lo cual, traducido, significa que lo que importa es lo que una cosa hace, no lo que se supone que hace. ¿Qué utilidad tiene emplear una enorme fuerza tras de un cincel romo si un leve soplido sobre un cincel afilado puede hacer el trabajo? El cincel está ahí para cortar, no para ser martillado. El martilleo es solo incidental al trabajo. Así que si queremos trabajar ¿por qué no concentrarnos en el trabajo y hacerlo del modo más rápido posible? El filo cortante de la comercialización es el punto en el que el producto alcanza al consumidor. Un producto insatisfactorio es aquel que tiene un filo cortante sin brillo. Se desperdicia un gran esfuerzo en darle salida. El filo cortante de una fábrica es el hombre y la máquina en el trabajo. Si el hombre no está bien, la máquina no puede estar bien; si la máquina no está bien, el hombre no puede estar bien. Que a cualquiera se le requiera usar más fuerza de la que es absolutamente necesaria para el trabajo que tiene entre manos es un desperdicio.

La esencia de mi idea es, por tanto, que los desperdicios y la codicia bloquean la obtención del verdadero servicio. Tanto los desperdicios como la codicia son innecesarios. Los desperdicios se deben en gran parte a no entender lo que uno hace, o a despreocuparse de hacerlo. La codicia no es más que una especie de miopía. Yo me he esforzado en lograr una fabricación con el mínimo desperdicio, tanto en materiales como en esfuerzo humano, y luego en alcanzar una distribución con el mínimo beneficio, haciendo depender la ganancia total del volumen de distribución. En el proceso de fabricación quiero ofrecer el máximo salario, es decir, el máximo de poder adquisitivo. Dado que esto también contribuye a asegurar un costo mínimo y que vendemos con un beneficio mínimo, podemos distribuir un producto en consonancia con el poder adquisitivo. Así, todo el que está relacionado con nosotros, ya sea como gerente, trabajador, o comprador, es el más propicio para nuestra existencia. La institución que hemos erigido está llevando a cabo un servicio. Esa es la única razón que tengo para hablar de ello. Los principios de ese servicio son los siguientes:

1. La ausencia de miedo al futuro y de veneración por el pasado. Quien teme al futuro o al fracaso limita sus actividades. El fracaso es solo la oportunidad de comenzar de nuevo de forma más inteligente. No hay vergüenza en el fracaso honesto; hay vergüenza en el miedo a fracasar. Lo que es pasado es útil solo en tanto sugiere formas y medios para el progreso.

2. La despreocupación por la competencia. Quienquiera que haga una cosa mejor debe ser quien la haga. Es criminal intentar quitarle el negocio a otro: criminal porque entonces uno está tratando de rebajar la condición del prójimo en beneficio propio, regir por la fuerza en lugar de por la inteligencia.

3. Poner el servicio antes que el beneficio. Sin beneficio, las empresas no pueden crecer. No hay nada inherentemente malo en obtener un beneficio. Las empresas de negocios bien gestionadas no pueden dejar de obtener un beneficio, pero el beneficio vendrá y debe inevitablemente venir como recompensa por un buen servicio. No puede ser la base: debe ser el resultado del servicio.

4. La fabricación no es comprar barato y vender caro. Es el proceso de comprar materiales de manera justa y, con la menor adición de costos posible, transformar esos materiales en un producto de consumo y ofrecérselo al consumidor. Los tejemanejes, la especulación y el trato brusco solo tienden a obstruir esta progresión.

Cómo surgió todo esto, cómo se ha puesto en marcha y cómo se aplica en general son los temas de los siguientes capítulos.

CAPÍTULO I
EL COMIENZO DEL NEGOCIO

El 31 de mayo de 1921, la Ford Motor Company produjo el coche número 5.000.000. Está en mi museo junto con el buggy a gasolina en el que comencé a trabajar treinta años antes, y que circuló satisfactoriamente por primera vez durante la primavera de 1893. Yo estaba probándolo cuando llegaron a Dearborn los charlatanes, y siempre vienen el 2 de abril. Existe toda la diferencia del mundo en el aspecto de los dos vehículos, y casi la misma diferencia en la construcción y los materiales, pero en lo fundamental ambos son curiosamente iguales, excepto que el viejo buggy presenta unas cuantas arrugas que aún no hemos adoptado del todo en nuestro coche moderno. Pues ese primer coche o buggy, a pesar de que no tenía más que dos cilindros, alcanzaba las veinte millas por hora y recorría sesenta millas con los tres galones de gasolina que cabían en el pequeño depósito, y es tan bueno a día de hoy como el día en que fue construido. El avance en los métodos de fabricación y en los materiales ha sido mayor que el avance en el diseño básico. Todo el diseño se ha perfeccionado; el actual coche Ford, que es el "Modelo T", tiene cuatro cilindros y un auto-arranque: es un coche más cómodo y más fácil de conducir en todos los sentidos. Es más sencillo que el primer coche. Pero casi todos sus elementos pueden encontrarse también en el primer coche. Los cambios se han producido a través de la experiencia en la fabricación y no a través de ningún cambio en el principio básico, algo que yo considero un hecho importante que demuestra que, dada una buena idea inicial, es mejor concentrarse en perfeccionarla que en andar a la caza de una idea nueva. Una idea a la vez es casi lo máximo que cualquier persona puede manejar.

Fue la vida en la granja la que me llevó a la búsqueda de formas y medios para mejorar el transporte. Yo nací el 30 de julio de 1863 en una granja de Dearborn, Michigan, y mi primer recuerdo es que, teniendo en cuenta los resultados, había demasiado trabajo en la zona. Aún pienso lo mismo acerca de la agricultura. Existe una leyenda acerca de que mis padres eran muy pobres y acerca de que los primeros tiempos fueron duros. Ciertamente no eran ricos, pero tampoco eran pobres. Tal y como les iba a los agricultores de Michigan, éramos prósperos. La casa en la que yo nací sigue en pie, y tanto ella como la granja son ahora parte de mi entramado empresarial.

Había demasiado trabajo duro manual en nuestra finca y en todas las demás fincas de la época. Siendo muy joven yo ya sospechaba que de algún modo podía hacerse una gran parte de un modo mejor. Eso es lo que me llevó a la mecánica, aunque mi madre siempre decía que yo había nacido mecánico. Yo tenía una especie de taller con cachivaches metálicos como herramientas antes de tener ninguna otra cosa. En aquellos tiempos no teníamos los juguetes de hoy en día; lo que teníamos era de fabricación casera. Mis juguetes eran todos herramientas (¡todavía lo siguen siendo!). Y cada pedazo de maquinaria era un tesoro.

El mayor acontecimiento de aquellos primeros fue encontrarme un día con un motor de carretera como a unas ocho millas de Detroit, cuando íbamos de camino a la ciudad. Yo tenía entonces doce años. El segundo evento más grande fue conseguir un reloj (lo que ocurrió en el mismo año). Recuerdo aquel motor como si lo hubiera visto ayer, ya que era el primer vehículo no diseñado para caballos que había visto en mi vida. Estaba pensado principalmente para impulsar las trilladoras y los aserraderos, y consistía simplemente en un motor portátil y una caldera montados sobre ruedas, con un depósito de agua y una vagoneta de carbón enganchados detrás. Yo había visto por ahí muchos de esos motores acarreados por caballos, pero éste tenía una cadena que establecía una conexión entre el motor y las ruedas traseras de la estructura con forma de vagón en la que iba montada la caldera. El motor estaba colocado sobre la caldera, y un hombre de pie en la plataforma detrás de la caldera la alimentaba de carbón, manejaba el acelerador y guiaba la dirección. Había sido fabricada por Nichols, Shepard & Company, de Battle Creek. Lo descubrí enseguida. El motor se había detenido para dejarnos pasar con nuestros caballos y yo estaba fuera de la carreta hablando con el técnico antes de que mi padre, que conducía, supiera lo que estaba haciendo. El técnico estuvo encantado de explicarme todo el proceso. Estaba orgulloso de ello. Me mostró cómo se desenganchaba la cadena de la rueda propulsora y se colocaba una correa para conducir otro tipo de maquinaria. Me dijo que el motor hacía doscientos revoluciones por minuto y que el piñón de la cadena se podía levantar para dejar el vagón parado mientras el motor seguía en marcha. Esta última es una característica que, aunque de forma distinta, está incorporada en los automóviles modernos. No era importante en los motores de vapor, que se detienen y se inician con facilidad, pero se volvió muy importante con el motor de gasolina. Fue ese motor el que me llevó al transporte automotor. Traté de hacer modelos de él, y algunos años más tarde construí uno que funcionaba muy bien, pero desde el momento en que vi aquel motor en la carretera como un niño de doce años hasta el día de hoy, mi mayor interés ha sido la fabricación de un motor que pudiera viajar por las carreteras. Al conducir hacia la ciudad siempre llevaba un bolsillo lleno de baratijas: tuercas, arandelas y chismes de maquinaria. Muchas veces cogía un reloj roto y trataba de arreglarlo. Cuando tenía trece años conseguí por primera vez arreglar un reloj y que diera la hora. Para cuando tenía quince años podía hacer casi cualquier cosa en reparación de relojes, aunque mis herramientas eran de lo más rudas. Hay una cantidad inmensa de cosas que aprender simplemente jugueteando con las cosas. No es posible aprender en los libros sobre cómo están hechas las cosas, y un mecánico de verdad debería saber cómo se hace casi todo. Las máquinas son para un mecánico lo que los libros son para un escritor. Él saca ideas de ellos, y si tiene algo de cerebro aplicará esas ideas.

Nunca pude, desde el principio, dedicar mucha atención al trabajo de la agricultura. Yo quería tener algo que ver con la maquinaria. Mi padre no estaba completamente en sintonía con mi inclinación hacia la mecánica. Él creía que yo debía ser agricultor. Cuando dejé la escuela a los diecisiete y me convertí en aprendiz en el taller de maquinaria de la Drydock Engine Works yo estaba de todo menos dado por vencido. Pasé mi aprendizaje sin problemas, es decir, estaba cualificado para ser maquinista mucho antes de terminar mi período de tres años y, como me gustaba el trabajo bien hecho y tenía inclinación hacia los relojes, trabajaba por las noches haciendo reparaciones en un taller de joyería. En un momento dado de aquella época creo que debí de tener unos trescientos relojes en total. Creía que podía construir un reloj que funcionara por unos treinta centavos y estuve a punto de empezar en el negocio. Pero no lo hice porque me di cuenta de que los relojes no eran necesidades universales, y por lo tanto la gente en general no los compraría. Cómo llegué a esa sorprendente conclusión, soy incapaz de explicarlo. No me gustaba la joyería ordinaria ni el trabajo de fabricación de relojes excepto cuando el trabajo era difícil de hacer. Ya entonces quería hacer algo en cantidad. Fue justo en la época en que se estaba organizando la hora del ferrocarril estándar. Anteriormente estábamos en la hora solar y, durante un tiempo, igual que en nuestros actuales días de ahorro de luz, la hora del ferrocarril difería de la hora local. Eso me molestaba un montón, así que logré construir un reloj que mantenía las dos horas. Tenía dos esferas y fue una curiosidad en el vecindario.

En 1879, es decir, unos cuatro años después de la primera vez que vi aquella máquina de Nichols-Shepard, me las arreglé para tener una oportunidad de manejar una y, cuando terminó mi aprendizaje, trabajé con un representante local de la compañía Westinghouse de Schenectady como experto en el montaje y reparación de sus motores de carretera. El motor que sacaron era casi igual que el motor de Nichols-Shepard, exceptuando que el motor estaba en la parte delantera, la caldera en la parte trasera, y la potencia se aplicaba a las ruedas traseras mediante una correa. Podían alcanzar las doce millas por hora en la carretera a pesar de que la función de auto-propulsión era solo incidental en la construcción. A veces se utilizaban como tractores para tirar de cargas pesadas y, si resultaba que el propietario también estaba en el negocio de las trilladoras, enganchaba su trilladora y demás parafernalia al motor para ir de una finca a otra. Lo que no me gustaba era el peso y el costo. Pesaban un par de toneladas y eran demasiado caros como para estar al alcance de alguien que no fuera un agricultor con una gran cantidad de tierra. En su mayoría solían emplearlos personas que se dedicaban al laboreo como negocio o que tenían aserraderos o alguna otra línea que requería de energía portátil.

Incluso antes de ese momento tuve la idea de hacer una especie de coche de vapor ligero que ocupara el lugar de los caballos; aunque más específicamente como tractor que destinar a la excesivamente dura tarea de arar. Se me ocurrió, creo recordar vagamente, que precisamente la misma idea podía aplicarse a un carruaje o a una carreta en la carretera. Un carruaje sin caballo era una idea común. La gente había estado hablando de carruajes sin caballos durante muchos años (de hecho, desde que la máquina de vapor se había inventado), pero la idea del carruaje en un principio no me parecía tan práctica como la idea de un motor para ocuparse del trabajo agrícola más duro, y, de todo el trabajo agrícola, el arado era el más duro. Nuestras carreteras eran malas y no teníamos la costumbre de movernos por ahí. Una de las cualidades más notables del automóvil en la granja es la forma en que ha ampliado la vida del agricultor. Sencillamente dábamos por sentado que, a menos que la misión fuera urgente, no íbamos a la ciudad, y creo que rara vez hacíamos más de un viaje a la semana. Con mal tiempo ni siquiera íbamos tan a menudo.

Siendo un maquinista de pleno derecho y con un buen taller en la finca no era difícil para mí construir un carro de vapor o un tractor. Al construirlo me vino la idea de que tal vez podía hacerse para usarlo en carretera. Estaba completamente seguro de que la manutención de los caballos, teniendo en cuenta toda la molestia de atenderlos y los gastos de alimentación, no rentaba. Lo más obvio era diseñar y construir un motor de vapor que fuera lo suficientemente ligero como para manejar un carro normal o para tirar de un arado. Pensé que era más importante desarrollar primero el tractor. Aliviar del trabajo pesado de la granja a la carne y el hueso y hacerlo recaer sobre el acero y los motores ha sido mi ambición más constante. Fueron circunstancias las que me llevaron en primer lugar a la fabricación real de coches de carretera. Con el tiempo me di cuenta de que la gente estaba más interesada en algo que pudiera viajar por carretera que en algo que pudiera hacer el trabajo en las granjas. De hecho, dudo que el tractor de granja ligero pudiera haber sido introducido en la granja de no haber sido porque el automóvil fue abriendo los ojos del agricultor lentamente pero con firmeza. Pero eso es adelantarse a la historia. Yo pensaba que el agricultor estaría más interesado en el tractor.

Construí un coche de vapor que funcionaba. Tenía una caldera calentada por queroseno y desplegaba una gran potencia y un control estupendo (lo que es muy sencillo con un acelerador de vapor). Pero la caldera era peligrosa. Obtener la potencia requerida sin una fuente de energía demasiado grande y pesada hacía necesario que el motor trabajara a alta presión; sentarse encima de una caldera de vapor de alta presión no es del todo agradable. Hacerlo siquiera razonablemente seguro requería un exceso de peso que anulaba la economía de la alta presión. Durante dos años seguí experimentando con diferentes tipos de calderas (los problemas de motor y de control eran bastante simples) y luego abandoné definitivamente la idea de hacer funcionar a vapor un vehículo de carretera. Sabía que en Inglaterra tenían lo que equivalía a locomotoras circulando por las carreteras acarreando hileras de remolques y tampoco había ninguna dificultad en diseñar un gran tractor de vapor para usarlo en grandes fincas. Pero las nuestras no eran entonces carreteras inglesas; habrían atascado o hecho saltar en pedazos al tractor de carretera más resistente y más pesado. Y, de todos modos, la fabricación de un tractor grande que solo unos pocos agricultores ricos pudieran comprar no me parecía que valiera la pena.

Pero no renuncié a la idea de un carruaje sin caballos. El trabajo con el representante de la Westinghouse solo sirvió para confirmar la opinión que me había formado de que el vapor no era adecuado para los vehículos ligeros. Es por eso que solo me quedé un año en esa compañía. No había nada más que los grandes tractores de vapor y los motores pudieran enseñarme, y yo no quería perder el tiempo en algo que no iba a ninguna parte. Unos años antes, mientras seguía siendo aprendiz, había leído en el *World of Cience*, una publicación inglesa, acerca del "motor de gas silencioso", que estaba saliendo entonces en Inglaterra. Creo que se trataba del motor Otto. Funcionaba con gas de alumbrado, tenía un solo cilindro grande, y dado que los impulsos de energía eran por tanto intermitentes requería un volante de inercia extremadamente pesado. En lo que a peso se refiere no ofrecía nada parecido a la potencia por libra de metal que ofrecía una máquina de vapor, y el uso de gas de alumbrado parecía descartarlo incluso como posibilidad para el uso en carretera. A mí solo me interesaba en la medida en que me interesaba toda la maquinaria. Seguí en las revistas inglesas y americanas que teníamos en la tienda el desarrollo del motor y más particularmente los indicios de la posible sustitución del gas de alumbrado como combustible por un gas formado por la vaporización de la gasolina. La idea de los motores a gas no era nueva en absoluto, pero esa fue la primera vez en que se había hecho un esfuerzo serio por ponerlos en el mercado. Fueron recibidos con más interés que entusiasmo, y no recuerdo a nadie que pensara que el motor de combustión interna pudiera tener alguna vez algo más que un uso limitado. Todos los sabios demostraron de forma concluyente que el motor no podía competir con el vapor. Nunca pensaron que pudiera labrarse una carrera por sí mismo. Es así con los sabios: son tan sabios y prácticos que siempre saben con todo detalle por qué algo no se puede hacer; siempre conocen las limitaciones. Es por eso que yo nunca empleo a un experto en plena floración. Si alguna vez quisiera acabar con la competencia por medios desleales les abastecería de expertos. Tendrían tantos buenos consejos que yo podría estar seguro de que iban a hacer poco trabajo.

El motor de gas me interesó y seguí su progreso, pero solo por curiosidad, hasta alrededor de 1885 o 1886, cuando habiendo descartado la máquina de vapor como fuerza motriz para el vehículo que tenía la intención de construir algún día, tuve que buscar otra clase de fuerza motriz. En 1885 reparé un motor Otto en la *Eagle Iron Works* de Detroit. Nadie en el pueblo sabía nada acerca de ellos. Corría el rumor de que yo sí los conocía y, aunque nunca antes había estado en contacto con uno, me comprometí y llevé a cabo el trabajo. Eso me dio la oportunidad de estudiar el nuevo motor de primera mano y en 1887 construí uno de los modelos de cuatro tiempos de Otto solo para ver si entendía los principios. "Cuatro tiempos" significa que el pistón desplaza el cilindro cuatro veces para conseguir un impulso de energía. El primer golpe introduce el gas, el segundo lo comprime, el tercero es la explosión o golpe de energía, mientras que el cuarto golpe elimina el gas residual. El pequeño modelo funcionó bastante bien; tenía una pulgada de diámetro y un recorrido de tres pulgadas operado con gasolina y, si bien no desarrolló mucha potencia, era un poco más ligero en proporción que los motores que se ofrecían en el mercado. Después se lo regalé a un joven que lo quería para una cosa u otra y cuyo nombre he olvidado; posteriormente fue destruido. Ese fue el comienzo del trabajo con el motor de combustión interna.

Yo estaba entonces en la granja, a la que había regresado más porque quería experimentar que porque quisiera trabajar como granjero, y, dado que ahora era todo un maquinista, tenía un taller de primera clase para sustituir al taller de juguete de los primeros días. Mi padre me ofrecía cuarenta acres de tierra forestal, siempre que dejara de ser maquinista. Estuve de acuerdo de manera provisional, pues talar madera me dio la oportunidad de casarme. Equipé un aserradero y un motor portátil y empecé a talar y aserrar la madera a buen ritmo. Algunos de aquellos primeros maderos fueron a parar a una casa de campo en mi nueva granja, y en ella empezó nuestra vida de casados. No era una casa grande (treinta y un pies cuadrados y solo un piso y medio de alto), pero era un lugar cómodo. Le añadí mi taller, y cuando no estaba talando madera estaba trabajando en los motores a gas, aprendiendo lo que eran y cómo funcionaban. Leí todo lo que pude encontrar, pero el mayor conocimiento venía del trabajo. Un motor a gas es una cosa misteriosa: no siempre funciona de la manera que debería. ¡Pueden imaginarse cómo funcionaban aquellos primeros motores!

Fue en 1890 cuando comencé con un motor de doble cilindro. Era muy poco práctico considerar el monocilíndrico para propósitos de transporte: el volante de inercia tenía que ser demasiado pesado. Entre la fabricación del primer motor de cuatro tiempos del tipo Otto y el inicio con uno de doble cilindro hice un gran número de motores experimentales con cilindros. Sabía más o menos el camino a seguir. Creía que el cilindro doble podía aplicarse a un vehículo de carretera, y mi idea original era ponerlo en una bicicleta con una conexión directa al cigüeñal y hacer que la rueda trasera de la bicicleta actuara como volante regulador. La velocidad se regularía solo mediante el acelerador. Nunca llegué a completar este plan, pues pronto se hizo evidente que el motor, el tanque de gasolina y los diversos controles necesarios serían demasiado pesados para una bicicleta. La idea de los dos cilindros opuestos era que, mientras uno estaba suministrando potencia, el otro la estaría absorbiendo. Esto, naturalmente, no requeriría un volante de inercia tan pesado para igualar la aplicación de potencia. El trabajo comenzó en mi taller en la granja. Luego me ofrecieron un trabajo con la *Detroit Electric Company* como ingeniero y maquinista a cuarenta y cinco dólares al mes. Lo acepté porque era más dinero del que me aportaba la finca y había decidido alejarme de la vida agrícola de todos modos. Toda la madera había sido talada. Alquilamos una casa en Bagley Avenue, en Detroit. El taller se vino con nosotros y lo instalé en un cobertizo de ladrillo en la parte trasera de la casa. Durante los primeros meses yo estaba en el turno de noche de la planta de luz eléctrica, lo que me dejaba muy poco tiempo para experimentar, pero después de eso pasé al turno de día, y cada noche y todos y cada uno de los sábados por la noche trabajaba en el nuevo motor. No puedo decir que fuera un trabajo duro. Ningún trabajo realizado con interés resulta duro. Yo siempre estoy seguro de los resultados. Siempre llegan si trabajas lo suficientemente duro. Pero fue una gran cosa que mi esposa estuviera aún más convencida que yo. Ella siempre lo ha estado.

Tuve que trabajar desde cero, es decir, aunque sabía que un buen número de personas estaban trabajando en carruajes sin caballos, no podía saber lo que estaban haciendo. Los problemas más difíciles de superar fueron prender y apagar la chispa y prevenir el exceso de peso. Para la transmisión, el mecanismo de dirección y la construcción en general podía apoyarme en mi experiencia con los tractores de vapor. En 1892 completé mi primer coche de motor, pero no funcionó a mi gusto hasta la primavera del año siguiente. Ese primer coche parecía algo así como un buggy. Había dos cilindros con un diámetro de dos pulgadas y media y un recorrido de seis pulgadas colocados uno junto al otro sobre el eje trasero. Los construí a partir del tubo de escape de un motor de vapor que había comprado. Desarrollaban alrededor de cuatro caballos de potencia. La potencia se transmitía desde el motor al cigüeñal mediante una correa y del cigüeñal a la rueda trasera mediante una cadena. El coche admitía dos pasajeros, con el asiento suspendido sobre postes y la carrocería sobre muelles elípticos. Tenía dos velocidades: una de diez y otra de veinte millas por hora, obtenidas con el cambio de correa, que se accionaba a través de una palanca de embrague en la parte delantera del asiento del conductor. Empujando hacia adelante, la palanca ponía la velocidad alta; empujando hacia atrás, la velocidad baja; con la palanca en posición vertical el motor podía funcionar libremente. Para arrancar el coche era necesario voltear el motor a mano con el embrague libre. Para detener el coche uno simplemente liberaba el embrague y accionaba el freno de pie. No había marcha atrás, y con el acelerador se alcanzaban velocidades distintas de las de la correa. Compré hierro forjado para la estructura del carruaje, así como para el asiento y los muelles. Las ruedas eran ruedas de bicicleta de alambre de veintiocho pulgadas con neumáticos de goma. El volante lo tenía de un modelo que había desechado y todo el mecanismo más delicado lo construí yo mismo. Uno de los mecanismos que encontré necesario fue un engranaje de compensación que permitiera aplicar la misma potencia a cada una de las ruedas traseras al doblar esquinas. La máquina pesaba en total unas 500 libras. Un depósito debajo del asiento contenía tres galones de gasolina que se suministraban al motor a través de un pequeño tubo y una válvula de mezcla. El encendido era por chispa eléctrica. La máquina original estaba refrigerada por aire o, para ser más exactos, el motor simplemente no se refrigeraba en absoluto. Me encontré con que en un recorrido de una hora o más el motor se calentaba, por lo que muy pronto puse una camisa de agua alrededor de los cilindros y la conecté a un tanque en la parte trasera del coche por encima de los cilindros.

Casi todas esas mejoras diversas habían sido planeadas de antemano. Esa es la manera en que he trabajado siempre. Trazo un plan y trabajo cada detalle sobre el plan antes de empezar a construir. De lo contrario se perdería una gran cantidad de tiempo en improvisaciones mientras el trabajo avanza, y el artículo acabado no tendría coherencia. No estaría bien proporcionado. Muchos inventores fracasan porque no distinguen entre la planificación y la experimentación. Las mayores dificultades de construcción que tuve fueron con la obtención de los materiales apropiados. Lo siguiente fueron las herramientas. Había que hacer algunos ajustes y cambios en los detalles del diseño, pero lo que me más me retrasó fue que no tenía el tiempo ni el dinero para buscar el mejor material para cada pieza. Pero en la primavera de 1893 la máquina funcionaba casi a mi gusto y me ofrecía una oportunidad para poner a prueba el diseño y el material en la carretera con más detalle.

CAPÍTULO II
LO QUE APRENDÍ ACERCA DE LOS NEGOCIOS

Mi "buggy de gasolina" fue el primero y durante mucho tiempo el único automóvil de Detroit. Se consideraba algo así como una molestia, pues hacía ruido y asustaba a los caballos. También bloqueaba el tráfico, porque si detenía mi máquina en cualquier parte de la ciudad tenía una multitud alrededor de ella antes de que pudiera arrancar de nuevo. Si lo dejaba solo, aunque fuera un minuto, alguna persona inquisitiva siempre trataba de arrancarlo. Al final tenía que llevar una cadena y encadenarlo a un poste de la luz cada vez que lo dejaba en alguna parte. Y después tuve problemas con la policía. No sé muy bien por qué, pues creo que no había límites de velocidad en aquellos días. En cualquier caso, tuve que conseguir un permiso especial por parte del alcalde, de modo que por un tiempo disfruté de la distinción de ser el único chofer con licencia de América. Conduje esa máquina durante cerca de mil millas a lo largo de 1895 y 1896, y luego se la vendí a Charles Ainsley de Detroit por doscientos dólares. Esa fue mi primera venta. Había construido el coche no para venderlo, sino solo para experimentar con él. Yo quería empezar otro coche. Ainsley quería comprar. Me venía bien el dinero, así que no tuvimos ningún problema en ponernos de acuerdo en un precio.

No era en absoluto mi idea fabricar los coches de una forma tan detallista. Yo estaba con la vista puesta en la producción, pero antes de que llegara tenía que tener algo que producir. No merece la pena precipitarse. Empecé un segundo coche en 1896; era muy similar al primero, pero un poco más ligero. También tenía la transmisión por correa, que no abandoné hasta algún tiempo después; las correas estaban bien excepto cuando hacía calor. Es por eso que más tarde adopté engranajes. Aprendí mucho de ese coche. Otros en este país y en el extranjero estaban construyendo coches en ese momento, y en 1895 me enteré de que un coche Benz de Alemania estaba en exhibición en la tienda *Macy's* en Nueva York. Viajé para verlo, pero no tenía características que parecieran merecer la pena. Tenía también transmisión por correa, pero era mucho más pesado que mi coche. Yo estaba trabajando en la ligereza; los fabricantes extranjeros no parecen haber apreciado nunca lo que un peso ligero significa. En total construí tres coches en mi taller de casa, y todos ellos circularon durante años por Detroit. Todavía tengo el primer coche; se lo compré de nuevo unos años más tarde al hombre a quien el Sr. Ainsley se lo había vendido. Pagué cien dólares por él.

Durante todo este tiempo mantuve mi puesto en la compañía eléctrica y avancé gradualmente hasta ingeniero jefe con un sueldo de ciento veinticinco dólares al mes. Pero mis experimentos con el motor de gasolina no fueron más exitosos con el presidente de la compañía de lo que lo fueron mis primeras incursiones mecánicas con mi padre. No es que mi empleador se opusiera a los experimentos: solo se oponía a los experimentos con un motor a gas. Todavía puedo oírle decir: "La electricidad, sí, eso es lo siguiente. No el gas".

Tenía amplios motivos para su escepticismo (por usar el término más suave).

Prácticamente nadie tenía la más remota idea acerca del futuro del motor de combustión interna, mientras que estábamos justo al borde del gran desarrollo eléctrico. Al igual que con toda idea relativamente nueva, se esperaba que la electricidad hiciera mucho más de lo que incluso ahora tenemos indicios de que pueda hacer. Yo no veía la utilidad de experimentar con la electricidad para mis propósitos. Un coche de carretera no podía circular como un tranvía, aunque las líneas de tranvía hubieran sido menos costosas; no había ninguna batería de almacenamiento con un peso práctico a la vista. El radio de acción de un coche eléctrico estaba inevitablemente limitado, y debía contener una gran cantidad de maquinaria motriz en proporción a la potencia aplicada. Eso no significa que yo infravalorara o infravalore ahora la electricidad; aún no hemos comenzado siquiera a usar la electricidad. Pero la electricidad tiene su sitio, y el motor de combustión interna tiene el suyo. Ninguno puede sustituir al otro, lo cual es sumamente afortunado.

Todavía conservo la dinamo de la que me encargué por primera vez en la *Detroit Edison Company*. Cuando empecé con nuestra planta canadiense la adquirí de un edificio de oficinas a la que se la había vendido la compañía eléctrica, la hice restaurar un poco, y durante varios años dio un servicio excelente en la planta canadiense. Cuando tuvimos que construir una nueva planta de energía debido al crecimiento del negocio hice llevar el viejo motor a mi museo, una sala en Dearborn que conserva un gran número de mis tesoros mecánicos.

La *Edison Company* me ofreció la superintendencia general de la empresa, pero solo a condición de que renunciara a mi motor a gas y me dedicara a algo realmente útil. Tuve que elegir entre mi trabajo y mi automóvil. Elegí el automóvil, o mejor dicho renuncié al trabajo; en realidad no había mucho que elegir, pues yo ya sabía que el coche estaba llamado a ser un éxito. Dejé mi trabajo el 15 de agosto de 1899 y entré en el negocio del automóvil.

Puede considerarse una especie de salto, pues yo no tenía fondos propios. Todo el dinero que me quedaba lo destiné a la experimentación. Pero mi esposa estaba de acuerdo en que no podíamos renunciar al automóvil, en que teníamos que apostar el todo por el todo. No había ninguna "demanda" de automóviles: nunca la hay para un nuevo artículo. Se aceptaron de un modo muy parecido a como recientemente se ha aceptado el avión. Al principio, el "carruaje sin caballos" se consideraba simplemente una noción estrafalaria, y muchos sabios explicaban con detalle por qué nunca podría ser más que un juguete. Ningún hombre de dinero pensó en ello siquiera como una posibilidad comercial. No puedo imaginar por qué cada nuevo medio de transporte encuentra semejante oposición. Incluso los hay que a día de hoy sacuden la cabeza y hablan sobre el lujo del automóvil y solo a regañadientes admiten que tal vez el camión motorizado es de alguna utilidad. Pero al principio difícilmente había alguien que pensara que el automóvil podría ser un factor importante en la industria. Los más optimistas esperaban solamente un desarrollo similar al de la bicicleta. Cuando se descubrió que el automóvil realmente podía funcionar y varios fabricantes empezaron a sacar coches, la pregunta inmediata fue cuál sería el más rápido. La idea de las carreras fue un desarrollo curioso pero natural.

Yo nunca había pensado en las carreras, pero el público se negó a considerar el automóvil como algo distinto de un juguete rápido. De modo que más tarde tuvimos que correr. La industria se vio frenada por esta inclinación inicial hacia las carreras, pues la atención de los fabricantes se orientó a hacer coches rápidos en lugar de buenos coches. Era un negocio para especuladores.

Un grupo de hombres con mentalidad especulativa organizó, tan pronto como me fui de la compañía eléctrica, la *Detroit Automobile Company* para explotar mi coche. Yo era el ingeniero jefe y tenía una pequeña cantidad de acciones. Durante tres años continuamos fabricando coches más o menos sobre el modelo de mi primer coche. Vendimos muy pocos de ellos; no pude conseguir ningún apoyo en absoluto para fabricar mejores coches que se pudieran vender al público en general. Todo el concepto consistía en fabricar bajo pedido y obtener el mayor precio posible por cada coche. La idea principal parecía ser conseguir dinero. Y sin otra autoridad que la que me otorgaba mi puesto de ingeniero, me encontré con que la nueva empresa no era un vehículo para la realización de mis ideas, sino simplemente una empresa para hacer dinero (que no hacía mucho dinero). En marzo de 1902 renuncié, determinado a no volver a ponerme a las órdenes de nadie. La *Detroit Automobile Company* más tarde se convirtió en la *Cadillac Company* bajo la propiedad de los Lelands, que llegaron después.

Alquilé un taller, un cobertizo de ladrillo de una planta en el 81 de Park Place, para continuar mis experimentos y para saber realmente en qué consistía el negocio. Creía que debía de ser algo distinto de lo que había demostrado ser en mi primera aventura.

El año desde 1902 hasta la creación de la *Ford Motor Company* lo dediqué prácticamente a investigar. En mi pequeño taller de ladrillo de un solo cuarto trabajé en el desarrollo de un motor de cuatro cilindros y en el exterior intenté averiguar en qué consistía realmente el negocio y si tenía que ser una lucha tan egoísta por el dinero como parecía serlo desde mi breve primera experiencia. Desde la época del primer coche, que ya he descrito, hasta la creación de mi empresa actual, construí en total unos veinticinco coches, de los cuales diecinueve o veinte se construyeron con la *Detroit Automobile Company*. El automóvil había superado la etapa inicial en la que el hecho de que simplemente pudiera funcionar era suficiente, a la etapa en la que tenía que mostrar velocidad. Alexander Winton, de Cleveland, el fundador del coche Winton, era entonces el campeón de pista del país y estaba dispuesto a enfrentarse a todos los recién llegados. Diseñé un motor cerrado de dos cilindros de un tipo más compacto que el que había utilizado anteriormente, instalado en un chasis de esqueleto, comprobé que podía hacerlo correr, y organicé una carrera con Winton. Nos encontramos en la pista Grosse Point, en Detroit. Le gané. Esa fue mi primera carrera, y trajo consigo la única publicidad que la gente se preocupaba de leer.

Al público le daba igual un coche a menos que pudiera correr: a menos que venciera a otros coches de carreras. Mi ambición de construir el coche más rápido del mundo me llevó a concebir un motor de cuatro cilindros. Pero sobre eso hablaré más adelante.

La característica más sorprendente de los negocios, tal y como se gestionaban, era la mucha atención que se prestaba a la financiación y la poca atención al servicio. Eso me parecía invertir el proceso natural, que consiste en que el dinero venga como resultado del trabajo, y no antes del trabajo. La segunda característica era la indiferencia general hacia mejores métodos de fabricación, pues todo lo que se hacía era por y para el dinero. En otras palabras, un artículo aparentemente no se construía con vistas a lo mucho que pudiera servir al público, sino con vistas a la cantidad de dinero que se pudiera sacar de él, y eso sin ningún interés particular en si el cliente quedaba satisfecho. Vendérselo era suficiente. Un cliente insatisfecho no se consideraba como un hombre cuya confianza había sido traicionada, sino como una molestia o como una posible fuente de mayores ingresos a cambio de arreglar el trabajo que debía haberse hecho correctamente desde el principio. Por ejemplo, en los automóviles no había mucha preocupación sobre lo que ocurría con el coche una vez que se había vendido. Cuánta gasolina consumiera por milla no era una gran inquietud; cuánto servicio diera en realidad no importaba; y si se averiaba y había que sustituir piezas, eso era únicamente mala suerte para el propietario. Se consideraba un buen negocio vender las piezas al precio más alto posible sobre la base de que, una vez que el hombre ya había comprado el coche, simplemente tenía que conseguir la pieza y estaría dispuesto a pagar por ella.

El negocio del automóvil no estaba sustentado en lo que yo llamaría una base honesta, por no hablar de estar sustentado, desde el punto de vista de la fabricación, en una base científica, aunque no era peor que los negocios en general. Ese fue el periodo, como se recordará, en el que muchas empresas estaban siendo cotizadas y financiadas. Los banqueros, que hasta entonces se habían limitado a los ferrocarriles, se metieron en la industria. Mi idea era entonces y sigue siendo ahora que si un hombre ha hecho bien su trabajo, el precio que obtendrá por ese trabajo, los beneficios y todos los asuntos financieros se solucionarán solos, y que un negocio debe nacer pequeño e ir creciendo poco a poco por medio de sus ganancias. Si no hay ganancias, entonces eso es una señal para el propietario de que está perdiendo su tiempo y no tiene cabida en ese negocio. Nunca he sentido la necesidad de cambiar esas ideas, pero me di cuenta de que esta simple fórmula de hacer un buen trabajo y que te paguen por ello resulta lenta para los negocios modernos. El plan más en boga en aquella época era empezar con la mayor capitalización posible y luego vender todas las acciones y todos los bonos que se pudieran vender. Todo el dinero que pudiera quedar después de todos los gastos de venta de acciones y bonos, los promotores, los tributos y todo lo demás, se iba de mala gana al fundamento del negocio. Un buen negocio no era el que hacía un buen trabajo y obtenía un beneficio justo. Un buen negocio era el que ofrecía la posibilidad de sacar a la venta una gran cantidad de acciones y bonos a precios elevados. Lo que importaba eran las acciones y los bonos, no el trabajo. Yo no entendía cómo podía esperarse que un nuevo negocio o un negocio antiguo pudieran atribuir a su producto el enorme interés de un bono enorme y luego vender el producto a un precio justo. Nunca he sido capaz de entenderlo.

Nunca he sido capaz de entender bajo qué teoría puede la inversión original de dinero considerarse como un recargo sobre el negocio. Esos hombres de negocios que se hacen llamar financieros dicen que el dinero "vale" el 6 por ciento, o el 5 por ciento, o algún otro tanto por ciento, y que si una empresa tiene cien mil dólares invertidos en ella, el hombre que hizo la inversión tiene derecho a exigir un pago de intereses sobre ese dinero, porque, si en vez de haber puesto ese dinero en el negocio lo hubiera puesto en una caja de ahorros o en determinados valores, podría tener un cierto rendimiento fijo. De modo que se dice que el interés de ese dinero es un recargo apropiado a atribuir a los gastos de funcionamiento del negocio. Esta idea está en la raíz de muchos negocios fallidos y de la mayoría de los servicios fallidos. El dinero no vale una cantidad en particular. Como tal dinero no vale nada, porque no hará nada por sí mismo. La única utilidad del dinero es comprar herramientas para trabajar con ellas o con el producto de esas herramientas. Por lo tanto, el dinero vale lo que te permita producir o comprar, y no más. Si un hombre piensa que su dinero va a ganar un 5 por ciento o un 6 por ciento, debería colocarlo donde pueda conseguir ese retorno, pero el dinero colocado en un negocio no es un recargo sobre el negocio (o, mejor dicho, no debería serlo). Deja de ser el dinero y se convierte, o debería convertirse, en un motor de producción, y por lo tanto vale lo que produce, y no una suma fija de acuerdo a una escala que no tiene ninguna incidencia sobre la actividad empresarial concreta en la que el dinero se ha colocado. Cualquier retorno debe venir después de haber producido, no antes.

Los hombres de negocios creían que se podía hacer cualquier cosa con "financiación". Si no funcionaba a través de la primera financiación, entonces la idea era "refinanciar". El proceso de "refinanciación" era simplemente el juego de seguir bebiendo para evitar la resaca [*sending good money after bad*][1]. En la mayoría de los casos, la necesidad de refinanciar surge de una mala gestión, y el efecto de la refinanciación consiste simplemente en pagar a los gestores mediocres para mantener un poco más su mala gestión. Se trata de un mero aplazamiento de la fecha del juicio. Esta refinanciación improvisada es un recurso de los financieros especulativos. Su dinero no es bueno para ellos a menos que puedan vincularlo con un lugar donde se lleve a cabo trabajo real, y eso no pueden hacerlo a menos que, de algún modo, ese lugar esté mal gestionado. Por lo tanto, los especuladores financieros se engañan a sí mismos pensando que están poniendo su dinero a producir. No es eso lo que están haciendo; lo están tirando a la basura.

Decidí tajantemente que nunca me incorporaría a una empresa en la que las finanzas fueran más importantes que el trabajo, o en la que estuvieran involucrados banqueros o financieros. Y también que, si no había manera de emprender el tipo de negocio que yo creía que podía gestionarse en interés del público, entonces simplemente no emprendería en absoluto. Pues mi propia breve experiencia, junto con lo que veía sucediendo a mi alrededor, era suficiente prueba de que no merecía la pena dedicarle tiempo a pensar en los negocios como un mero juego de hacer dinero, y de que decididamente ese no era el sitio para

---

[1] Las expresiones entre corchetes a lo largo del texto son aclaratorias y corresponden a la presente edición. (N. del T.)

un hombre que quisiera lograr algo. Además, no me parecía el modo de hacer dinero. Creo que a día de hoy tengo demostrado cuál es el modo. Pues el único fundamento de un negocio real es el servicio.

Un fabricante no ha terminado con su cliente cuando se completa una venta. En ese momento solo ha comenzado con su cliente. En el caso del automóvil, la venta de la máquina es solo algo parecido a una presentación. Si la máquina no da servicio, entonces hubiera sido mejor para el fabricante no haberse presentado, ya que tendrá la peor de las publicidades: un cliente insatisfecho. En los primeros tiempos del automóvil había algo más que una tendencia a considerar la venta de una máquina como el verdadero logro, y que a partir de entonces ya no importaba lo que pasara con el comprador. Esa es la actitud miope del vendedor a comisión. Si se paga un vendedor solo por lo que vende, no es de esperar que vaya a esforzarse mucho con un cliente de quien no va obtener ninguna comisión adicional. Y es justo este punto el que más tarde convertimos en el mayor argumento de venta para el Ford. El precio y la calidad del coche habrían conseguido sin duda un mercado, y un gran mercado. Nosotros fuimos más allá de eso. Un hombre que compraba uno de nuestros coches tenía derecho, en mi opinión, al uso continuado de ese coche, y por lo tanto, si tenía una avería de cualquier tipo, era nuestro deber ocuparnos de que su máquina estuviera de nuevo en funcionamiento lo más rápidamente posible. La temprana prestación de servicio fue un factor clave del éxito del coche Ford. La mayoría de los coches de lujo de aquella época estaban mal provistos de estaciones de servicio. Si tu coche se averiaba tenías que depender del mecánico local, cuando tenías derecho a depender del fabricante. Si el mecánico local era una persona del tipo previsor, que tenía a mano un buen stock de piezas (aunque en muchos de los coches las piezas no eran intercambiables), el dueño tenía suerte. Pero si el mecánico era una persona indolente, con un conocimiento inadecuado de los automóviles y un deseo desmedido de sacar un gran partido de cada coche que entrara a repararse en su taller, entonces incluso la menor avería significaba semanas de inmovilización y una factura de reparación extraordinariamente grande que tenía que abonar antes de llevarse el coche. Los mecánicos fueron durante un tiempo la mayor amenaza para la industria del automóvil. Incluso en fecha tan tardía como 1910 y 1911, al propietario de un automóvil se lo consideraba básicamente como un hombre rico cuyo dinero debía serle arrebatado. Nosotros afrontamos esa situación de lleno y desde el primer momento. Nosotros no íbamos a tener nuestra distribución bloqueada por hombres estúpidos y codiciosos.

Eso es adelantarse algunos años a la historia, pero es la intervención de las finanzas la que acaba con el servicio, porque persigue el dólar inmediato. Si la primera consideración es ganar una cierta cantidad de dinero, entonces, a menos que por algún golpe de suerte las cosas vayan especialmente bien y exista un excedente sobre el servicio para que los hombres eficaces puedan tener una oportunidad, el negocio futuro tiene que sacrificarse por el dólar de hoy.

Y también percibí entre muchos hombres de negocios una inclinación a sentir que su suerte era mala; trabajaban para que llegara un día en el que pudieran retirarse y vivir de las rentas: abandonar la contienda. La vida para ellos era una batalla a concluir tan pronto como fuera posible. Ese era otro punto que no podía entender, pues tal y como yo razonaba, la vida no es una batalla sino contra nuestra propia inclinación a hundirnos bajo el impulso a "acomodarnos". Si el éxito consiste en petrificarse, todo lo que uno tiene que hacer es dejarse llevar por el lado perezoso de la mente, pero si el éxito consiste en crecer, entonces hay que despertar de nuevo cada mañana y mantenerse despierto todo el día. He visto grandes empresas convertirse en nada más que la sombra de un nombre porque alguien pensó que podían gestionarse como siempre se habían gestionado, y aunque la gestión pudo haber sido la más excelente en su momento, su excelencia consistía en su atención a lo que ocurría en su día a día, no en la repetición servil de su pasado. La vida, como yo la veo, no es un destino fijo, sino un viaje. Incluso el hombre que se sienta más "acomodado" no lo está: probablemente esté retrocediendo. Todo fluye, y así es como debe ser. La vida fluye. Podemos vivir en el mismo número de la calle, pero nunca es el mismo hombre quien vive allí.

Y he observado que de la idea delirante de que la vida es una batalla que se puede perder por un falso movimiento nace un gran amor por la regularidad. Los hombres caen en el hábito de estar medio vivos. Rara vez el zapatero adopta las nuevas formas de hacer zapatos, y rara vez el artesano se hace voluntariamente con los nuevos métodos en su oficio. El hábito conduce a una cierta inercia, y cualquier variación sobre él afecta a la mente como un problema. Cabe recordar que cuando se hizo un estudio acerca de los métodos del taller, de modo que los trabajadores pudieran aprender a producir con menos actividad inútil y fatiga, la mayor oposición vino de los obreros mismos. Aunque sospechaban que se trataba simplemente de un amaño para sacar más provecho de ellos, lo que más les irritaba era que interfería con las viciadas rutinas a las que se habían acostumbrado. Los hombres de negocios se hunden con sus negocios porque les gustan tanto los viejos hábitos que no pueden decidirse a cambiar. Uno los ve por todas partes: hombres que no saben que el ayer ya pasó, y que se despertaron esta mañana con las ideas del año pasado. Casi podría ser recogido como una máxima que, cuando un hombre empieza a pensar que ha encontrado por fin su método, más le valdría comenzar un examen más profundo de sí mismo para comprobar que ninguna parte de su cerebro se ha ido a dormir. Existe un peligro sutil en un hombre que piensa que está "fijo" de por vida. Eso indica que se verá expulsado por la siguiente sacudida de la rueda del progreso.

También existe el gran temor de ser tenido por tonto. Muchos hombres tienen miedo a ser considerados tontos. Admito que la opinión pública es una poderosa influencia de control para aquellos que la necesitan. Tal vez sea cierto que la mayoría de los hombres necesitan ser restringidos por la opinión pública. La opinión pública puede hacer que un hombre sea mejor de cómo sería sin ella (si no mejor moralmente, al menos mejor en lo que se refiere a su conveniencia social). Pero no es una mala cosa ser tonto por motivos de integridad. Lo mejor de todo es que esos tontos suelen vivir el tiempo suficiente para demostrar que no eran tontos (o el trabajo que han empezado vive el tiempo suficiente para demostrar que no era una tontería).

La influencia del dinero, esto es, la presión para conseguir beneficio en una "inversión", y la consiguiente desidia o escatima del trabajo y por ende del servicio se me ha hecho patente de muchas formas. Parecía estar en el fondo de la mayoría de los problemas. Fue la causa de los salarios bajos, pues si el trabajo no está bien dirigido no se pueden pagar salarios altos. Y si no se le dedica toda la atención, el trabajo no puede estar bien dirigido. La mayoría de los hombres quiere tener la libertad de trabajar; bajo el sistema vigente no podían tener la libertad de trabajar. Durante mi primera experiencia yo no tuve esa libertad: no pude dar rienda suelta a mis ideas. Todo tenía que estar concebido para hacer dinero; el trabajo era lo último a considerar. Y lo más curioso de todo era la insistencia en que lo que contaba era el dinero y no el trabajo. No parecía extrañar a nadie lo ilógico de que se situara al dinero por encima del trabajo, a pesar de que todo el mundo tenía que admitir que el beneficio tenía que venir del trabajo. El deseo parecía ser encontrar un atajo hacia el dinero y pasar por encima del atajo obvio, que es mediante el trabajo.

Tomemos la competencia; me encontré con que se suponía que la competencia era una amenaza y que un buen gerente aventajaba a sus competidores obteniendo un monopolio a través de medios artificiales. La idea era que había solo un cierto número de personas que podían comprar, y era necesario obtener su dinero antes que otra persona. Algunos recordarán que más adelante muchos de los fabricantes de automóviles entraron en una asociación bajo la *Selden Patent* solo para que de ese modo fuera legalmente posible controlar el precio y la producción de automóviles. Ellos tuvieron la misma idea que tienen muchos sindicatos: la ridícula noción de que se pueden conseguir más beneficios haciendo menos trabajo que haciendo más. El plan, en mi opinión, es uno muy anticuado. No pude ver entonces y sigo siendo incapaz de ver que no haya siempre suficiente para el hombre que hace su trabajo; el tiempo empleado en combatir la competencia es tiempo perdido; más vale emplearlo en hacer el trabajo. Siempre hay suficientes personas dispuestas y deseosas de comprar, siempre que se les ofrezca lo que quieren al precio adecuado (y esto se aplica a los servicios personales tanto como a los bienes).

Durante este tiempo de reflexión estuve de todo menos ocioso. Estábamos desarrollando un motor de cuatro cilindros y la construcción de un par de grandes coches de carreras. Yo tenía mucho tiempo, ya que nunca salía de mi negocio. No creo que un hombre pueda abandonar jamás su negocio. Tendría que pensar en él durante el día y soñar con él por la noche. Es agradable plantearse hacer el trabajo de uno en horario de oficina, empezar a trabajar por la mañana, dejarlo al caer la noche y no preocuparse hasta la mañana siguiente. Es perfectamente posible hacerlo si uno está constituido de forma que está dispuesto a aceptar la dirección de otro a lo largo de toda su vida, a ser un empleado, o incluso un empleado responsable, pero no un director o gerente de lo que quiera que sea. Un trabajador manual debe tener un límite en sus horas, de lo contrario acabará desgastándose. Si pretende seguir siendo un trabajador manual para siempre, entonces debe olvidarse de su trabajo cuando suena el silbato, pero si tiene la intención de progresar y hacer lo que sea, el silbato es solo la señal para empezar a pensar sobre la jornada para descubrir cómo podría hacerse mejor.

El hombre que tiene la mayor capacidad para el trabajo y el pensamiento es aquel que está destinado a tener éxito. No pretendo decir, porque no lo sé, que el hombre que trabaja siempre, que nunca abandona su negocio, que está absolutamente decidido a salir adelante, y que por tanto sale adelante, es más feliz que el hombre que se sigue el horario de oficina, tanto con su cerebro como con sus manos. No es necesario para nadie decidir la cuestión. Un motor de diez caballos no tirará tanto como uno de veinte. El hombre que sigue el horario de oficina con su cerebro limita su potencia. Si está convencido de tirar únicamente de la carga que tiene, muy bien, eso es asunto suyo, pero no debe quejarse si otro que ha aumentado su potencia tira más que él. El ocio y el trabajo producen resultados diferentes. Si un hombre quiere el ocio y lo consigue, entonces no tiene motivos para quejarse. Pero no puede tener ocio y resultados del trabajo al mismo tiempo.

Concretamente, lo que más aprendí acerca de los negocios ese año (y he estado aprendiendo más cada año sin haber encontrado motivos para cambiar mis conclusiones iniciales) es esto:

(1) Que se da las finanzas un lugar destacado por encima del trabajo, y por tanto tienden a acabar con el trabajo y a destruir el fundamento del servicio.

(2) Que pensar primero en el dinero en lugar del trabajo promueve el miedo al fracaso, y que este miedo bloquea todas las formas de negocio: vuelve al hombre temeroso de la competencia, de cambiar sus métodos, o de hacer cualquier cosa que pueda cambiar su situación.

(3) Que el camino está despejado para cualquiera que piense primero en el servicio, en hacer el trabajo de la mejor forma posible.

CAPÍTULO III
LA PUESTA EN MARCHA DEL VERDADERO NEGOCIO

En el pequeño taller de ladrillo del 81 de Park Place tuve muchas oportunidades de trabajar en el diseño y en algunos de los métodos de fabricación de un nuevo coche. Incluso si era posible crear el tipo exacto de corporación que yo quería (una en la que los factores clave serían hacer bien el trabajo y satisfacer al público), se hizo evidente que nunca podría producir un motor de coche óptimo que pudiera venderse a bajo precio bajo los métodos de fabricación de prueba y error existentes.

Todo el mundo sabe que siempre es posible hacer una cosa mejor la segunda vez. No sé por qué en la fabricación no se había reconocido generalmente como un hecho básico por aquel entonces, salvo que fuera porque los fabricantes tenían tanta prisa por obtener algo que vender que no se tomaban el tiempo para prepararlo adecuadamente. Fabricar "bajo pedido" en lugar de fabricar en volumen es, supongo, un hábito, una tradición que viene de los viejos tiempos de la artesanía. Pregunte a un centenar de personas cómo quieren que se haga un artículo en particular. Unos ochenta no lo sabrán; lo dejarán a su elección. Quince pensarán que deberían decir algo, mientras que cinco realmente tendrán preferencias y razones. El grupo de los noventa y cinco, formado por aquellos que no lo saben y lo admiten y los quince que no lo saben pero no lo admiten, constituyen el mercado real de cualquier producto. Los cinco que quieren algo especial puede o puede que no sean capaces de pagar el precio de un trabajo especial. Si tienen el dinero, pueden obtener ese trabajo, pero constituyen un mercado especial y limitado. De los noventa y cinco, quizá diez o quince estén dispuestos a pagar un precio por la calidad. De los restantes, algunos comprarán únicamente por el precio sin tener en cuenta la calidad. Su proporción disminuye cada día que pasa. Los compradores están aprendiendo cómo comprar. La mayoría tendrá en cuenta la calidad y comprará conforme a la mayor relación calidad/precio. Si, por tanto, descubres lo que va a ofrecer el mejor servicio integral a este 95 por ciento de la gente, y luego te organizas para fabricar en la más alta calidad y vender al precio más bajo, te encontrarás con una demanda tan grande que podría considerarse universal.

Esto no es estandarización. El uso de la palabra "estandarización" es muy apto para meterse en problemas, ya que implica una cierta congelación del diseño y el método, y por lo general funciona de forma que el fabricante selecciona el artículo que se puede fabricar y vender más fácilmente con el máximo beneficio. El público no se tiene en cuenta, ya sea en el diseño o en el precio. El cálculo que subyace a la mayor parte de la estandarización es ser capaz de obtener un beneficio mayor. El resultado es que, con las economías que son inevitables, si fabrica una sola cosa, el fabricante obtiene continuamente un beneficio más y más grande. Su producción también se hace más grande, sus instalaciones producen más, y antes de que se dé cuenta sus mercados están inundados de productos que no se venden. Estos productos se venderían si el fabricante aceptara un precio más bajo por ellos. Siempre existe potencial de compra, pero ese potencial de compra no siempre responderá a reducciones de precios. Si un artículo se ha estado vendiendo a un precio demasiado alto y luego, a causa del estancamiento del negocio, el precio disminuye de repente, la respuesta es a veces de lo más decepcionante. Y por una muy buena razón. El público desconfía. Piensa que la rebaja de precios es una artimaña y se sienta a esperar una rebaja de verdad. Vimos mucho de eso el año pasado. Si, por el contrario, las economías de fabricación se transfieren al precio inmediatamente, y si es bien sabido que esa es la política del fabricante, el público tendrá confianza en él y responderá. Confiarán en que les ofrece un precio razonable. De modo que la estandarización podría resultar un mal negocio si no lleva aparejada la reducción constante del precio al que se vende el artículo. Y el precio tiene que reducirse (esto es muy importante) a causa de las economías de fabricación que se han producido, y no porque la caída de la demanda por parte del público indique que no está satisfecho con el precio. El público siempre debe estar preguntándose cómo es posible ofrecerle tanto por su dinero.

Estandarización (usando la palabra como yo la entiendo) no significa solo tomar el artículo más vendido y concentrarse en él. Significa planificar día y noche, y probablemente durante años, primero aquello que mejor se adapte al público y luego la forma en que debe fabricarse. Los procesos exactos de fabricación se desarrollarán por sí mismos. Luego, si desplazamos el fundamento de la fabricación de la ganancia al servicio, tendremos un negocio de verdad en el que las ganancias serán todo lo que cualquiera pudiera desear.

Todo esto me resulta evidente. Es el fundamento lógico de cualquier negocio que quiera servir al 95 por ciento de la comunidad. Es la forma lógica en que la comunidad puede servirse a sí misma. No puedo comprender por qué no todos los negocios funcionan sobre esta base. Todo lo que tienen que hacer para adoptarla es superar la costumbre de agarrar el dólar más cercano como si fuera el único dólar en el mundo. Ya se ha superado esa costumbre hasta cierto punto. Todas las grandes y exitosas tiendas al por menor de este país funcionan sobre la base del precio único. El único paso adicional que se requiere es tirar por la borda la idea de fijar el precio según el tráfico estimado y recurrir en su lugar al sentido común de fijar el precio de acuerdo con el coste de fabricación, para luego reducir el coste de fabricación. Si el diseño del producto ha sido suficientemente estudiado, entonces los cambios en él se producirán muy lentamente. Pero los cambios en los procesos de fabricación llegarán muy rápidamente y de forma totalmente natural. Esa ha sido nuestra experiencia en todo lo que hemos emprendido. Cómo de naturalmente ha ocurrido todo, lo apuntaré más adelante. Lo que quiero dejar claro aquí es que es imposible conseguir un producto en el que poder concentrarse a menos que se le aplique de antemano una cantidad ilimitada de estudio. No es solo el trabajo de una tarde.

Estas ideas fueron formándose en mi cabeza durante este año de experimentación. La mayor parte de la experimentación estuvo orientada a la construcción de coches de carreras. La idea en aquellos días era que un coche de primera clase debía ser un coche de carreras. Realmente yo nunca pensé mucho en las carreras, pero siguiendo la idea de la bicicleta, los fabricantes tenían la noción de que ganar una carrera en una pista le diría al público algo sobre los méritos de un automóvil, aunque difícilmente puedo imaginar una prueba que diga menos.

Pero, como los demás lo estaban haciendo, yo también tuve que hacerlo. En 1903, con Tom Cooper, construí dos coches exclusivamente para alcanzar velocidad. Eran bastante parecidos. A uno lo llamamos el "999" y al otro la "Flecha". Si se iba a conocer a un automóvil por su velocidad, entonces yo iba a hacer un automóvil que fuera conocido dondequiera que se conociera la velocidad. Ambos lo fueron. Les puse cuatro cilindros enormes que daban 80 caballos de potencia, lo que hasta entonces era algo inaudito. Simplemente el rugido de esos cilindros era suficiente para dejar medio muerto a un hombre. Solo había un asiento. Una vida por coche era suficiente. Probé los coches. Cooper probó los coches. Los llevamos por ahí a toda velocidad. No puedo describir la sensación. Remontar las cataratas del Niágara habría sido un pasatiempo después de dar una vuelta en uno de ellos. Yo no quería asumir la responsabilidad de correr con el "999", que sacamos primero, ni tampoco Cooper. Cooper dijo que conocía a un hombre que vivía para la velocidad, que nada podía ir demasiado rápido para él. Mandó un cable a Salt Lake City y vino de allí un ciclista profesional llamado Barney Oldfield. Nunca había conducido un coche de motor, pero le gustaba la idea de intentarlo. Decía que estaba dispuesto a intentar cualquier cosa una vez.

Tardamos solamente una semana en enseñarle a conducir. El hombre no sabía lo que era el miedo. Todo lo que tenía que aprender era cómo controlar el monstruo. Controlar el coche más rápido de hoy en día no es nada comparado con controlar aquel coche. El volante aún no estaba inventado. Todos los coches anteriores que yo había construido simplemente tenían palancas. En éste monté una palanca para sujetar con las dos manos, pues mantener el coche enderezado requería toda la fuerza de un hombre fuerte. La carrera para la que estábamos trabajando era a tres millas en la pista de Grosse Point. Mantuvimos nuestros coches al margen de los focos [*like a dark horse*]. Dejamos los pronósticos para los demás. Las pistas de entonces no estaban científicamente niveladas. No se sabía cuánta velocidad podía desarrollar un coche a motor. Nadie sabía mejor que Oldfield lo que los giros significaban, y cuando estaba tomando asiento, mientras yo estaba arrancando el coche para la salida, comentó alegremente: "Bueno, esta carroza puede matarme, pero después dirán que corría como un demonio cuando me hizo salir despedido por encima de la curva".

Y así lo hizo... Ni siquiera se molestó en mirar a su alrededor. No aflojó en las curvas. Simplemente dejó que el coche corriera, y vaya si lo hizo. ¡Al final de la carrera estaba casi media milla por delante del siguiente hombre!

El "999" hizo lo que estaba previsto que hiciera: difundió el hecho de que yo podía construir un coche rápido. Una semana después de la carrera fundé la *Ford Motor Company*. Yo era vicepresidente, diseñador, maestro mecánico, superintendente, y director general. La capitalización de la empresa fue de cien mil dólares, y de ello me pertenecía el 25 y medio por ciento. El importe total abonado en efectivo fueron unos veintiocho mil dólares, que es el único dinero que la empresa ha recibido jamás como fondo de capital de otra cosa que no sea su actividad. Al principio pensaba que era posible, a pesar de mi experiencia previa, seguir adelante con una empresa en la que yo tenía menos de la mayoría de la participación. Muy pronto descubrí que tenía que tener el control, y por eso en 1906, con los fondos que había ganado con la empresa, compré acciones suficientes para elevar mi participación hasta el 51 por ciento, y un poco más tarde compré bastante más hasta llegar al 58 y medio por ciento. El nuevo equipamiento y todo el crecimiento de la empresa siempre han sido financiados a través de ingresos. En 1919 mi hijo Edsel compró el restante 41 y medio por ciento de las acciones debido a que algunos de los accionistas minoritarios no estaban de acuerdo con mis políticas. Por estas acciones pagó a razón de 12.500 dólares por cada 100 dólares de valor nominal, y en total pagó unos setenta y cinco millones de dólares.

La empresa original y su equipamiento, como puede deducirse, no estaban confeccionados. Alquilamos el taller de carpintería de Strelow en la Avenida Mack. Al hacer mis diseños también había trabajado en los métodos de fabricación, pero, dado que en ese momento no podíamos permitirnos comprar maquinaria, el coche entero se hizo siguiendo mis diseños, pero a cargo de varios fabricantes, y casi todo lo que hicimos nosotros, incluso en lo que respecta al montaje, fue montar las ruedas, los neumáticos y la carrocería. En realidad ese sería el método más económico de fabricación si pudiera estar seguro de que todas las distintas piezas se iban a hacer conforme al plan de fabricación que anteriormente he apuntado. La fabricación más económica del futuro será aquella en la que la totalidad de un artículo no se haga bajo un mismo techo (a menos que se trate, por supuesto, de un artículo muy simple). El método moderno, o mejor dicho, el futuro, es fabricar cada parte donde mejor se fabrique y luego montar las piezas en una unidad completa en los lugares de consumo. Ese es el método que estamos siguiendo ahora y que esperamos ampliar. Daría lo mismo que todas las fábricas que fabrican los componentes de un solo producto pertenecieran a una empresa o a un solo individuo, o si dicha pieza se fabrica en nuestra fábrica de propiedad independiente, con tal de que todos adoptaran los mismos métodos de servicio. Si podemos comprar una pieza tan buena como podemos hacerla nosotros mismos, y la oferta es amplia y el precio es adecuado, no intentamos hacerla nosotros mismos (o, en todo caso, no hacemos más que un suministro de emergencia). De hecho, puede que sea mejor que la propiedad esté muy repartida.

Yo había estado investigando principalmente sobre la reducción del peso. El exceso de peso acaba con cualquier vehículo autopropulsado. Existen multitud de ideas estúpidas acerca del peso. Es raro, cuando piensas en ello, cómo empiezan a usarse algunos términos absurdos. ¡La frase "peso pesado" se aplica al aparato mental de un hombre! ¿Qué quiere decir eso? Nadie quiere ser gordo y pesado de cuerpo, y entonces ¿por qué sí querría serlo de cabeza? Por alguna extraña razón hemos llegado a confundir la fuerza con el peso. Los toscos primeros métodos de construcción sin duda tuvieron mucho que ver con esto. La vieja carreta de bueyes pesaba una tonelada... ¡y pesaba tanto que resultaba frágil! Para trasladar a unas cuantas toneladas de la humanidad desde Nueva

York a Chicago, el ferrocarril construye un tren que pesa muchos cientos de toneladas, y el resultado es una pérdida absoluta de fuerza real y el derroche extravagante de incontables millones en términos de energía. La ley de los rendimientos decrecientes comienza a operar en el punto justo en que la fuerza se convierte en peso. El peso puede ser deseable en un rodillo de vapor, pero en ningún otro lugar. La fuerza no tiene nada que ver con el peso. La mentalidad del hombre que hace cosas en el mundo es ágil, ligera y fuerte. Las cosas más bellas del mundo son aquellas de las que se ha eliminado todo el exceso de peso. La fuerza nunca es únicamente peso, ya sea en hombres o en cosas. Cada vez que alguien me sugiere que podría aumentar el peso o añadir una pieza, ¡yo me centro en disminuir el peso y eliminar la pieza! El coche que diseñé era más ligero que cualquier coche que se hubiera hecho hasta entonces. Hubiera sido más ligero si hubiera sabido cómo construirlo así; más adelante tuve los materiales para hacer el coche aún más ligero.

En nuestro primer año construimos el "Modelo A", vendiendo el *runabout* por ochocientos cincuenta dólares y el coche con capota por cien dólares más. Este modelo tenía un motor de dos cilindros opuestos que desarrollaban ocho caballos de fuerza. Tenía transmisión por cadena, una distancia entre ejes de setenta y dos pulgadas (que estaba prevista para ser mayor) y una capacidad de combustible de cinco galones. Fabricamos y vendimos 1.708 coches el primer año. Así de bien respondió el público.

Cada uno de estos "Modelo A" tiene su historia. Por ejemplo, el modelo 420 lo compró el Coronel D.C. Collier de California en 1904. Lo utilizó durante un par de años, lo vendió y compró un nuevo Ford. El modelo 420 cambió de manos con frecuencia hasta que en 1907 lo compró un tal Edmund Jacobs que vive cerca de Ramona en pleno corazón de las montañas. Él lo usó durante varios años para el género más duro de trabajo. Luego compró un nuevo Ford y vendió el viejo. Hacia 1915 el modelo 420 había pasado a manos de un hombre llamado Cantello que sacó el motor, lo enganchó a una bomba de agua, montó unos ejes en el chasis y ahora, mientras que el motor resopla lejos bombeando agua, el chasis arrastrado por un burro funciona como buggy. La moraleja, por supuesto, es que se puede descuartizar un Ford, pero no se puede acabar con él.

En nuestro primer anuncio decíamos:

Nuestro propósito es construir y comercializar un automóvil especialmente diseñado para el uso y disfrute diario, comercial, profesional y familiar; un automóvil que alcanzará una velocidad suficiente para satisfacer al individuo medio sin llegar a alcanzar ninguna de esas velocidades vertiginosas tan universalmente condenadas; una máquina que será admirada por hombres, mujeres y niños por igual por su consistencia, su sencillez, su seguridad, su versatilidad y, por último, aunque no menos importante, su precio sumamente razonable, lo que lo sitúa al alcance de miles de personas que no podrían siquiera pensar en pagar los precios comparativamente fabulosos que se piden por la mayoría de máquinas.

Y estos son los puntos que destacábamos:

Buen material.

Simplicidad: la mayoría de los coches en ese momento requerían una destreza considerable para su manejo.

El motor.

El encendido, que estaba equipado con dos hileras de seis baterías secas.

La lubricación automática.

La simplicidad y la facilidad en el control de la transmisión, que era del tipo planetario.

La mano de obra.

No apelábamos al placer. Nunca lo hemos hecho. En la primera publicidad señalábamos que un coche a motor era un servicio básico. Decíamos:

Oímos a menudo citar el viejo proverbio: "El tiempo es dinero", y sin embargo qué pocos hombres de negocios y profesionales actúan como si realmente lo creyeran cierto.

Los hombres que se quejan constantemente de la falta de tiempo y que lamentan el escaso número de días de la semana; los hombres para quienes cada cinco minutos desperdiciados implican un dólar tirado; los hombres a quienes cinco minutos de retraso a veces les suponen la pérdida de muchos dólares todavía dependen de los medios de transporte azarosos, incómodos y limitados que permiten los coches urbanos, etc., cuando la inversión de una suma increíblemente moderada en la compra de un automóvil perfeccionado, eficiente y de alta gama les libraría de la ansiedad y de la falta de puntualidad y les proporcionaría un lujoso medio de transporte siempre a su entera disposición.

Siempre a punto, siempre seguro.

Construido para ahorrarle tiempo y también dinero.

Construido para llevarle a cualquier lugar al que quiera ir y traerle de vuelta a tiempo.

Construido para aumentar su reputación de puntualidad; para mantener a sus clientes de buen humor y dispuestos a comprar.

Construido para los negocios o el placer, como usted decida.

Construido también para el bien de su salud, para desplazarse "sin alquitrán" por encima de cualquier carretera medio decente, para refrescar su cerebro con el lujo de abundante "aire libre" y sus pulmones con el "tónico de tónicos": el tipo adecuado de ambiente.

Es su decisión, también, cuando se trata de velocidad. Usted puede, si lo desea, merodear tranquilamente a través de avenidas sombreadas o puede presionar la palanca hacia abajo con el pie hasta que todo el paisaje se difumine y tenga que mantener los ojos entornados para contar las balizas a medida que pasan.

Estoy presentando lo esencial de este anuncio para mostrar que desde el principio estábamos buscando prestar servicio, que nunca nos interesó un "coche deportivo".

El negocio funcionó casi por arte de magia. Los coches se ganaron la reputación de ser resistentes. Eran duros, eran simples, y estaban bien hechos. Yo estaba trabajando en mi diseño de un modelo único universal, pero no había terminado los diseños ni tenía el dinero para construir y equipar el tipo adecuado de planta para su fabricación. No tenía el dinero para descubrir los mejores y más ligeros materiales. Todavía teníamos que aceptar los materiales que el mercado ofrecía; teníamos lo mejor que podía conseguirse, pero no teníamos condiciones para la investigación científica de materiales o para investigación original.

Mis socios no estaban convencidos de que fuera posible restringir nuestros coches a un solo modelo. El gremio de automóviles seguía al antiguo gremio de la bicicleta, en el que cada fabricante creía necesario sacar un nuevo modelo cada año y hacerlo tan diferente a todos los modelos previos que los que habían comprado los modelos anteriores quisieran deshacerse del viejo y comprar el nuevo. Se suponía que eso era un buen negocio. Es la misma idea a la que se someten las mujeres en su indumentaria y sombreros. Eso no es servicio: lo único que pretende es ofrecer algo nuevo, no algo mejor. Es extraordinario lo firmemente arraigada que está la noción de que los negocios (la venta permanente) depende no de la satisfacción del cliente de una vez y para siempre, sino de obtener primero su dinero por un artículo y luego persuadirlo de que debería comprar uno nuevo y diferente. El plan que ya entonces tenía en mente, pero para el que aún no estábamos lo suficientemente avanzados como para darle forma, era que, cuando se terminaba un modelo, todas las mejoras sobre ese modelo debían ser intercambiables con el modelo antiguo, de modo que un coche nunca quedara desfasado. Es mi ambición que cada pieza de maquinaria u otro producto no consumible que presento sean tan resistentes y estén tan bien hechos que nunca nadie tenga que comprar un segundo. Una buena máquina de cualquier tipo debería durar tanto como un buen reloj.

El segundo año dividimos nuestras energías en tres modelos. Hicimos un turismo de cuatro cilindros, el "Modelo B", que se vendía por dos mil dólares; el "Modelo C", que era un "Modelo A" ligeramente mejorado y se vendía cincuenta dólares más caro que el anterior; y el "Modelo F", un turismo que se vendía por mil dólares. Es decir, dividimos nuestra energía y elevamos los precios, y por tanto vendimos menos coches que el primer año. Vendimos 1.695 coches.

Aquel "Modelo B", el primer coche de cuatro cilindros para uso general, tenía que publicitarse. Ganar una carrera o conseguir un record era entonces la mejor publicidad. Así que arreglé la "Flecha", el gemelo del viejo "999" (de hecho, prácticamente lo rehíce), y una semana antes de la feria del automóvil de Nueva York yo mismo conduje una milla verificada directamente sobre el hielo. Nunca olvidaré esa carrera. El hielo parecía bastante liso, tan liso que si yo hubiera suspendido la prueba nos hubiéramos asegurado una cantidad inmensa del tipo incorrecto de publicidad, pero en lugar de ser liso, aquel hielo estaba repleto de grietas que yo sabía que iban a significar un problema en cuanto aumentara la velocidad. Pero no había nada que hacer más que seguir adelante con la prueba, y dejé hacer al viejo "Flecha". En cada grieta el coche saltaba por el aire. Yo nunca sabía cómo iba a volver a bajar. Cuando no estaba en el aire estaba derrapando, pero de alguna manera permanecí encima y encauzado ¡alcanzando un record que dio la vuelta al mundo! Eso puso al "Modelo B" en el mapa, pero no lo suficiente como para superar las subidas de precio. Ningún truco y ninguna publicidad venderán un artículo para siempre. Los negocios no son un juego. La moraleja está por venir.

Nuestro pequeño taller de madera, con el negocio que estábamos haciendo, se había quedado completamente desfasado, y en 1906 retiramos de nuestro fondo de maniobra fondos suficientes para construir una nave de tres pisos en la esquina de las calles Piquette y Beaubien, lo que por primera vez nos confirió condiciones reales de fabricación. Comenzamos a fabricar y a montar una buena cantidad de piezas, aunque seguíamos siendo principalmente un taller de montaje. En 1905-1906 hicimos solo dos modelos: uno del coche de cuatro cilindros de 2.000 dólares y otro turismo de 1.000 dólares, siendo ambos los modelos del año anterior, y nuestras ventas bajaron a 1.599 coches.

Algunos decían que era porque no habíamos sacado modelos nuevos. Yo pensaba que era porque nuestros coches eran demasiado caros: no atraían al 95 por ciento. Al año siguiente cambié la política, habiendo primero implantado el control de stock. Durante 1906-1907 abandonamos por completo la fabricación de turismos y fabricamos tres modelos de *runabouts* y *roadsters*, ninguno de los cuales difería sustancialmente del otro en proceso de fabricación o en los componentes, pero cuya apariencia era algo distinta. Lo más importante era que el coche más barato se vendía por 600 $ y el más caro por solo 750 $, y de ahí vino la demostración completa de lo que significaba el precio. Vendimos 8.423 coches, casi cinco veces más que en nuestro mejor año hasta el momento. Nuestra mejor semana fue la del 15 de mayo de 1908, en la que montamos 311 coches en seis días laborables. Casi desbordaron nuestras instalaciones. El capataz tenía una pizarra en la que hacía una marca con tiza cada vez que un coche se terminaba y se entregaba a los probadores. A la pizarra le costó mucho estar a la altura de las circunstancias. En un día del junio siguiente montamos exactamente cien coches.

Al año siguiente renunciamos al programa que había tenido tanto éxito y diseñé un coche grande (cincuenta caballos de potencia, seis cilindros) que prendiera fuego a las carreteras. Continuamos fabricando nuestros coches pequeños, pero el pánico de 1907 y el cambio al modelo más caro redujeron las ventas a 6.398 coches.

Habíamos pasado por un período de experimentación de cinco años. Los coches se empezaban a vender en Europa. La empresa, tal y como funcionaba entonces el negocio del automóvil, se consideraba extraordinariamente próspera. Teníamos muchísimo dinero. Desde el primer año casi siempre hemos tenido muchísimo dinero. Vendíamos al contado, no pedíamos dinero prestado y vendíamos directamente al comprador. No teníamos saldos incobrables y nos manteníamos a nosotros mismos a cada paso. Siempre me he mantenido dentro de mis posibilidades. Nunca he visto la necesidad de forzarlas, porque, inevitablemente, si le prestas atención al trabajo y al servicio, los recursos aumentarán más rápidamente de lo que puedes encontrar formas y medios para deshacerte de ellos.

Fuimos cuidadosos en la selección de nuestros vendedores. Al principio era muy difícil conseguir buenos vendedores porque se suponía que el comercio de automóviles no era estable. Se consideraba un comercio de lujo, de vehículos de placer. Al final seleccionamos representantes eligiendo los mejores hombres que pudimos encontrar, y les pagamos un salario mayor de lo que podían ganar por sí mismos en el negocio. Al principio pagábamos mucho en forma de salarios. Estábamos tanteando nuestro camino, pero cuando supimos cuál era, adoptamos la política de primero pagar la retribución más alta por servicio y después insistir en obtener el mejor servicio. Entre los requisitos para los representantes establecimos los siguientes:

(1) Un hombre moderno y proactivo, definitivamente abierto a las posibilidades de negocio.

(2) Un emplazamiento de aspecto limpio y digno para el negocio.

(3) Un conjunto de piezas suficientes para hacer sustituciones rápidas y mantener en servicio activo todos los coches Ford de su zona.

(4) Un taller de reparación adecuadamente equipado, que contara con la maquinaria adecuada para cada reparación y ajuste necesarios.

(5) Mecánicos que estuvieran familiarizados con la construcción y el funcionamiento de los coches Ford.

(6) Un sistema de contabilidad integral y un sistema de seguimiento de ventas, mediante el cual fuera inmediatamente evidente cuál era la situación financiera de los distintos departamentos de su negocio, el estado y el tamaño de su stock, los propietarios actuales de los coches y las perspectivas de futuro.

(7) Limpieza absoluta a lo largo de todos los departamentos. No debía haber ventanas sucias, enseres polvorientos, suelos sucios.

(8) Una rotulación adecuada.

(9) La adopción de políticas que garantizaran un servicio absolutamente completo y la más alta ética empresarial.

Y esta es la instrucción general que se envió:

Un concesionario o vendedor debe tener el nombre de todo posible comprador de automóviles en su zona, incluidos todos aquellos que nunca se lo han planteado. Luego deberá contactar personalmente, si es posible mediante visita (por correspondencia al menos), a cada hombre de esa lista y luego hacer memorandos obligatorios para conocer la situación del automóvil en relación con todos los residentes así contactados. Si su territorio es demasiado grande como para hacer esto, tiene usted demasiado territorio.

El camino no fue fácil. Estábamos agobiados por una gran demanda presentada contra la compañía para tratar de forzarnos a ingresar en una asociación de fabricantes de automóviles que operaban bajo el falso principio de que solo había un mercado limitado para los automóviles y que el monopolio en ese mercado era esencial. Esa fue la famosa demanda de la *Selden Patent*. En ocasiones el soporte de nuestra defensa comprometió seriamente nuestros recursos. El Sr. Selden, que ha muerto hace muy poco, tuvo poco que ver con la demanda. Fue la asociación la que persiguió el monopolio bajo la patente. La situación era la siguiente:

George B. Selden, un abogado de patentes, había presentado una solicitud ya en 1879 para una patente cuyo objeto se describía como "La producción de una locomotora de carretera segura, simple y barata, de peso ligero, fácil de controlar, poseedora de suficiente energía como para remontar una pendiente ordinaria". Esta solicitud se mantuvo activa en la Oficina de Patentes, por métodos perfectamente legales, hasta 1895, en que se concedió la patente. En 1879, cuando se presentó la solicitud, el automóvil era prácticamente desconocido para el público en general, pero en el momento en que se concedió la patente todo el mundo estaba familiarizado con los vehículos autopropulsados, y la mayoría de hombres que, como yo mismo, habían estado trabajando durante años en la propulsión a motor, se sorprendieron al saber que lo que habíamos hecho posible estaba protegido por una solicitud de años antes, aunque el demandante había mantenido su idea meramente como una idea. No había hecho nada para ponerla en práctica.

Las reclamaciones específicas derivadas de la patente se dividieron en seis grupos y creo que ni uno solo de ellos era una idea realmente nueva ya en 1879, cuando se presentó la solicitud. La Oficina de Patentes permitió una combinación y emitió algo denominado "patente de combinación", resolviendo que la combinación (a) de un carro con su maquinaria principal y el volante, con el (b) mecanismo de propulsión de embrague y engranaje y, finalmente, (c) el motor, constituían una patente válida.

Nada de eso nos incumbía a nosotros. Yo creía que mi motor no tenía nada en común con lo que Selden tenía en mente. La poderosa asociación de fabricantes que se llamaban a sí mismos "fabricantes licenciados" porque operaban al amparo de licencias del titular de la patente, presentó una demanda contra nosotros tan pronto como empezamos a destacar en la producción de motores. La demanda se sostuvo durante mucho tiempo. Estaba pensada para intimidarnos y sacarnos del negocio. Reunimos volúmenes de testimonios, y el golpe se produjo el 15 de septiembre de 1909, cuando el Juez Hough emitió su opinión en el Tribunal de Primera Instancia de los Estados Unidos fallando en nuestra contra. Acto seguido la Asociación de Licenciados comenzó a publicitarse, advirtiendo a los posibles compradores en contra de nuestros coches. Lo mismo habían hecho en 1903 al inicio de la demanda, cuando se pensaba que podían echarnos del negocio. Yo tenía confianza plena en que finalmente ganaríamos la demanda. Simplemente sabía que estábamos en lo cierto, pero fue un golpe considerable recibir la primera decisión en nuestra contra, porque creíamos que muchos compradores (aunque no se emitió ninguna orden en nuestra contra) se asustarían de comprar ante la amenaza de acciones judiciales contra propietarios particulares. Se extendió la idea de que si la demanda finalmente se resolvía en mi contra, todo aquel que tuviera un coche Ford sería procesado. Algunos de mis adversarios más entusiastas, así lo creo, comentaban en privado que habría demandas penales y civiles, y que un hombre que comprara un coche Ford podría estar comprando también un billete a la cárcel. Respondimos con un anuncio para el que contratamos cuatro páginas en los principales periódicos de todo el país. Expusimos nuestro caso, expusimos nuestra confianza en la victoria y, en conclusión, dijimos:

En conclusión rogamos que nos comuniquen si hay algún comprador potencial de automóviles que se encuentre de algún modo intimidado por las afirmaciones hechas por nuestros adversarios, que le daremos, además de la protección de la Ford Motor Company con sus algo más de 6.000.000 de dólares en activos, un bono individual respaldado por un Banco de más de 6.000.000 más en activos, por lo que todos y cada uno de los propietarios de un coche Ford estarán protegidos al menos hasta que 12.000.000 de dólares en activos hayan sido liquidados por aquellos que desean controlar y monopolizar esta maravillosa industria.

El bono es suyo con solo pedirlo, así que no deje que le vendan coches inferiores a precios extravagantes por cualquier declaración realizada por este organismo "Divino".

N.B. [Nota bene, nótese]: Esta lucha no la libra la Ford Motor Company sin el asesoramiento y consejo de los abogados de patentes más capaces de Oriente y Occidente.

Creíamos que el bono daría seguridad a los compradores, que necesitaban confianza. No la necesitaban. Vendimos más de dieciocho mil coches, casi el doble de la venta del año anterior, y creo que solicitaron bonos unos cincuenta compradores; tal vez fuera alguno menos.

En realidad, probablemente nada publicitó tan bien el coche Ford y la *Ford Motor Company* como esta demanda. Se percibió que éramos las víctimas y tuvimos la simpatía del público. La asociación tenía setenta millones de dólares; nosotros al principio no teníamos ni la mitad de esa cantidad de miles. Nunca tuve una sola duda sobre el resultado, pero en todo caso era una espada pendiente sobre nuestras cabezas que bien podríamos habernos ahorrado. Poner esa demanda fue probablemente uno de los actos más miopes que cualquier grupo de hombres de negocios americanos haya proyectado jamás acometer. Vistos los acontecimientos, supone el mejor ejemplo posible de unirse inconscientemente para acabar con un gremio. Considero lo más afortunado para los fabricantes de automóviles del país que finalmente ganáramos, y que la asociación dejara de ser un factor relevante en el negocio. De cualquier forma, en 1908, a pesar de la demanda, habíamos llegado a un punto en el que nos fue posible anunciar y poner en fabricación el tipo de coche que yo quería construir.

CAPÍTULO IV
EL SECRETO DE LA FABRICACIÓN Y EL SERVICIO

No estoy esbozando ahora la carrera de la *Ford Motor Company* por un motivo personal. No estoy diciendo: "Ve y haz tú lo mismo". Lo que estoy intentando enfatizar es que la forma ordinaria de hacer negocios no es la mejor forma. Me estoy acercando al momento de mi abandono total de los métodos ordinarios. Desde este momento data el extraordinario éxito de la empresa.

Habíamos estado siguiendo más o menos la costumbre del gremio. Nuestro automóvil era menos complejo que ningún otro. No teníamos dinero externo del que preocuparnos. Pero más allá de estos dos puntos, no diferíamos en lo sustancial de las otras compañías de automóviles, a excepción de que habíamos sido un poco más exitosos y habíamos seguido rigurosamente la política de aceptar descuentos por pago en efectivo, reinvertir nuestras ganancias en el negocio y mantener un amplio equilibrio de caja. Inscribimos coches en todas las carreras. Publicitamos e impulsamos nuestras ventas. Además de la simplicidad en la construcción del coche, nuestra principal diferencia en el diseño era que no hacíamos ninguna concesión al coche puramente "de placer". El nuestro era tan coche de placer como cualquier otro coche del mercado, pero nosotros no prestábamos atención a las características puramente de lujo. Estábamos dispuestos a hacer un trabajo especial para un comprador, y supongo que por un precio hubiéramos fabricado un coche especial. Éramos una empresa próspera. Hubiera sido fácil sentarse y decir: "Ya lo hemos logrado. Ahora mantengamos lo que tenemos".

De hecho, existía una cierta disposición a tomar esta postura. Algunos de los accionistas se alarmaron seriamente cuando nuestra producción alcanzó el centenar de coches al día. Ellos querían hacer algo para evitar que arruinara la compañía, y cuando les respondí a eso que un centenar de coches al día era solo una minucia y que dentro de poco esperaba fabricar mil al día su conmoción fue indescriptible, y creo que barajaron seriamente emprender acciones judiciales. Si hubiera seguido la opinión general de mis socios hubiera mantenido el negocio tal como estaba, habría dedicado nuestros fondos a un buen edificio de administración, habría intentado hacer negocios con aquellos competidores que parecieran más activos, habría creado nuevos diseños de vez en cuando para atraer la atención del público, y en general habría pasado a la posición de un ciudadano tranquilo y respetable con un tranquilo y respetable negocio.

La tentación de parar y quedarse con lo que uno tiene es bastante natural. Comprendo totalmente el deseo de abandonar una vida de actividad y retirarse a una vida de acomodo. Nunca he sentido el impulso yo mismo, pero puedo comprender lo que es, aunque creo que un hombre que se retira debería salirse completamente de un negocio. Hay una disposición a retirarse y mantener el control. Sin embargo, no entraba en mis planes hacer algo por el estilo. Consideraba nuestro avance como una simple invitación a hacer algo más, como una indicación de que habíamos llegado a un punto en el que podíamos comenzar a realizar un servicio de verdad. Yo había estado proyectando cada día a lo largo de esos años un coche universal. El público había reaccionado a los distintos modelos. Los coches en servicio, las carreras y las pruebas en carretera ofrecían excelentes guías en cuanto a los cambios que debían hacerse, y ya en 1905 tenía bastante claras las especificaciones de la clase de coche que quería construir. Pero me faltaba el material que aportara resistencia sin peso. Di con ese material casi por accidente.

En 1905 estaba en una carrera de coches en Palm Beach. Hubo un gran accidente y un coche francés se hizo pedazos. Habíamos inscrito nuestro "Modelo K", el seis cilindros de alta potencia. Yo pensaba que los coches extranjeros tenían piezas más pequeñas y mejores de las que nosotros no sabíamos nada. Después del accidente recogí una pequeña varilla de la válvula. Era muy ligera y muy resistente. Pregunté de qué estaba hecha. Nadie lo sabía. Le di la varilla a mi asistente.

"Averigua todo acerca de esto", le dije. "Este es el tipo de material que debemos tener en nuestros coches".

Finalmente descubrió que se trataba de un acero francés y que contenía vanadio. Probamos con todos los fabricantes de acero de América; ninguno sabía fabricar acero de vanadio. Mandé a buscar a Inglaterra a algún hombre que supiera cómo fabricar acero comercialmente. Lo siguiente era conseguir una planta para producirlo. Eso fue otro problema. El vanadio requiere 3.000 grados Fahrenheit. El horno ordinario no podía ir más allá de los 2.700 grados. Encontré una pequeña compañía de acero en Canton, Ohio. Les ofrecí cubrir sus pérdidas si hacían una forja para nosotros. Aceptaron. La primera combustión fue un fracaso. El acero retuvo muy poco vanadio. Hice que lo intentaran de nuevo, y a la segunda el acero funcionó. Hasta entonces nos habíamos visto obligados a contentarnos con acero que resistía entre 60.000 y 70.000 libras de fuerza de tracción. Con vanadio, la resistencia subió hasta las 170.000 libras.

Una vez que tenía el vanadio dejé a un lado nuestros modelos e hice pruebas concretas para determinar qué tipo de acero era el mejor para cada pieza, dependiendo de si queríamos un acero resistente, un acero duro o un acero elástico. Creo que, por primera vez en la historia de la industria pesada, nosotros determinamos científicamente la calidad exacta del acero. Gracias a ello después seleccionamos veinte tipos diferentes de acero para las distintas piezas de acero. Alrededor de diez de ellos eran de vanadio. El vanadio se utilizaba allí donde se requerían resistencia y ligereza. Por supuesto, no todos los tipos de acero de vanadio son iguales. Los otros elementos varían en función de si la pieza va a resistir un desgaste duro o si necesita elasticidad; en una palabra, conforme a lo que se necesita. Antes de estos experimentos creo que nunca se habían utilizado en la fabricación de automóviles más de cuatro tipos diferentes de acero. A través de más experimentación, especialmente en relación al tratamiento térmico, hemos sido capaces de aumentar aún más la resistencia del acero y por tanto reducir aún más el peso del coche. En 1910, el Departamento de Comercio e Industria de Francia tomó uno de nuestros ejes de dirección ensamblado a los yugos de varillas, seleccionándolo como una unidad vital, y lo probó junto a una pieza similar de lo que ellos consideraban el mejor coche francés, y en todas las pruebas nuestro acero demostró ser más resistente.

El acero de vanadio nos libró de gran parte del peso. Yo ya había elaborado los otros requisitos de un coche universal y muchos de ellos estaban en uso. El diseño tenía que equilibrarlos. Hay hombres que mueren porque una pieza se suelta. Las máquinas se estropean porque algunas piezas son más débiles que otras. Por lo tanto, parte del problema de diseñar un coche universal consistía en que, en la medida de lo posible, todas las piezas fueran igual de resistentes teniendo en cuenta su función: instalar un motor en una calesa de un solo caballo. También tenía que ser a prueba de tontos. Esto era difícil, porque un motor de gasolina es esencialmente un instrumento muy delicado, y eso supone una maravillosa oportunidad para que cualquiera con esa mentalidad pueda estropearlo. Adopté el siguiente lema:

"Cuando uno de mis coches se avería sé que yo soy el responsable".

Desde el día en que el primer coche de motor apareció en las calles a mí me pareció que era una necesidad. Fueron este conocimiento y esta certeza los que me llevaron a construir con un único objetivo: un coche que respondiera a las necesidades de las multitudes. Todos mis esfuerzos estaban entonces y todavía siguen estando puestos en la producción de un coche, un modelo. Y, año tras año, la presión consistía, y sigue consistiendo, en mejorarlo y perfeccionarlo y hacerlo mejor, reduciendo el precio cada vez más. El coche universal tenía que tener los siguientes atributos:

(1) Calidad en el material para dar servicio de uso. El acero de vanadio es el más resistente, más duro y más duradero de los aceros. Constituye el fundamento y la superestructura de los coches. Es el acero de mayor calidad del mundo a este respecto, sin tener en cuenta el precio.

(2) Simplicidad en la operación, porque las masas no son mecánicos.

(3) Potencia en cantidad suficiente.

(4) Absoluta fiabilidad: debido a los variados usos a los que se destinan los coches y la variedad de carreteras por las que van a viajar.

(5) Ligereza. Con el Ford solo hay que desplazar 7,95 libras por cada pulgada cúbica de cilindrada. Esta es una de las razones por las que los coches Ford están "siempre en marcha", dondequiera que los vea: a través de la arena y el barro, a través de aguanieve, nieve o agua, sobre montañas, a través de campos o llanuras sin carreteras.

(6) Control: para mantener la velocidad siempre bajo control y enfrentar cada emergencia y contingencia tranquilamente y con seguridad, ya fuera en las atestadas calles de la ciudad o en carreteras peligrosas. La transmisión planetaria del Ford ofrecía este control y cualquiera podía manejarla. Ese es el "porqué" de la frase: "Todo el mundo puede conducir un Ford". Puede dar la vuelta prácticamente en cualquier sitio.

(7) Cuanto más pesa el motor de un coche, lógicamente más combustible y lubricantes se consumen en la conducción; cuanto más ligero es el peso, más leve será el gasto de funcionamiento. El peso ligero del coche Ford en sus pri-

meros años se utilizó como un argumento en su contra. Ahora todo eso ha cambiado.

El diseño en el que me centré fue llamado "Modelo T". La característica principal del nuevo modelo (que, si tenía la aceptación que yo pensaba que iba a tener, tenía la intención de convertirlo en el único modelo y luego comenzar la producción de verdad) era su simplicidad. No había más que cuatro unidades de construcción en el coche: la fuente de energía, el bastidor, el eje delantero y el eje trasero. Todos estos eran fácilmente accesibles y estaban diseñados de manera que no se requiriera ninguna destreza especial para su reparación o reemplazo. Yo creía entonces, aunque casi no lo comenté debido a la novedad de la idea, que debía ser posible contar con piezas tan simples y tan baratas que eliminaran por completo la amenaza de costosos trabajos de reparación manual. Las piezas podrían fabricarse de forma tan económica que sería menos costoso comprar otras nuevas que reparar las viejas. Podrían comprarse en tiendas de material igual que se compran clavos o tornillos. Pensaba que me correspondía a mí como diseñador fabricar un coche tan absolutamente simple que nadie pudiera dejar de comprender su funcionamiento.

Eso funciona en ambos sentidos y se aplica a todo. Cuanto menos complejo es un artículo, más fácil es fabricarlo, más barato se puede vender, y por lo tanto más unidades pueden venderse.

No es necesario entrar en los detalles técnicos de la construcción, pero tal vez este sea un lugar tan bueno como cualquier otro para analizar los diversos modelos, porque el "Modelo T" fue el último de los modelos y la política que trajo consigo alejó a este negocio del rumbo normal de los negocios. La aplicación de la misma idea sacaría a cualquier negocio de su marcha habitual.

Diseñé ocho modelos en total antes del "Modelo T". Fueron los siguientes: "Modelo A", "Modelo B", "Modelo C", "Modelo F ", "Modelo N", "Modelo R", "Modelo S" y "Modelo K". De éstos, los Modelos "A", "C" y "F" tenían motores de dos cilindros opuestos en horizontal. En el "Modelo A" el motor estaba detrás del asiento del conductor. En todos los demás modelos estaba en una capota delantera. Los Modelos "B", "N", "R" y "S" tenían motores de cuatro cilindros en vertical. El "Modelo K" tenía seis cilindros. El "Modelo A" desarrollaba ocho caballos de potencia. El "Modelo B" desarrollaba veinticuatro caballos de potencia con un cilindro de 4 pulgadas y media y un recorrido de 5 pulgadas. La mayor potencia la tenía el "Modelo K", el coche de seis cilindros, que desarrollaba cuarenta caballos de potencia. Los cilindros más grandes eran los del "Modelo B". Los más pequeños se encontraban en los Modelos "N", "R" y "S", que tenían 3 pulgadas y 3/4 de diámetro con un recorrido de 3 pulgadas y 3/8. El "Modelo T" tiene un cilindro de 3 pulgadas y 3/4 con un recorrido de 4 pulgadas. El encendido era con baterías secas en todos excepto en el "Modelo B", que tenía baterías de almacenamiento, y en el "Modelo K", que tenía batería y magneto. En el modelo actual, el magneto es una parte de la fuente de energía y está incorporado dentro. El embrague en los primeros cuatro modelos era cónico; en los últimos cuatro, y en el modelo actual, es de disco múltiple. La transmisión en todos los coches es planetaria. El "Modelo A" tenía transmisión por cadena. El "Modelo B" tenía transmisión por cardán. Los dos modelos siguientes tenían transmisión por cadena. Desde entonces todos los coches han tenido transmisión por cardán. El "Modelo A" tenía una distancia entre ejes de 72 pulgadas. El "Modelo B", que era un muy buen coche, tenía 92 pulgadas. El "Modelo K" tenía 120 pulgadas. El "Modelo C" tenía 78 pulgadas. Los demás tenían 84 pulgadas, y el actual coche tiene 100 pulgadas. En los primeros cinco modelos todo el equipamiento era extra. Los tres siguientes se vendieron con equipamiento parcial. El coche actual se vende con equipamiento completo. El "Modelo A" pesaba 1.250 libras. Los coches más ligeros eran los Modelos "N" y "R", que pesaban 1.050 libras, pero ambos eran *runabouts*. El coche más pesado fue el de seis cilindros, que pesaba 2.000 libras. El coche actual pesa 1.200 libras.

El "Modelo T" no tenía prácticamente ninguna característica que no estuviera incluida en uno u otro de los modelos anteriores. Cada detalle había sido totalmente probado en la práctica. No hubo apuestas acerca de si sería o no un modelo exitoso. Tenía que serlo. No había forma de que no lo fuera, porque no se había hecho en un día. Contenía todo lo que fui entonces capaz de poner en un coche de motor, además del material que por primera vez había sido capaz de obtener. Sacamos el "Modelo T" para la temporada 1908-1909.

La compañía tenía entonces cinco años de antigüedad. El espacio original de la fábrica era de 0,28 acres. Empleamos un promedio de 311 personas el primer año, construimos 1.708 coches, y contábamos con una delegación. En 1908, el espacio de la fábrica había crecido hasta los 2,65 acres y teníamos el edificio en propiedad. El promedio de empleados había aumentado a 1.908. Construimos 6.181 coches y contábamos con catorce delegaciones. Era un negocio próspero.

Durante la temporada 1908-1909 continuamos fabricando los Modelos "R" y "S", *runabouts* y *roadsters* de cuatro cilindros, los modelos que habían sido tan exitosos anteriormente, y que se vendían a 700 y 750 dólares. Pero el "Modelo T" les pasó por encima. Vendimos 10.607 coches, la mayor cantidad que cualquier fabricante había vendido jamás. El precio para el turismo era de 850 dólares. En el mismo chasis montamos una limusina de 1.000 dólares, un *roadster* de 825 $, un *coupé* de 950 $ y un *landaulet* de 950 $.

Esa temporada me demostró de manera concluyente que era el momento de implementar la nueva política. A los vendedores, antes de que yo hubiera anunciado la política, las grandes ventas les impulsaron a pensar que podrían haber logrado incluso mayores ventas si hubieran tenido más modelos. Resulta extraño cómo, tan pronto como un artículo alcanza el éxito, alguien empieza a pensar que sería más exitoso solo con ser diferente. Hay una tendencia a hacer monerías con los estilos y a echar a perder algo bueno por cambiarlo. Los vendedores insistieron en ampliar la variedad. Escucharon al 5 por ciento, los clientes especiales que podían decir lo que quisieran, y se olvidaron completamente del 95 por ciento que acababa de comprar sin armar ningún alboroto. Ninguna empresa puede mejorar a menos que preste la mayor atención posible a las quejas y sugerencias. Si hay cualquier defecto en el servicio, entonces eso debe ser instantánea y rigurosamente investigado, pero cuando la sugerencia se refiere únicamente al estilo, uno tiene que asegurarse de que no es algo más que un capricho personal lo que se está expresando. Los vendedores siempre quieren satisfacer caprichos en vez de adquirir el conocimiento suficiente de su producto como para ser capaces de explicar a los clientes con caprichos que lo que tienen satisfará cada una de sus necesidades; esto es, por supuesto, teniendo en cuenta que lo que tienen satisface de veras estas necesidades.

Por lo tanto, una mañana de 1909 anuncié, sin previo aviso, que en el futuro íbamos a construir un solo modelo, que el modelo iba a ser el "Modelo T", y que el chasis sería exactamente el mismo para todos los coches, y recalqué:

"Cualquier cliente puede tener el coche pintado del color que quiera siempre y cuando sea negro".

No puedo decir que nadie estuviera de acuerdo conmigo. La gente de ventas por supuesto no podía ver las ventajas que un solo modelo supondría en la producción. Más que eso, ni siquiera les importaba demasiado. Ellos pensaban que nuestra producción era lo suficientemente buena tal y como estaba, y estaba muy asentada la opinión de que bajar el precio de venta podría perjudicar las ventas, que alejaría a la gente que quería calidad y no habría nadie para reemplazarlos. Había muy poca perspectiva de la industria del motor. Un coche de motor todavía se consideraba como algo parecido a un lujo. Los fabricantes hicieron mucho para difundir esta idea. Algunas personas inteligentes inventaron el término "coche de placer" y la publicidad destacó las características placenteras. Los vendedores tenían motivos para sus objeciones, y más aún cuando hice el siguiente anuncio:

Voy a construir un coche de motor para la gran multitud. Será lo suficientemente grande para una familia pero lo suficientemente pequeño como para que un individuo lo maneje y se ocupe de él. Estará construido con los mejores materiales, por los mejores hombres que pueda contratarse, siguiendo los diseños más simples que la ingeniería moderna puede idear. Pero va a ser tan barato que ningún hombre que gane un buen salario sea incapaz de comprarse uno y disfrutar con su familia de la bendición de horas de placer en los grandes espacios abiertos del Señor.

Este anuncio fue recibido no sin placer. El comentario general era:

"Si Ford hace eso estará fuera del negocio en seis meses".

La impresión era que un buen coche no se podía construir a bajo precio, y que, de todos modos, no tenía sentido construir un coche barato, ya que el mercado de los coches era solo para los ricos. Las ventas de más de diez mil coches de 1908-1909 me habían convencido de que necesitábamos una nueva fábrica. Ya teníamos una gran fábrica moderna: la planta de Piquette Street. Era tan buena, o quizá un poco mejor, que cualquier fábrica de automóviles en el país. Pero yo no veía cómo iba a poder dar abasto a las ventas y la producción que estaban previstas. Así que compré sesenta acres en Highland Park, que entonces se consideraba en las afueras de Detroit, en el campo. La gente se oponía a la cantidad de tierra comprada y a los planes para construir la fábrica más grande que el mundo hubiera visto jamás. Se hacían la siguiente pregunta:

"¿Cómo de pronto se estrellará Ford?"

Quién sabe cuántos miles de veces se ha preguntado lo mismo desde entonces. Se lo preguntaban solo a causa de la incapacidad de comprender que lo que funciona es un principio antes que un individuo, y el principio es tan simple que parece misterioso.

Para 1909-1910, con el fin de pagar la nueva tierra y los edificios, incrementé un poco los precios. Esto está perfectamente justificado y resulta en un beneficio, no en un perjuicio, para el comprador. Hice exactamente lo mismo hace unos pocos años, o mejor dicho, en ese caso no bajé el precio, como es mi costumbre anual, con el fin de construir la planta de River Rouge. Podía haber tenido el dinero extra en ambos casos mediante un préstamo, pero entonces tendría que haber tenido un recargo permanente en el negocio y todos los coches posteriores habrían tenido que soportar ese recargo. El precio de todos los modelos se incrementó en 100 $ con la excepción del *roadster*, que se aumentó solo 75 $, y del *landaulet* y la limusina, que se incrementaron 150 $ y 200 $, respectivamente. Vendimos 18.664 coches, y luego entre 1910 y 1911, con las nuevas instalaciones, rebajamos el turismo de 950 $ a 780 $ y vendimos 34.528 vehículos. Ese fue el comienzo de la reducción permanente de los precios de los coches en un contexto de costos de los materiales cada vez mayores y salarios cada vez más altos.

Comparen el año 1908 con el año 1911. El tamaño de la fábrica aumentó de 2,65 a 32 acres. El número medio de empleados de 1.908 a 4.110, y los coches construidos desde un poco más de seis mil a cerca de treinta y cinco mil. Notarán que los hombres no se empleaban en proporción a la producción.

Estábamos, casi de un día para otro según parece, en la producción a gran escala. ¿Cómo llegó a suceder todo esto?

Simplemente a través de la aplicación de un principio inexcusable. Por la aplicación de la energía y la maquinaria inteligentemente dirigidas. En un pequeño taller oscuro de una calle esquinada un anciano había trabajado durante años haciendo mangos de hacha. Los hacía de nogal seco, con la ayuda de una cuchilla de desbastar, un cincel y un poco de papel de lija. Cada mango era cuidadosamente pesado y equilibrado. No había dos iguales. La curva debe encajar exactamente en la mano y debe ajustarse a la veta de la madera. Desde el amanecer hasta el anochecer el anciano trabajaba. Su producción media era de ocho mangos a la semana, y a cambio recibía un dólar y medio por cada uno. Y a menudo algunos de ellos eran invendibles, porque el equilibrio no era bueno.

Hoy en día puede comprar un mango de hacha mejor, hecho a máquina, por unos pocos centavos. Y usted no necesita preocuparse por el equilibrio. Son todos iguales, y cada uno es perfecto. Los métodos modernos aplicados a gran escala no solo han reducido el costo de los mangos de hacha a una fracción de su antiguo costo, sino que han mejorado enormemente el producto.

Fue la aplicación de estos mismos métodos a la fabricación de los coches Ford lo que desde muy al principio redujo el precio y aumentó la calidad. Nosotros solo desarrollamos una idea. El núcleo de un negocio puede ser una idea. Es decir, un inventor o un obrero reflexivo descubre una nueva y mejor forma de servir a una necesidad humana cualquiera; la idea tiene aceptación, y la gente quiere hacer uso de ella. De esta manera, un solo individuo puede descubrir, a través de su idea o descubrimiento, el núcleo de un negocio. Pero la creación del cuerpo y la masa de ese negocio son compartidas por todos los que tienen algo que ver con él. Ningún fabricante puede decir: "Yo construí este negocio", si ha requerido de la ayuda de miles de hombres para su construcción. Se trata de una producción conjunta. Todos los involucrados han aportado algo a esa producción. Mediante el trabajo y la producción hacen posible que los compradores puedan seguir llegando a ese negocio para obtener el tipo de servicio que presta, y así ayudan a establecer una costumbre, un intercambio, un hábito que les proporciona un medio de vida. Así fue como creció nuestra empresa, y lo que voy a empezar a explicar en el siguiente capítulo es exactamente cómo sucedió.

Mientras tanto, la compañía había llegado a ser internacional. Teníamos sucursales en Londres y en Australia. Distribuíamos a cualquier parte del mundo, y particularmente en Inglaterra estábamos empezando a ser tan conocidos como en América. La introducción del coche en Inglaterra fue bastante difícil debido al fracaso de la bicicleta americana. Dado que la bicicleta americana no se había adaptado a los usos ingleses, los distribuidores asumían y daban por sentado que ningún vehículo estadounidense podría atraer al mercado británico. Dos "Modelos A" llegaron a Inglaterra en 1903. Los periódicos se negaron a hacerse eco de la noticia. Los vendedores de automóviles no les prestaron el más mínimo interés. Se rumoreaba que los principales componentes de su fabricación eran de cuerda y alambre de aro ¡y que un comprador tendría suerte si se mantenían unidos dos semanas! En total se usaron cerca de una docena de coches el primer año; el segundo fue solo un poco mejor. Y puedo decir, en cuanto a la fiabilidad de ese "Modelo A", que la mayoría de ellos, después de casi veinte años, siguen en activo prestando algún servicio en Inglaterra.

En 1905 nuestro representante de ventas inscribió un "Modelo C" en las Pruebas de Fiabilidad de Escocia. En aquellos tiempos las pruebas de fiabilidad eran más populares en Inglaterra que las carreras de coches. Puede que no existiera la noción de que, después de todo, un automóvil no era simplemente un juguete. Las Pruebas de Escocia consistían en más de ochocientas millas de carreteras abruptas y montañosas. El Ford superó la prueba con una sola parada involuntaria en contra. Eso inició las ventas de Ford en Inglaterra. Ese mismo año los taxis Ford se emplearon en Londres por primera vez. En los años siguientes las ventas comenzaron a repuntar. Los coches se inscribieron en todas las pruebas de resistencia y fiabilidad y ganaron todas y cada una de ellas. El distribuidor de Brighton hizo que se condujeran diez Fords por las llanuras del sur durante dos días en una especie de carrera de obstáculos y la superaron todos. Como resultado se vendieron seiscientos coches aquel año. En 1911, Henry Alexander condujo un "Modelo T" hasta la cima del Ben Nevis, a 4.600 pies de altura. Ese año se vendieron 14.060 coches en Inglaterra, y desde entonces ya no fue necesario poner en escena ningún tipo de exhibición. Finalmente abrimos nuestra propia fábrica en Manchester; al principio era únicamente una planta de ensamblaje. Pero a medida que han ido pasando los años, hemos ido fabricando progresivamente más y más piezas del coche.

CAPÍTULO V
COMIENZA LA PRODUCCIÓN

Bastaría con que un dispositivo ahorrara el 10 por ciento de tiempo o incrementara los resultados en un 10 por ciento para que su ausencia representara un impuesto del 10 por ciento. Si el tiempo de una persona vale cincuenta centavos la hora, un ahorro del 10 por ciento vale cinco centavos la hora. Si el propietario de un rascacielos pudiera aumentar sus ingresos un 10 por ciento, pagaría de buen grado la mitad del aumento solo para saber cómo. La razón por la que tiene un rascacielos es que la ciencia ha demostrado que ciertos materiales, usados de una manera determinada, pueden ahorrar espacio y aumentar los ingresos de alquiler. Un edificio de treinta pisos de altura no necesita más parcela de tierra que uno de cinco pisos. Llevarse bien con la arquitectura de estilo antiguo le cuesta al hombre de los cinco pisos la renta de veinticinco plantas. Ahorra diez pasos al día para cada uno de los doce mil empleados y habrás ahorrado cincuenta millas de movimiento perdido y la energía malgastada en él.

Esos son los principios sobre los que se edificó la producción de mi planta. Todos ellos vienen por supuesto de la práctica. Al principio intentamos conseguir operarios cualificados. A medida que aumentaba la necesidad de producción se hizo evidente no solo que no podríamos conseguir suficientes operarios cualificados, sino también que los hombres cualificados no eran necesarios en la producción, y de esto surgió un principio que quiero desarrollar en extenso más adelante.

Es evidente que la mayoría de las personas en el mundo no son mentalmente (incluso si lo son físicamente) capaces de granjearse una buena vida. Es decir, no son capaces de producir con sus propias manos una cantidad suficiente de los bienes que este mundo necesita que les permita intercambiar el producto que les sobra por los bienes que necesitan. He oído decir, de hecho creo que es un pensamiento bastante corriente, que hemos desprovisto de destreza al trabajo. No ha sido así. Le hemos aportado destreza. Le hemos aportado una destreza superior a la planificación, la gestión y la construcción de herramientas, y los resultados de esa destreza los disfruta el hombre que no la tiene. Esto lo ampliaré más adelante.

Tenemos que reconocer la desigualdad en el equipamiento mental humano. Si cada puesto de trabajo en nuestra fábrica requiriera destreza, la fábrica nunca habría existido. La cantidad necesaria de hombres suficientemente cualificados no podrían haberse formado en un centenar de años. Un millón de hombres trabajando manualmente ni se aproximarían a nuestra producción diaria actual. Nadie podría dirigir un millón de hombres. Pero más importante que eso, el producto de las solas manos de ese millón de hombres no podría ser vendido a un precio en consonancia con el poder adquisitivo. E incluso si fuera posible imaginar tal cantidad e imaginar su gestión y desenvolvimiento, ¡piense solamente en el espacio que tendrían que ocupar! ¿Cuántos hombres harían falta, no para producir, sino solamente para llevar de un lado a otro lo que los otros hombres hubieran producido? En tales condiciones no veo cómo podría pagarse a los hombres más de diez o veinte centavos por día, dado que por supuesto no es el empleador quien paga los salarios. Él solo maneja el dinero. Es el producto el que paga los salarios, y la dirección organiza la producción de tal modo que el producto pueda pagar los salarios.

Los métodos más económicos de producción no comenzaron todos a la vez. Comenzaron gradualmente, al igual que empezamos poco a poco a fabricar nuestras propias piezas. El "Modelo T" fue el primer motor que fabricamos nosotros mismos. Las grandes economías comenzaron en el montaje y luego se extendieron a otras secciones de modo que, si bien a día de hoy tenemos multitud de mecánicos especializados, ellos no producen automóviles: hacen que sea fácil para otros el producirlos. Nuestros hombres cualificados son los fabricantes de herramientas, los trabajadores experimentales, los maquinistas y los creadores de patrones. Ellos son tan buenos como cualquier hombre en el mundo; tan buenos, de hecho, que no deben desperdiciarse en hacer lo que las máquinas que ingenian pueden hacer mejor. La mayoría de los hombres llegan a nosotros sin cualificar; aprenden sus tareas en unas horas o en unos días. Si no aprenden en ese tiempo, nunca serán de utilidad alguna para nosotros. Estos hombres son, muchos de ellos, extranjeros, y todo lo que se requiere antes de contratarlos es que sean potencialmente capaces de hacer el trabajo suficiente para pagar los gastos unitarios por el espacio que ocupan. No tienen que ser hombres fuertes. Tenemos puestos de trabajo que requieren gran fuerza física, a pesar de que están disminuyendo rápidamente; tenemos otros trabajos que no requieren ninguna fuerza en absoluto: puestos de trabajo que, en lo referente a fuerza, podrían ser desempeñados por un niño de tres años.

No es posible, sin profundizar en los procesos técnicos, presentar todo el desarrollo de la fabricación, paso a paso, en el orden en que cada cosa se produjo. Ni siquiera sé si podría hacerse, porque ha estado pasando algo casi todos los días y nadie puede llevar la cuenta. Tomemos una cantidad aleatoria de los cambios. A partir de ella no solo es posible hacerse una idea de lo que sucederá cuando este mundo se ponga en función de la producción, sino también ver el sobreprecio que pagamos por las cosas, y por tanto los salarios mucho más bajos de lo que deberían ser que tenemos, y el vasto recorrido que queda por explorar. La *Ford Company* es solo una pequeña escala en el camino.

Un coche Ford contiene alrededor de cinco mil piezas, eso teniendo en cuenta tornillos, tuercas y todo lo demás. Algunas de las piezas son bastante voluminosas y otras son casi del tamaño de piezas de reloj. En nuestro primer montaje simplemente comenzábamos a montar un coche en un punto en el suelo y los trabajadores llevaban hasta él las piezas según se necesitaban, del mismo modo en que se construye una casa. Cuando empezamos a fabricar piezas era natural crear un único departamento de la fábrica para hacer esa pieza, pero por lo general un trabajador realizaba todas las operaciones relativas a esa pequeña pieza. La rápida presión de la producción hizo necesario idear planes de producción que evitaran tener a los trabajadores unos encima de otros. Un trabajador no dirigido gasta más tiempo yendo a por los materiales y las herramientas que haciendo su trabajo; recibe una paga pequeña porque dar paseos no es una actividad muy bien remunerada.

El primer adelanto en el ensamblaje fue cuando comenzamos a llevar el trabajo a los hombres en lugar de los hombres al trabajo. Ahora tenemos dos principios generales en todas las operaciones: que un hombre nunca tenga que dar más de un paso, si es posible evitarlo, y que ningún hombre tenga nunca necesidad de inclinarse.

Los principios del ensamblaje son los siguientes:

(1) Colocar las herramientas y los hombres en la secuencia de la operación de modo que cada componente viaje la menor distancia posible mientras que está en proceso de acabado.

(2) Utilizar rampas o algún otro transportador, de manera que cuando un trabajador termine su operación deje la pieza siempre en el mismo lugar, que siempre debe ser el lugar más cómodo para su mano, y si es posible hacer que la gravedad lleve la pieza al siguiente trabajador para su manipulación.

(3) Usar líneas de montaje deslizantes por las que las piezas a ensamblar se distribuyan a las distancias adecuadas.

El resultado neto de la aplicación de estos principios es la reducción de la necesidad de pensar por parte del trabajador y la reducción de sus movimientos hasta el mínimo. En la medida de lo posible hace cada cosa en un solo movimiento. El montaje del chasis es, desde el punto de vista de una mente no mecánica, nuestra operación más interesante y quizá la más conocida, y fue durante un tiempo una operación sumamente importante. Ahora enviamos las piezas para el montaje al punto de distribución.

Hacia el 1 de abril 1913 probamos por primera vez el prototipo de una línea de ensamblaje. La probamos en el montaje del magneto del volante de inercia. Todo lo probamos antes a pequeña escala: prescindimos de cualquier proceso cuando descubrimos uno mejor, pero tenemos que estar absolutamente seguros de que el nuevo proceso va a ser mejor que el anterior antes de hacer algo drástico.

Creo que esa fue la primera línea en movimiento jamás instalada. La idea surgió de manera general del raíl elevado en suspensión que utilizan los empacadores de Chicago para preparar la carne de vacuno. Anteriormente montábamos el magneto del volante de inercia con el método habitual. Un obrero haciendo un trabajo completo podía producir de treinta y cinco a cuarenta piezas en una jornada de nueve horas, o montar uno cada veinte minutos. Lo que hacía él solo lo repartimos entonces en veintinueve operaciones; eso redujo el tiempo de montaje a trece minutos, diez segundos. Entonces elevamos la altura de la línea ocho pulgadas (eso fue en 1914) y redujimos el tiempo a siete minutos. Más experimentación sobre la velocidad a la que debía moverse el trabajo redujo el tiempo a cinco minutos. En resumen, el resultado es este: con la ayuda del estudio científico un hombre ahora es capaz de hacer un poco más de lo que hace relativamente pocos años hacían cuatro. Esa línea estableció la eficiencia del método y ahora lo utilizan en todas partes. El ensamblaje del motor, hecho anteriormente por un solo hombre, ahora se divide en ochenta y cuatro operaciones: esos hombres hacen el trabajo que antes hacían el triple de ellos. En poco tiempo probamos el plan en el chasis.

Aproximadamente lo mejor que habíamos hecho en el montaje del chasis estacionario era un promedio de doce horas y veintiocho minutos por chasis. Probamos el experimento de guiar el chasis con una cuerda y un torno sobre una línea de doscientos cincuenta pies de largo. Seis montadores viajaban con el chasis y recogían las piezas de pilas colocadas a lo largo de la línea. Este tosco experimento redujo el tiempo a cinco horas y cincuenta minutos por chasis. Hacia la primera mitad de 1914 elevamos la línea de montaje. Habíamos adoptado la política de trabajo de "hombre alto"; teníamos una línea de veintiséis pulgadas y tres cuartos y otra de veinticuatro pulgadas y media desde el suelo para adaptarse a las cuadrillas de diferentes alturas. La organización de cintura para arriba y una subdivisión adicional del trabajo para que cada hombre hiciera menos movimientos redujo el tiempo de trabajo por chasis a una hora y treinta y tres minutos. Solo entonces se montó el chasis en línea. La carrocería fue colocada en la "John R. Street", la famosa calle que cruza nuestras fábricas de Highland Park. Ahora la línea monta el coche completo.

No hay que imaginar, sin embargo, que todo esto funcionó tan rápido como parece. La velocidad del trabajo en movimiento tuvo que ser cuidadosamente comprobada; en el magneto del volante de inercia primero tuvimos una velocidad de sesenta pulgadas por minuto. Eso era demasiado rápido. Luego intentamos dieciocho pulgadas por minuto. Eso era demasiado lento. Finalmente establecimos cuarenta y cuatro pulgadas por minuto. La idea es que no se debe meter prisa a un hombre en su trabajo: debe tener cada segundo necesario, pero ni un solo segundo innecesario. Hemos determinado una velocidad para cada montaje, pues el éxito del montaje del chasis nos llevó gradualmente a revisar todo nuestro método de fabricación y a poner todo el montaje en líneas de accionamiento mecánico. La línea de montaje del chasis, por ejemplo, va a un ritmo de seis pies por minuto; la línea de montaje del eje delantero va a ciento ochenta y nueve pulgadas por minuto. En el montaje del chasis hay cuarenta y cinco operaciones separadas o estaciones. Los primeros hombres fijan cuatro soportes de guardabarros al bastidor del chasis; el motor llega a la décima operación y así sucesivamente al detalle. Algunos hombres realizan solo una o dos operaciones pequeñas, otros hacen más. El hombre que coloca una pieza no la fija: la pieza puede no estar totalmente en su lugar hasta más adelante, después de varias operaciones. El hombre que pone un perno no pone la tuerca; el hombre que pone la tuerca no la aprieta. En la operación número treinta y cuatro el motor en ciernes recibe su gasolina; previamente ha recibido lubricación; en la operación número cuarenta y cuatro el radiador se llena de agua, y en la número cuarenta y cinco el coche sale a la John R. Street.

Básicamente las mismas ideas se han aplicado al montaje del motor. En octubre de 1913, montar un motor requería nueve horas y cincuenta y cuatro minutos de tiempo de trabajo; seis meses más tarde, con el método de montaje móvil, el tiempo se había reducido a cinco horas y cincuenta y seis minutos. Cada pieza de trabajo en los talleres se mueve; puede moverse mediante ganchos en cadenas suspendidas en alto para montarse en el orden exacto en el que se requieren las piezas; puede viajar en una plataforma móvil, o puede desplazarse por gravedad, pero lo fundamental es que no hay elevación o transporte de otra cosa que no sean materiales. Los materiales se introducen en camiones o remolques pequeños operados por chasis Ford recortados, que son lo suficientemente móviles y rápidos como para entrar y salir de cualquier pasillo donde se necesite que vayan. Ningún trabajador tiene que mover o levantar nada. Eso está todo en un departamento separado: el departamento de transporte.

Empezamos montando el coche de motor en una sola fábrica. Luego, a medida que empezamos a fabricar nosotros las piezas, comenzamos a compartimentar para que cada departamento hiciera una sola cosa. Tal y como está organizada la fábrica ahora, cada departamento hace una sola pieza o ensambla una pieza. Un departamento es en sí una pequeña fábrica. La pieza ingresa en forma de materia prima o como pieza de fundición, pasa a través de la secuencia de máquinas y los tratamientos de calor o lo que se requiera, y abandona ese departamento terminada. Cuando empezamos a fabricar, los departamentos se agruparon teniendo en cuenta únicamente la facilidad de transporte. Yo no sabía que semejantes divisiones de minutos serían posibles; pero a medida que nuestra producción creció y se multiplicaron los departamentos, en realidad pasamos de fabricar automóviles a fabricar piezas. Entonces nos dimos cuenta de que habíamos hecho otro nuevo descubrimiento, que fue que de ninguna manera todas las piezas tenían que hacerse en una misma fábrica. En realidad no fue un descubrimiento: fue algo así como dar vueltas en círculo alrededor de mi primera fabricación, en la que compré los motores y probablemente el noventa por ciento de las piezas. Cuando empezamos a hacer nuestras propias piezas prácticamente dábamos por hecho que todas ellas tenían que hacerse en una misma fábrica, que había alguna virtud especial en tener la fabricación del coche completo bajo un mismo techo. Ahora nos hemos alejado de esta idea. Si construimos alguna fábrica grande más, será solo porque una sola pieza exige un volumen tan enorme de fabricación como para requerir una unidad grande. Espero que, con el paso del tiempo, la gran planta de Highland Park fabrique solo una o dos cosas. Las piezas de fundición ya se han retirado de allí y se han llevado a la planta de River Rouge. Así que ahora estamos de vuelta a donde empezamos, a excepción de que, en lugar de comprar nuestras piezas en el exterior, estamos empezando a fabricarlas en nuestras propias fábricas en el exterior.

Este es un avance que tiene consecuencias excepcionales, porque significa, como me ocuparé de ampliar en un capítulo posterior, que la industria altamente estandarizada, altamente subdividida, ya no necesita estar concentrada en grandes plantas con todos los inconvenientes de transporte y alojamiento que ralentizan a las grandes plantas. Quinientos o mil hombres deberían ser suficientes en una sola fábrica; entonces no habría ningún problema en llevarlos y traerlos del trabajo, y no habría tugurios o cualquiera de las otras formas antinaturales de vida inherentes al hacinamiento que se da necesariamente si los obreros han de vivir dentro de una distancia razonable de una planta muy grande.

Highland Park tiene ahora quinientos departamentos. En nuestra planta de Piquette teníamos solo dieciocho departamentos, y anteriormente en Highland Park teníamos solo ciento cincuenta departamentos. Esto ilustra lo mucho que estamos avanzando en la fabricación de piezas.

Difícilmente pasa una semana sin que se haga alguna mejora en algún aspecto de la maquinaria o del proceso, y a veces éstas se adoptan haciendo caso omiso de lo que se denominan "las buenas prácticas del taller". Recuerdo que una vez llamamos a un fabricante de maquinaria para departir sobre la construcción de una máquina especial. Las especificaciones requerían una producción de doscientas unidades por hora.

"Esto es un error", dijo el fabricante, "querrá decir doscientas al día: ninguna máquina puede forzarse hasta doscientas por hora."

El oficial de la compañía envió a buscar al hombre que había diseñado la máquina y ellos le llamaron la atención sobre su especificación. Él replicó:

"Sí, ¿qué pasa con eso?"

"No se puede hacer", dijo tajantemente el fabricante, "ninguna máquina que construya hará eso: está fuera de toda consideración."

"¡Fuera de toda consideración!", exclamó el ingeniero, "si se acerca hasta la planta principal verán ustedes una haciéndolo; la construimos para ver si se podía hacer, y ahora queremos más como esa."

La fábrica no guarda registro de los experimentos. Los capataces y los superintendentes recuerdan lo que se ha hecho. Si un determinado método se ha intentado anteriormente y ha fracasado, alguien lo recordará, pero no estoy particularmente ansioso por que los hombres recuerden lo que alguien ha tratado de hacer en el pasado, porque entonces acumularíamos rápidamente demasiadas cosas que no se pueden hacer. Ese es uno de los problemas de los registros extensos. Si continúas registrando todos tus fracasos, en breve tendrás una lista que demuestra que no te queda nada más que probar, cuando que un hombre haya fracasado en un determinado método no implica que otro hombre no tenga éxito.

Nos dijeron que no podríamos fundir hierro gris con nuestro método de cadena continua y creo que hay un registro de fallos. Pero lo estamos haciendo. El hombre que llevó a cabo ese trabajo o bien no lo sabía o no prestó atención a las cifras anteriores. Del mismo modo que nos dijeron que estaba fuera toda consideración verter el hierro caliente directamente del alto horno al molde. El método habitual es forjar el hierro en lingotes, dejarlos enfriar un rato y luego fundirlos de nuevo para la forja. Pero en la planta de River Rouge lo estamos echando directamente desde cúpulas rellenadas por altos hornos. De modo que un registro de fracasos, particularmente si se trata de un registro digno y bien autentificado, disuade a un joven de experimentar. Obtenemos algunos de nuestros mejores resultados dejando que los tontos se precipiten por donde los ángeles no se atreven a pisar.

Ningunos de nuestros hombres son "expertos". Desgraciadamente hemos considerado necesario deshacernos de un hombre tan pronto como se cree un experto, porque nadie que realmente conoce su trabajo se considera a sí mismo un experto. Un hombre que conoce su trabajo repara más en lo mucho que hay por hacer que en lo que ya ha hecho, siempre está presionando hacia adelante y nunca dedica un instante a pensar en lo bueno y lo eficiente que es. Pensar siempre en lo siguiente, pensar siempre en tratar de hacer algo más, promueve un estado de ánimo en el que nada es imposible. En el momento en que uno tiene la concepción de "experto" en mente, un gran número de cosas se vuelven imposibles.

Me niego a reconocer que existen imposibles. No tengo la impresión de que nadie sepa lo suficiente acerca de cualquier cosa en este mundo como para decir concluyentemente lo que es y lo que no es posible. El tipo correcto de experiencia, el tipo correcto de capacitación técnica, debe ampliar la mente y reducir el número de imposibles. Por desgracia no hace nada que se le parezca. La mayor parte del entrenamiento técnico y el común de lo que llamamos experiencia proporcionan un registro de los fracasos anteriores y, en lugar de tomar estos fracasos por lo que valen, se toman como obstáculos absolutos para el progreso. Si algún hombre, haciéndose llamar una autoridad, dice que tal o cual cosa no se puede hacer, a continuación una horda de seguidores insensatos empiezan a corear: "No se puede hacer".

Tomemos la forja por ejemplo. La forja siempre ha sido un proceso ineficiente, y es tan antiguo que ha acumulado muchas tradiciones que hacen que las mejoras sean extraordinariamente difíciles de lograr. Creo que una autoridad en molduras declaró (antes de que nosotros iniciáramos los experimentos) que cualquier hombre que dijera que podía reducir los costos en medio año se retrataba a sí mismo como un fraude.

Nuestra fundición solía ser muy similar a otras fundiciones. Cuando lanzamos los primeros cilindros del "Modelo T" en 1910, todo en la fábrica se hacía a mano; abundaban las palas y las carretillas. El trabajo se dividía entonces en cualificado y no cualificado; teníamos moldeadores y teníamos peones. Ahora tenemos alrededor del cinco por ciento de moldeadores y colocadores de machos especializados, pero el restante 95 por ciento son no cualificados o, para decirlo con más precisión, deben ser expertos en exactamente una operación que el hombre más estúpido podría aprender en dos días. Todo el moldeado se hace mediante maquinaria. Cada pieza que tenemos que fundir tiene una o varias unidades propias, de acuerdo con la cantidad prevista en el plan de producción. La maquinaria de la unidad se adapta a cada fundición; por lo tanto cada hombre de la unidad realiza una única operación que es siempre la misma. Una unidad consiste en un raíl suspendido en altura en el que se cuelgan a intervalos pequeñas plataformas para los moldes. Sin entrar en detalles técnicos, permítanme decir que la fabricación de los moldes y de los machos, y el incrustado de los machos, se hacen con el trabajo en movimiento en las plataformas. El metal se vierte en otro punto a medida que el trabajo se mueve, y cuando el molde en el que se ha vertido el metal llega a la terminal, está lo suficientemente frío como para empezar su marcha automática hacia la limpieza, el virutaje y el montaje. Y la plataforma da la vuelta para una nueva carga.

Tomemos el desarrollo del conjunto pistón-varilla. Ya en el plan antiguo esta operación duraba solo tres minutos y no parecía ser una de la que preocuparse. Había dos bancos y veintiocho hombres en total; montaban ciento setenta y cinco pistones y varillas en una jornada de nueve horas, lo que significa solo cinco segundos más de tres minutos cada uno. No había ninguna inspección, y muchos de los conjuntos de pistón y varilla se devolvían de la línea de montaje del motor por defectuosos. Es una operación muy simple. El obrero empujaba el pasador del pistón, engrasaba el pasador, deslizaba la varilla en su lugar, ponía el pasador a través de la varilla y el pistón, apretaba un tornillo y aflojaba otro tornillo. Esa era toda la operación. El capataz, examinando la operación, no pudo determinar por qué duraba tres minutos. Analizó los movimientos con un cronómetro. Descubrió que cuatro de las nueve horas de una jornada se empleaban en caminar. El ensamblador no iba a ninguna parte, pero tenía que cambiar de posición para reunir sus materiales y empujar la pieza terminada. En la tarea completa cada hombre lleva a cabo seis operaciones. El capataz ideó un nuevo plan; dividió la operación en tres pasos, puso un deslizador en el banco y tres hombres a cada lado, y un inspector al final. En lugar de realizar toda la operación, de ese modo un hombre realizaba solo una tercera parte de la operación: solo hacía lo máximo posible sin tener que cambiar de posición. Redujeron la cuadrilla de veintiocho a catorce hombres. El antiguo récord de veintiocho hombres era ciento setenta y cinco montajes al día. Ahora siete hombres producen dos mil seiscientos montajes en ocho horas. ¡No hace falta calcular los ahorros del cambio!

Pintar el conjunto del tren trasero también daba algunos problemas al principio. Solía sumergirse a mano en un tanque de esmalte. Esto requería varios manejos y los servicios de dos hombres. Ahora un hombre se encarga de todo en una máquina especial diseñada y construida en la fábrica. Ahora simplemente cuelga el conjunto en una cadena en movimiento que lo lleva a lo largo del tanque del esmalte, después dos palancas empujan dedales en los extremos del eje biselado, el tanque de pintura se eleva seis pies, cubre el eje, vuelve a su posición y el eje pasa al horno de secado. El ciclo completo de operaciones tarda ahora solo trece segundos.

El radiador es un proceso complejo, y soldarlo solía ser una cuestión de destreza. Hay noventa y cinco tubos en un radiador. Ajustar y soldar a mano estos tubos en su sitio es una operación larga, que requiere tanta destreza como paciencia. Ahora todo lo hace una máquina que fabrica mil doscientos núcleos de radiador en ocho horas; luego se sueldan en su sitio mientras son llevados a través de un horno mediante una cinta transportadora. No se requiere ningún trabajo de hojalatería, y por tanto ninguna destreza.

Solíamos remachar los brazos del cárter al cárter utilizando martillos neumáticos que se suponía que eran el último adelanto. Se necesitaban seis hombres para sujetar los martillos y seis hombres para sujetar los cárteres, y el estruendo era descomunal. Ahora una prensa automática operada por un hombre, que no hace otra cosa, lleva a cabo en un día cinco veces más trabajo que esos doce hombres.

MI VIDA Y OBRA

En la planta de Piquette la forja del cilindro recorría cuatro mil pies en el proceso de terminado; ahora solo recorre algo más de trescientos pies.

No hay ninguna manipulación manual del material. No hay una sola operación manual. Si una máquina puede automatizarse, se automatiza. Ni una sola operación se considera nunca hecha de la mejor forma o de la forma más barata. De este modo, solo alrededor del diez por ciento de nuestras herramientas son especiales; las demás son máquinas normales ajustadas para el trabajo en particular. Y están colocadas unas casi junto a las otras. Colocamos más maquinaria por pie cuadrado que cualquier otra fábrica en el mundo: cada pie de espacio no utilizado conlleva un sobrecosto. No queremos ninguno de esos desperdicios. Aunque hay todo el sitio que se necesita: nadie tiene demasiado sitio y nadie tiene demasiado poco. Dividir y subdividir las operaciones, mantener el trabajo en marcha: esos son los factores clave de la producción. Pero también es necesario recordar que todas las piezas están diseñadas para que puedan ser fabricadas lo más fácilmente posible. ¿Y el ahorro? Aunque la comparación no es del todo justa, resulta sorprendente. Si a nuestra tasa actual de producción empleáramos el mismo número de hombres por cada coche que empleábamos cuando empezamos en 1903 (y esos hombres eran solo para el montaje) a día de hoy necesitaríamos una fuerza de más de doscientos mil. ¡Tenemos menos de cincuenta mil hombres en la producción de automóviles en nuestro punto más alto de alrededor de cuatro mil coches al día!

CAPÍTULO VI
MÁQUINAS Y HOMBRES

Aquello contra lo que uno tiene que luchar más duramente al reunir a un gran número de personas para hacer un trabajo es contra el exceso de organización y el consiguiente papeleo. A mi juicio no hay inclinación de la mente más peligrosa que la que a veces se describe como "genio para la organización". Suele consistir en la aparición de un enorme cuadro que muestra, a la manera de un árbol de familia, cómo se ramifica la autoridad. El árbol está cargado de agradables bayas redondas, cada una de los cuales lleva el nombre de un hombre o de una oficina. Cada hombre tiene un título y determinadas obligaciones que están estrictamente delimitadas por la circunferencia de su baya.

Si un supervisor quiere decir algo al superintendente general, su mensaje tiene que pasar a través del sub-capataz, el capataz, el jefe de departamento y todos los superintendentes auxiliares, antes de que, en el transcurso del tiempo, llegue al superintendente general. Para entonces, lo que quería decir ya será probablemente historia. Cuesta alrededor de seis semanas que el mensaje de un hombre que vive en una baya en la esquina inferior izquierda del cuadro llegue hasta el administrador o el presidente de la junta, y si alguna vez llega a uno de estos augustos funcionarios, por el camino ha recolectado alrededor de una libra de críticas, sugerencias y comentarios. Muy pocas cosas se toman alguna vez en "consideración oficial" hasta mucho después del momento en que en realidad deberían haberse tenido en cuenta. Se escurre el bulto de aquí para allá, y los individuos esquivan toda la responsabilidad siguiendo el perezoso principio de que dos cabezas piensan mejor que una.

En mi opinión, sin embargo, un negocio no es una máquina. Se trata de un conjunto de personas que se reúnen para hacer un trabajo y no para escribirse cartas unos a otros. Ningún departamento necesita saber lo que cualquier otro departamento está haciendo. Si un hombre está haciendo su trabajo, no tendrá tiempo para hacer ningún otro trabajo. Vigilar que todos los departamentos estén trabajando adecuadamente hacia el mismo fin corresponde a quienes planean el trabajo completo. No es necesario tener reuniones para establecer buenas relaciones entre individuos o departamentos. No hace falta que las personas se amen entre ellas para que trabajen juntas. Demasiado compañerismo puede ser de hecho una cosa muy mala, ya que puede conducir a uno a tratar de cubrir las faltas del otro. Eso es malo para ambos.

Cuando estamos en el trabajo tenemos que estar trabajando. Cuando estamos en la diversión tenemos que estar divirtiéndonos. No tiene sentido tratar de mezclar ambos. El único objetivo debe ser hacer el trabajo y que nos paguen por ello. Cuando el trabajo está hecho, entonces puede llegar la diversión, pero no antes. Y por eso las fábricas y las empresas Ford no tienen una organización, no hay obligaciones específicas inherentes a ningún puesto, no hay línea de sucesión o de mando, muy pocos títulos, y no hay conferencias. Solo tenemos el personal de oficina que es absolutamente necesario; no tenemos registros elaborados de ningún tipo, y por lo tanto ningún papeleo.

Nosotros hacemos que la responsabilidad individual sea completa. El trabajador es absolutamente responsable de su trabajo. El supervisor es responsable de los trabajadores bajo su mando. El capataz es responsable de su grupo. El jefe de departamento es responsable del departamento. El superintendente general es el responsable de toda la fábrica. Cada hombre tiene que saber lo que está pasando en su círculo. He dicho "superintendente general". No existe tal título formal. Un hombre está a cargo de la fábrica y lo ha estado durante años. Tiene dos hombres junto a él, quienes, sin por ello tener definidas sus obligaciones, han asumido determinadas secciones del trabajo para sí mismos. Junto a ellos hay una media docena de otros hombres del estilo de asistentes, pero sin obligaciones específicas. Todos ellos han realizado tareas por sí mismos, pero no hay limitaciones a sus tareas. Sencillamente trabajan en aquello en lo que mejor se ajustan. Un hombre se encarga de controlar la entrada y salida de existencias. Otro se ha hecho cargo de la inspección, y así sucesivamente.

Esto puede parecer azaroso, pero no lo es. Un grupo de hombres, totalmente decididos a hacer bien un trabajo, no tienen dificultad en saber cómo hacerlo bien. No tienen problemas con los límites de la autoridad porque no están pensando en los títulos. Si tuvieran oficinas y todo eso, en breve estarían dedicando su tiempo al trabajo de oficina y a preguntarse por qué no tienen una oficina mejor que algún otro compañero.

Debido a que no hay títulos ni límites de autoridad, no hay pugnas que tengan que ver con el papeleo o con pasar por encima de otro. Cualquier trabajador puede dirigirse a quien quiera, y está tan establecida esta costumbre que al capataz no le molesta si un trabajador pasa por encima de él y se dirige a la dirección de la fábrica directamente. El trabajador casi nunca lo hace, porque un capataz sabe, tan bien como sabe su propio nombre, que si ha sido injusto se descubrirá muy rápidamente y dejará de ser capataz. Una de las cosas que no toleramos es la injusticia de ningún tipo. En el momento en que nos damos cuenta de que alguien comienza a hincharse de autoridad, o se va o vuelve a una máquina. Una gran parte del descontento laboral proviene del ejercicio injusto de autoridad por parte de quienes están en puestos subordinados, y me temo que en demasiadas instituciones de fabricación no es realmente posible que un trabajador obtenga un trato digno.

El trabajo y solo el trabajo es lo que nos controla. Esa es una de las razones por las que no tenemos ningún título. La mayoría de los hombres puede apretar en un trabajo, pero un título les aplana. El efecto de un título es muy peculiar. Se ha usado mucho como signo de emancipación del trabajo. Es casi equivalente a una placa que lleva la leyenda:

"Este hombre no tiene otra cosa que hacer que considerarse él mismo importante y a todos los demás inferiores."

Un título a menudo no solo es perjudicial para el portador, sino que también tiene su efecto sobre otros. Quizá no haya mayor fuente de insatisfacción personal entre los hombres que el hecho de que los portadores de títulos no sean siempre los verdaderos líderes. Todo el mundo reconoce un verdadero líder, un hombre que está en condiciones de planificar y mandar. Y cuando se encuentra un verdadero líder con título, habría que preguntarle a otro cuál es su título. Él no se jacta de ello.

Los títulos en los negocios se han exagerado mucho y los negocios lo han padecido. Una de las malas prácticas es la división de responsabilidad conforme a los títulos, que llega al extremo de que sean equiparables a una eliminación total de la responsabilidad. Cuando la responsabilidad se divide en muchos pedazos pequeños y se divide entre muchos departamentos, cada uno de ellos con su propio jefe titular, quien a su vez está rodeado por un grupo con sus buenos sub-títulos, es difícil encontrar a alguien que realmente se sienta responsable. Todo el mundo sabe lo que significa "escurrir el bulto". El juego debe tener su origen en las organizaciones industriales en las que los departamentos simplemente desplazan la responsabilidad. La salud de toda organización depende de que cada miembro, cualquiera que sea su posición, sepa que todo aquello de lo que tiene noticia en relación con el bienestar de la empresa es su responsabilidad. Los ferrocarriles se han ido al diablo bajo la mirada de departamentos que decían:

"Oh, eso no corresponde a nuestro departamento. El departamento X, a 100 millas de distancia, está a cargo de eso".

Solían darse muchas directrices a los funcionarios para que no se escondieran detrás de sus títulos. La misma necesidad de esas directrices mostraba una situación que necesita algo más que directrices para corregirse. Y la corrección es simplemente una: abolir los títulos. Algunos pueden ser legalmente necesarios; unos pocos pueden ser útiles para orientar al público sobre cómo hacer negocios con la empresa, pero para el resto la mejor regla es simple: "Deshazte de ellos".

En realidad, en este momento el recorrido de los negocios en general es tal que resta mucho valor a los títulos. Nadie se jactaría de ser presidente de un banco en quiebra. Los negocios en general no se han dirigido con tanta habilidad como para dejar mucha cabida al orgullo de los timoneles. Ahora mismo, los hombres que portan títulos y valen para algo están olvidando sus títulos y buscando en la base del negocio los puntos débiles. Han vuelto a los puestos desde los que emergieron para tratar de reconstruir desde la base. Y cuando un hombre trabaja de verdad, no necesita ningún título. Su trabajo le honra.

Toda nuestra gente entra en la fábrica o las oficinas a través de los departamentos de empleo. Como ya he dicho, no contratamos expertos, ni tampoco contratamos hombres basándonos en su experiencia previa ni para un puesto que no sea el más bajo. Dado que no contratamos a un hombre por su historial, no lo rechazamos por su historial. Nunca he conocido a un hombre que fuera completamente malo. Siempre hay algo bueno en él... si consigue una oportunidad. Esa es la razón por la que no nos importan lo más mínimo sus antecedentes: no contratamos la historia de un hombre, contratamos al hombre. Si ha estado en la cárcel, eso no es motivo para decir que volverá a estar en la cárcel otra vez. Creo, por el contrario, que si a ese hombre se le da una oportunidad, es muy probable que haga un esfuerzo especial para mantenerse fuera de prisión. Nuestra oficina de empleo no descarta a un hombre por nada de lo que haya hecho anteriormente: es igualmente aceptable si ha estado en Sing Sing o en Harvard, y ni siquiera preguntamos en qué lugar se graduó. Todo lo que necesita es el deseo de trabajar. Si él no desea trabajar es muy poco probable que solicite un puesto, porque todo el mundo sabe que en la planta Ford se trabaja.

A nosotros no nos preocupa, repito, lo que un hombre ha sido. Si ha ido a la universidad debería ser capaz de avanzar más rápido, pero tiene que empezar desde abajo y probar su aptitud. El futuro de cada hombre depende exclusivamente de sí mismo. Hay demasiada palabrería acerca de hombres que no pueden obtener reconocimiento. Con nosotros cualquier hombre está bastante seguro de obtener el reconocimiento exacto que se merece.

Por supuesto, hay ciertos factores en el deseo de reconocimiento que deben tenerse en cuenta. El sistema industrial moderno en su conjunto ha sobredimensionado tanto ese deseo que ahora es casi una obsesión. Hubo un tiempo en que el progreso personal de un hombre dependía por completo e inmediatamente de su trabajo, y no del favor de nadie; pero hoy en día a menudo depende demasiado de la buena suerte del individuo para captar la atención de alguien influyente. Contra eso es contra lo que hemos luchado con éxito. Los hombres trabajarían con la idea de llamar la atención de alguien; trabajarían con la idea de que si no logran obtener crédito por lo que han hecho, es como si lo hubieran hecho mal o no lo hubieran hecho en absoluto. De ese modo el trabajo a veces se convierte en una consideración secundaria. El trabajo en cuestión (el artículo en cuestión, el tipo especial de servicio en cuestión) resulta no ser el trabajo principal. La promoción personal se convierte en el trabajo principal, una plataforma para llamar la atención de alguien. Esta costumbre de hacer secundario el trabajo y primario el reconocimiento es perjudicial para el trabajo. Hace que el trabajo de verdad consista en el reconocimiento y el crédito. Y esto también tiene un desafortunado efecto sobre el trabajador. Fomenta un tipo peculiar de ambición que no es deseable ni productiva. Produce el tipo de hombre que se imagina que "llevándose bien con el jefe" va a progresar. En cualquier taller se encuentra este tipo de hombre. Y lo peor de todo es que hay algunas cosas en el actual sistema industrial que hacen que parezca que el juego realmente vale la pena. Los capataces son humanos. Es natural que se sientan halagados si se les hace creer que el bien o el mal de los trabajadores está en sus manos. Es natural, también, que al estar abiertos a la adulación, sus subordinados aprovechados les halaguen aún más para obtener y beneficiarse de su favor. Es por eso que quiero el menor elemento personal posible.

Es particularmente fácil para cualquier hombre que nunca lo sabe todo ascender a un puesto mejor con nosotros. Algunos hombres trabajan duro, pero no poseen la capacidad de pensar y sobre todo no de pensar con rapidez. Tales hombres reciben todo cuanto merece su capacidad. Un hombre puede, por su pericia, merecer un ascenso, pero no es posible ascenderle a menos que también tenga un cierto elemento de liderazgo. No vivimos en un mundo de ensueño. Creo que todo hombre en el proceso de trasiego de nuestra fábrica finalmente aterriza cerca de donde debe estar.

Nunca estamos satisfechos con la manera en que se hace cualquier cosa en cualquier parte de la organización; siempre pensamos que se debe hacer mejor y que con el tiempo se hará mejor. El espíritu de aglomeración obliga a que quien tiene las cualidades para alcanzar un puesto mejor finalmente lo consiga. Tal vez no llegaría a ese puesto si en algún momento la organización (que es una palabra que no me gusta usar) se quedara fija, de modo que habría procedimientos rutinarios y sucesión asegurada [*dead men's shoes*]. Pero tenemos tan pocos títulos que un hombre que debería estar haciendo algo mejor de lo que está haciendo, muy pronto llega a hacerlo: no está restringido por el hecho de que no exista un cargo "abierto" por delante de él, porque no hay "cargos". No tenemos puestos fijos: nuestros mejores hombres se hacen con sus puestos. Esto es bastante fácil de hacer, ya que siempre hay trabajo, y cuando piensas en hacer tu trabajo en lugar de encontrar un título que se ajuste a un hombre que quiera ser promocionado, entonces no hay ninguna dificultad en la promoción. La promoción en sí no es formal; el hombre simplemente se encuentra haciendo algo distinto de lo que estaba haciendo y ganando más dinero.

Toda nuestra gente ha ascendido así desde la base. El jefe de la fábrica comenzó como maquinista. El hombre a cargo de la gran planta de River Rouge comenzó como patronista. Otro hombre que supervisa uno de los principales departamentos comenzó como barrendero. No hay un solo hombre en ninguna parte de la fábrica que no llegara sin más de la calle. Todo lo que hemos desarrollado lo han hecho hombres que se han cualificado a sí mismos con nosotros. Nosotros afortunadamente no heredamos ninguna tradición, y no estamos fundando ninguna. Si tenemos una tradición, es la siguiente:

Siempre se puede hacer todo mejor de lo que se está haciendo.

Esa presión constante para hacer mejor y más rápido el trabajo resuelve casi todos los problemas de la fábrica. Un departamento obtiene su prestigio de su ritmo de producción. La tasa de producción y el costo de producción son elementos distintos. Los capataces y superintendentes simplemente perderían el tiempo si tuvieran que mantener un control sobre los costos de sus departamentos. Hay ciertos gastos, como la tasa salarial, los gastos generales, el precio de los materiales, y otros similares, que no podrían controlar en modo alguno, de modo que no se ocupan de ellos. Lo que sí pueden controlar es la velocidad de la producción en sus propios departamentos. La calificación de un departamento se obtiene al dividir el número de piezas producidas por el número de manos que trabajan. Cada capataz revisa su propio departamento a diario: lleva las cifras siempre con él. El superintendente tiene una tabla con todos los resultados; si algo va mal en un departamento, la tabla de resultados lo muestra inmediatamente, el superintendente pregunta por ello y el capataz lo revisa en persona. Una parte considerable de los incentivos por mejora de los métodos es directamente atribuible a esta sencilla regla práctica de calificación de la producción. El capataz no tiene por qué ser contable de costes: no es mejor capataz por serlo. Sus responsabilidades son las máquinas y los seres humanos de su departamento. Cuando ambos trabajan a su máxima capacidad es que ha cumplido con su cometido. El ritmo de su producción es su guía. No hay ninguna razón para que disperse sus energías en asuntos colaterales.

Este sistema de calificación sencillamente obliga a un capataz a olvidarse de asuntos personales: a olvidarse de todo lo que no sea el trabajo a su cargo. Si seleccionara a la gente que le gusta en lugar de a las personas que pueden hacer mejor el trabajo, la calificación de su departamento rápidamente lo revelaría.

La selección de personal no supone ningún problema. Se escogen a sí mismos porque, aunque se oye hablar mucho acerca de la falta de oportunidades de progreso, el trabajador medio está más interesado en un trabajo estable que en progresar. Apenas algo más del cinco por ciento de los que trabajan por un salario y quieren ganar más dinero tiene también la voluntad de aceptar la responsabilidad y el trabajo adicionales que acompañan a un puesto mejor. Solo alrededor de un veinticinco por ciento están dispuestos siquiera a ser supervisores, y la mayoría de ellos aceptan ese puesto porque lleva consigo un pago mayor que trabajar en una máquina. Los hombres de mentalidad más mecánica pero sin ninguna pretensión de responsabilidad entran en los departamentos de fabricación de herramientas, donde reciben considerablemente más sueldo que en la producción propiamente dicha. Pero la gran mayoría de los hombres quiere quedarse donde está. Quieren que se les guíe. Quieren que todo se les dé hecho y no tener ninguna responsabilidad. Por tanto, a pesar de la gran aglomeración de hombres, la dificultad no es descubrir hombres a los que ascender, sino hombres que estén dispuestos a ser ascendidos.

La teoría aceptada es que todas las personas están ansiosas por progresar, y se han construido una gran cantidad de bonitos planes a partir de esto. Solo puedo decir que no nos parece que sea el caso. Los americanos en nuestro empleo quieren desde luego progresar, pero de ninguna forma quieren siempre ir directos hasta la cima. Los extranjeros, hablando en general, se contentan con quedarse como supervisores. Por qué es así, no lo sé. Solo describo los hechos.

Como he dicho, todo el mundo en la fábrica tiene una mentalidad abierta en cuanto a la forma en que se hace cada trabajo. Si hay alguna teoría fija, alguna regla fija, es que ningún trabajo se está haciendo lo suficientemente bien. La dirección de la fábrica al completo está siempre abierta a la sugerencia, y tenemos un sistema de sugerencias informal mediante el que cualquier trabajador puede comunicar cualquier idea que se le ocurra y hacer que se ponga en práctica.

El ahorro de un centavo por pieza puede claramente merecer la pena. Un ahorro de un centavo en una pieza en nuestra tasa actual de producción representa doce mil dólares al año. Un centavo ahorrado en cada pieza ascendería a millones al año. Por lo tanto, al comparar ahorros, los cálculos se llevan a cabo a la milésima parte de un centavo. Si el nuevo método sugerido representa un ahorro y el costo de hacer el cambio va a amortizarse dentro de un plazo razonable, digamos en tres meses, el cambio se realiza prácticamente en el acto. Estos cambios no están de ninguna manera limitados a las mejoras que aumenten la producción o reduzcan el costo. Una gran parte (tal vez la mayoría de ellos) están orientados a hacer el trabajo más fácil. No queremos ningún trabajo pesado mata-hombres en la fábrica, y en la actualidad hay muy poco. Y por lo general se cumple que adoptar la forma más fácil para los hombres también disminuye el costo. Existe la conexión más íntima entre la decencia y el buen negocio. También investigamos hasta el último decimal si es más barato fabricar o comprar una pieza.

Las sugerencias llegan de todas partes. Los trabajadores polacos parecen ser los más inteligentes de todos los extranjeros en su elaboración. Uno, que no sabía hablar inglés, indicó que si la herramienta en su máquina estuviera ajustada en un ángulo diferente podría durar más. Tal y como estaba solo duraba cuatro o cinco cortes. Él tenía razón, y ahorramos mucho dinero en el pulido. Otro polaco que ejecutaba un taladro de columna improvisó un pequeño accesorio para evitarse maniobrar la pieza después de la perforación. Se adoptó en todos y resultó en un ahorro considerable. Los hombres a menudo ensayan pequeños accesorios de su propia cosecha porque concentrándose en una sola cosa pueden, si tienen esa mentalidad, idear generalmente alguna mejora. Cómo de limpia tiene un hombre su máquina (aunque la limpieza de la máquina no es parte de su cometido) suele ser también un indicio de su inteligencia.

Estas son algunas de las sugerencias: una propuesta para que las piezas de fundición se llevaran de la fundición al taller de maquinaria en un transportador aéreo ahorró setenta hombres en la división de transporte. Solía haber diecisiete hombres (y eso era cuando la producción era menor) quitando las rebabas de los engranajes, y era un trabajo duro y desagradable. Un hombre proyectó rudimentariamente una máquina especial. Su idea fue elaborada y la máquina construida. Ahora cuatro hombres obtienen varias veces el producto de los diecisiete hombres (y no tienen trabajo duro que hacer). El paso de una varilla sólida a una soldada en una pieza del chasis produjo un ahorro inmediato de alrededor de medio millón al año sobre una producción menor que la actual. Fabricar ciertos tubos a partir de planchas planas en vez de perfilarlos en la forma habitual produjo otro enorme ahorro.

El antiguo método de fabricación de cierto engranaje comprendía cuatro operaciones y el 12 por ciento del acero se iba en chatarra. Utilizamos la mayor parte de nuestra chatarra, y al final utilizaremos toda, pero esa no es razón para no reducir chatarra: el mero hecho de que todo el residuo no implique pérdidas netas no es excusa para consentir residuos. Uno de los trabajadores ideó un nuevo método muy simple para fabricar este engranaje en el que la chatarra era solo el uno por ciento. Otra más: el árbol de levas tiene que tener un tratamiento térmico con el fin de hacer que la superficie se endurezca; los árboles de levas siempre salían del horno de tratamiento térmico un poco deformados, y hasta 1918 se empleaban 37 hombres solo para enderezar los árboles. Varios de nuestros hombres experimentaron durante aproximadamente un año y finalmente dieron con una nueva clase de horno en el que los árboles no podrían deformarse. En 1921, con una producción mucho mayor que en 1918, se emplearon solo ocho hombres para toda la operación.

Y luego está la presión por eliminar la necesidad de capacitación en cualquier trabajo hecho por cualquiera. El endurecedor de herramientas de antaño era un experto. Tenía que sopesar las temperaturas de calentamiento. Era una operación de todo o nada. Lo asombroso es que acertara tan a menudo. El tratamiento térmico en el endurecimiento del acero es extremadamente importante: el que lo provee sabe exactamente la temperatura adecuada a aplicar. Eso no puede decidirse a ojo de buen cubero. Tiene que medirse. Introdujimos un sistema por el que el hombre en el horno no tiene que hacer nada con la temperatura. Ni siquiera ve el pirómetro (el instrumento que registra la temperatura). Son luces eléctricas de colores las que le dan las señales.

Ninguna de nuestras máquinas se ha construido jamás al azar. La idea se investiga en detalle antes de dar ningún paso. A veces construimos modelos de madera o se dibujan las piezas a tamaño completo en una pizarra. No estamos obligados por los precedentes, pero no dejamos nada a la suerte, y hasta el momento no hemos construido una sola máquina que no haya hecho el trabajo para el que fue diseñada. Aproximadamente el noventa por ciento de todos los experimentos ha tenido éxito.

Sea cual sea la pericia en la fabricación que se ha desarrollado, ha sido gracias a los hombres. Creo que si a los hombres no se les ponen trabas y saben que están siendo útiles, pondrán siempre toda su mente y su voluntad hasta en la más trivial de las tareas.

CAPÍTULO VII
EL TERROR A LA MÁQUINA

El trabajo repetitivo, el hacer una cosa una y otra vez y siempre de la misma manera, es para un cierto tipo de mentalidad una perspectiva aterradora. Para mí es aterradora. Yo no podría hacer lo mismo día tras día, pero para otras mentalidades, tal vez podría decir que para la mayoría de las mentalidades, las operaciones repetitivas no les suponen terror alguno. De hecho, para algunos tipos de mentalidad el pensamiento es absolutamente atroz. Para ellos el trabajo ideal es aquel en el que no es necesario expresar el instinto creativo. Los puestos de trabajo en los que es necesario poner la mente además del músculo tienen muy pocos adeptos: nosotros siempre necesitamos hombres a los que les gusta un trabajo porque es difícil. El trabajador medio, lamento decirlo, quiere un trabajo en el que no tiene que desplegar mucho esfuerzo físico; por encima de todo quiere un trabajo en el que no tenga que pensar. Aquellos que tienen lo que podría denominarse un tipo de mentalidad creativa y que aborrecen a fondo la monotonía son propensos a imaginar que todas las demás mentalidades son igualmente inquietas y, por tanto, suelen extender una simpatía bastante innecesaria por el hombre que trabaja y que día tras día realiza casi exactamente la misma operación.

Cuando los miras detenidamente, la mayoría de los trabajos son repetitivos. Un hombre de negocios tiene una rutina que sigue con gran exactitud; el trabajo del presidente de un banco es casi enteramente rutina; la labor de los funcionarios y empleados de banca es puramente rutina. De hecho, para la mayoría de los propósitos y la mayoría de las personas, es necesario establecer algún tipo de rutina y hacer que la mayoría de los movimientos sean puramente repetitivos; de lo contrario, el individuo no obtendrá lo suficiente para ser capaz de vivir de su propio esfuerzo. No hay ninguna razón por la que cualquiera con una mentalidad creativa deba estar en un trabajo monótono, ya que la necesidad de hombres creativos apremia en todas partes. Nunca habrá escasez de plazas para la gente cualificada, pero tenemos que reconocer que la voluntad de formarse no es general. E incluso cuando existe esa voluntad, falta el coraje de afrontar la capacitación. Uno no puede formarse solo con desearlo.

Hay demasiadas suposiciones acerca de lo que la naturaleza humana debería ser, y no la suficiente investigación sobre lo que es. Tomemos por ejemplo la suposición de que el trabajo creativo solo puede llevarse a cabo en el ámbito de la visión. Hablamos de "artistas" creativos en la música, la pintura y otras artes. Parece que limitamos las funciones creativas a las producciones que pueden colgarse en las paredes de una galería, o ser interpretadas en las salas de concierto, o en cualquier caso ser dispuestas de modo que las personas ociosas y exigentes se reúnan para admirar unos la cultura de los otros. Pero si un hombre quiere un campo para el trabajo creativo vital, dejemos que venga allí donde estará tratando con leyes superiores a las del sonido, la línea o el color; que venga donde pueda hacer frente a las leyes de la personalidad. Nosotros buscamos artistas en relaciones industriales. Buscamos maestros en el método industrial, tanto desde el punto de vista del productor como del producto. Buscamos aquellos que puedan moldear la masa política, social, industrial y moral en un todo sensato y bien proporcionado. Hemos limitado demasiado la facultad creadora y la hemos utilizado para fines demasiado triviales. Buscamos hombres que pueden crear el diseño del trabajo para todo lo que es acertado y bueno y deseable en nuestra vida. Las buenas intenciones junto con diseños de trabajo bien pensados pueden ponerse en práctica y puede conseguirse que tengan éxito. Es posible aumentar el bienestar del trabajador, no haciendo que haga menos trabajo, sino ayudándole a hacer más. Si el mundo pusiera su atención e interés y energía en la realización de planes que beneficiaran al otro tal como es, entonces dichos planes podrían establecerse sobre una base de trabajo práctico. Tales planes perdurarían, y serían de lejos los más rentables en valores tanto humanos como financieros. Lo que esta generación necesita es la fe intensa, la profunda convicción en la viabilidad de la honestidad, la justicia y la humanidad en la industria. Si no podemos tener estas cualidades, entonces estábamos mejor sin industria. De hecho, si no podemos alcanzar esas cualidades, los días de la industria están contados. Pero podemos alcanzarlas. Estamos alcanzándolas.

Si un hombre no puede ganarse el sustento sin ayuda de maquinaria, ¿se le beneficia al vetar esa maquinaria porque trabajar en ella pueda ser monótono? ¿Y dejarlo morir de hambre? ¿O es mejor apostarlo en el camino de una buena vida? ¿Es un hombre más feliz por morirse de hambre? Si es más feliz por infrautilizar una máquina, ¿es más feliz por producir menos de lo que podría y, consecuentemente, por obtener a cambio menos de lo que le corresponde de los bienes del mundo?

No he sido capaz de descubrir de qué forma perjudica a un hombre el trabajo repetitivo. Expertos de salón me han dicho que el trabajo repetitivo destruye el alma así como el cuerpo, pero ese no ha sido el resultado de nuestras investigaciones. Hubo un caso de un hombre que durante todo el día hacía poco más que pisar un pedal de embrague. Él creía que el movimiento le estaba sobrecargando una parte del cuerpo; el examen médico no mostró que se hubiera visto afectado, pero por supuesto se le cambió a otra tarea que utiliza una combinación diferente de músculos. En unas pocas semanas solicitó de nuevo su antiguo puesto de trabajo. Parecería razonable imaginar que hacer la misma serie de movimientos a diario durante ocho horas puede producir un cuerpo anormal, pero nunca se nos ha dado el caso. Rotamos a los hombres cada vez que lo solicitan y nos gustaría rotarlos regularmente: eso sería totalmente viable si ellos quisieran que fuera así. No les gustan los cambios que no hayan sido sugeridos por ellos. Algunas de las operaciones son, sin duda, monótonas, tan monótonas que parece casi imposible que cualquier hombre quiera permanecer mucho tiempo en la misma tarea. Probablemente la tarea más monótona de toda la fábrica es una en la que un hombre recoge un engranaje con un gancho de acero, lo sacude en una tina de aceite y luego lo deja en una cesta. El movimiento nunca varía. Los engranajes vienen a él siempre en el mismo lugar, él les da a cada uno el mismo número de sacudidas y los deposita en una cesta que está siempre en el mismo lugar. No se requiere ninguna energía muscular, no se requiere ninguna inteligencia. Él no hace mucho más que mover las manos suavemente de un lado a otro: la barra de acero es muy ligera. Aun así el hombre en esa tarea la ha estado haciendo durante ocho años seguidos. Ha ahorrado e invertido su dinero y hasta el momento tiene cerca de cuarenta mil dólares ¡y se resiste tercamente a todo intento de obligarlo a aceptar un trabajo mejor!

La investigación más a fondo no ha descubierto ni un solo caso de alguien cuya mente se haya trastornado o aletargado por el trabajo. El tipo de mentalidad a la que no le gusta el trabajo repetitivo no tiene que permanecer en él. El trabajo de cada departamento se clasifica de acuerdo a su deseabilidad y dificultad en Clases "A", "B" y "C", con de diez a treinta operaciones diferentes en cada clase. Un hombre ingresa directamente de la oficina de empleo a la "Clase C". A medida que mejora entra en la "Clase B", y así sucesivamente a la "Clase A", y después de la "Clase A" a la fabricación de herramientas o a alguna labor de supervisión. Ubicarse depende de él. Si se queda en producción es porque le gusta.

En un capítulo anterior he señalado que nadie que solicita trabajo resulta rechazado debido a su condición física. Esta política entró en vigor el 12 de enero de 1914, cuando se fijó el salario mínimo de cinco dólares al día y la jornada de trabajo de ocho horas. Llevaba consigo la condición adicional de que nadie debía ser descartado a causa de su condición física, excepto, por supuesto, en el caso de enfermedad contagiosa. Creo que, para que una institución industrial desempeñe completamente su cometido, debería ser posible que una muestra representativa de sus empleados revele aproximadamente la misma proporción que una muestra representativa de la sociedad en general. Tenemos siempre con nosotros al mutilado y al cojo. Hay una disposición más generosa a considerar a todas estas personas que están físicamente incapacitadas para el trabajo como una carga para la sociedad y a mantenerlas por medio de la caridad. Hay casos en los que me imagino que el apoyo debe hacerse a través de la caridad, como, por ejemplo, un deficiente. Pero esos casos son extraordinariamente escasos, y nosotros hemos descubierto que es posible, entre el gran número de tareas diferentes que deben llevarse a cabo en algún lugar de la empresa, encontrar un lugar casi para cualquiera y sobre la base de la producción. El ciego o el lisiado pueden, en el lugar que se les asigna en particular, desempeñar la misma cantidad de trabajo y recibir exactamente el mismo salario que un hombre totalmente apto. No preferimos a los lisiados, pero hemos demostrado que pueden ganar un sueldo completo.

Estaría bastante alejado del espíritu de lo que estamos intentando hacer contratar a hombres porque estuvieran lisiados, pagarles un salario más bajo y contentarse con una producción menor. Eso podría significar ayudar directamente a los hombres, pero no sería ayudarles de la mejor forma. La mejor forma es siempre el camino que les conduzca a ponerse al mismo nivel productivo que los hombres sanos. Yo creo que hay muy poca oportunidad para la caridad en este mundo, es decir, la caridad en el sentido de regalar cosas. Muy ciertamente, los negocios y la caridad no se pueden combinar; el propósito de una fábrica es producir, y mal sirve a la comunidad en general a menos que produzca al máximo de su capacidad. Estamos demasiado dispuestos a asumir sin evidencias que la plena posesión de las facultades es una condición necesaria para el mejor desempeño de todos los puestos de trabajo. Para descubrir cuál era la situación real, hice clasificar todas los diferentes tareas de la fábrica según el tipo de máquina y trabajo: según si el trabajo físico implicado era ligero, medio o pesado; si se trataba de un puesto de trabajo en seco o en mojado, y si era el caso con qué tipo de fluido; si era limpio o sucio; cercano a un horno o un crisol; la calidad del aire; si tenían que utilizarse una mano o ambas; si el empleado estaba de pie o sentado en su trabajo; si era ruidoso o silencioso; si se requería precisión; si la luz era natural o artificial; el número de piezas que tenían que manejarse por hora; el peso del material transportado; y la descripción de la presión soportada por el trabajador. En el momento de la investigación resultó que había entonces 7.882 tareas diferentes en la fábrica. De éstas, 949 fueron clasificadas como de trabajo pesado que requiere hombres fuertes y sanos, en perfectas condiciones físicas; 3.338 requerirían hombres con fuerza y condiciones físicas normales. Las 3.595 tareas restantes fueron descritas como no exigentes de esfuerzo físico, y podían ser desempeñadas por el tipo más flaco y débil de hombre. De hecho, la mayoría de ellas podían ser satisfactoriamente completadas por mujeres o niños mayores. Los trabajos más ligeros se clasificaron de nuevo para descubrir cuántos de ellos requerían el uso de plenas facultades, y encontramos que 670 podían ser completados por hombres sin piernas, 2.637 por hombres con una sola pierna, 2 por hombres sin brazos, 715 por hombres con un solo brazo, y 10 por hombres ciegos. Por lo tanto, de 7.882 tipos de tareas, 4.034 (aunque algunas de ellas requerirían fuerza) no requerían capacidad física completa. Es decir, la industria desarrollada puede proporcionar trabajo asalariado a un promedio mayor de hombres comunes de los que se incluyen usualmente en cualquier comunidad normal. Si se analizaran las tareas de cualquier industria o, digamos, de cualquier fábrica, como hemos hecho en la nuestra, la proporción podría ser muy diferente, aunque estoy bastante seguro de que si el trabajo estuviera suficientemente subdividido (subdividido hasta el punto más alto de la economía), no habría escasez de lugares en los que el incapacitado físicamente pudiera hacer el trabajo de un hombre y obtener el salario de un hombre. Es económicamente más dispendioso aceptar a los hombres lisiados como cargas y después enseñarles tareas triviales como el tejido de cestas o algún otro tipo de actividad manual improductiva, con la esperanza, no de ayudarles a ganarse la vida, sino de evitar el desaliento.

Cuando un hombre es contratado por el Departamento de Empleo, la teoría es destinarlo a un puesto de trabajo adecuado a su condición. Si ya está trabajando y no parece capaz de realizar el trabajo, o si no le gusta su trabajo, se le da una tarjeta de transferencia que lleva consigo hasta el departamento de transferencia, y después de un examen se le prueba en algún otro trabajo más adecuado a su condición o disposición. Los que están por debajo de los estándares físicos ordinarios, situados correctamente, son tan buenos trabajadores como aquellos que están por encima. Por ejemplo, un hombre ciego fue asignado al departamento de mercancías para contar tornillos y tuercas para los envíos a las delegaciones. Había otros dos hombres sanos ya empleados en ese trabajo. En dos días, el capataz envió una nota al departamento de transferencia renunciando a los hombres sanos porque el hombre ciego era capaz de hacer no solo su propio trabajo, sino también el trabajo que hacían anteriormente los otros hombres.

Esta rehabilitación puede llevarse más lejos. Se da generalmente por sentado que cuando un hombre resulta herido queda simplemente fuera de juego y debe pagársele un subsidio. Pero siempre hay un período de convalecencia, sobre todo en los casos de fractura, en los que el hombre está lo suficientemente fuerte como para trabajar, y, de hecho, en ese momento está por lo general ansioso por trabajar, ya que el mayor subsidio por accidente posible nunca puede ser tan alto como el salario de un hombre. Si lo fuera, entonces el negocio simplemente soportaría un impuesto adicional, y ese impuesto se reflejaría en el costo del producto. Habría menos compra del producto, y por tanto menos trabajo para alguien. Esa es una secuencia inevitable que siempre hay que tener en cuenta.

Hemos experimentado con hombres en cama (hombres que eran capaces de incorporarse). Pusimos fundas de hule negro o delantales sobre las camas y pusimos a los hombres a trabajar apretando tuercas en pernos pequeños. Este es un trabajo que tiene que hacerse a mano, y mantiene ocupados a quince o veinte hombres en el Departamento de Magnetos. Los hombres del hospital podían hacerlo igual de bien que los hombres del taller y fueron capaces de recibir sus salarios normales. De hecho, su producción fue de alrededor del 20 por ciento, creo, por encima de la producción habitual del taller. Ningún hombre tenía que hacer el trabajo a menos que quisiera. Pero todos querían. Les quitaba tiempo de estar mano sobre mano. Dormían y comían mejor y se recuperaron más rápidamente.

No ha de darse ninguna consideración particular a los empleados sordomudos. Ellos hacen su trabajo al cien por cien. Los empleados tuberculosos, y por lo general hay alrededor de un millar de ellos, trabajan sobre todo en el departamento de recuperación de material. Aquellos casos que se consideran contagiosos trabajan juntos en un almacén especialmente construido. El trabajo de todos ellos es en gran parte al aire libre.

En el momento del último estudio sobre empleados había 9.563 hombres sub-estándar. De éstos, 123 tenían lisiados o amputados brazos, antebrazos o manos. A uno le faltaban ambas manos. Había 4 hombres con ceguera total, 207 ciegos de un ojo, 253 con un ojo casi ciego, 37 sordomudos, 60 epilépticos, 4 a los que les faltaban ambos pies o ambas piernas, 234 a los que les faltaba un pie o una pierna. Los demás tenían impedimentos leves.

El tiempo necesario para llegar a ser competente en las diferentes ocupaciones es aproximadamente como sigue: el 43 por ciento de todos los puestos de trabajo no requieren más de un día de entrenamiento; el 36 por ciento requiere de un día a una semana; el 6 por ciento requiere de una a dos semanas; el 14 por ciento requiere de un mes a un año; el uno por ciento requiere de uno a seis años. Los últimos trabajos requieren gran aptitud, como la fabricación de herramientas y el troquelado.

La disciplina en toda la planta es rígida. No hay reglas mezquinas, ni tampoco reglas cuya justicia pueda razonablemente discutirse. La injusticia del descarte arbitrario se evita limitando el derecho de despido al gerente de empleo, y él rara vez lo ejerce. El año 1919 es el último del que se guardan estadísticas. En ese año se produjeron 30.155 cambios. De ellos, 10.334 estuvieron ausentes más de diez días sin previo aviso, y por tanto fueron expulsados. Por rechazar el trabajo asignado o exigir una transferencia sin dar motivos, 3.702 fueron despedidos. La negativa a aprender inglés en la escuela registró 38 más; 108 se alistaron; alrededor de 3.000 fueron transferidos a otras plantas. Los que volvieron a casa o entraron en la agricultura o los negocios representaron aproximadamente el mismo número. Ochenta y dos mujeres fueron descartadas debido a que sus maridos estaban trabajando: no empleamos las mujeres casadas cuyos maridos tienen puestos de trabajo. De todos, solo 80 fueron descartados de plano y las causas fueron: Falsificación, 56; por orden del Departamento de Educación, 20; e indeseables, 4.

Esperamos de los hombres que hagan lo que se les dice. La organización está tan altamente especializada y una parte depende tanto de la otra que no podríamos considerar ni por un momento permitir que los hombres hicieran lo que quisieran. Sin la disciplina más rígida tendríamos la mayor confusión. Creo que no debería ser de otra forma en la industria. Los hombres están allí para obtener la mayor cantidad posible de trabajo realizado y para recibir el pago más alto posible. Si a cada hombre se le permitiera actuar a su manera, la producción lo padecería, y por tanto la paga lo padecería. A cualquiera a quien no le guste trabajar a nuestra manera siempre puede irse. La conducta de la empresa hacia los hombres está destinada a ser exacta e imparcial. Es, naturalmente, del interés tanto de los capataces como de los jefes de departamento que las renuncias procedentes de sus departamentos sean pocas. El trabajador tiene una oportunidad plena de contar su historia si ha sido tratado injustamente: cuenta con todos los recursos. Por supuesto, es inevitable que ocurran injusticias. Los hombres no siempre son justos con sus compañeros trabajadores. La naturaleza humana defectuosa obstruye nuestras buenas intenciones de vez en cuando. El capataz no siempre capta la idea, o la aplica erróneamente, pero las intenciones de la compañía son las que he descrito, y utilizamos todos los medios para que se entiendan.

Es necesario ser muy insistente en el tema de las ausencias. Un hombre no puede ir y venir como le plazca; siempre puede solicitar la excedencia al capataz, pero si falta sin previo aviso, entonces, a su regreso, las razones de su ausencia son cuidadosamente investigadas y a veces se le remite al Departamento Médico. Si sus razones son buenas, se le permite volver a trabajar. Si no lo son puede ser despedido. Al contratar a un hombre los únicos datos que se recogen se refieren a su nombre, su dirección, su edad, si está casado o soltero, el número de personas a su cargo, si alguna vez ha trabajado para la *Ford Motor Company*, y la condición de su vista y de su oído. No se le hacen preguntas acerca de lo que ha hecho anteriormente, pero tenemos lo que llamamos la "Notificación de Mejor Aprovechamiento", por la que un hombre que ha tenido un oficio antes de llegar a nosotros presenta una notificación en el departamento de trabajo que especifica cuál era el oficio. De esta manera, cuando necesitamos especialistas de algún tipo, podemos sacarlos directamente de la producción. Esta es también una de las vías por las que los fabricantes de herramientas y los moldeadores llegan rápidamente a puestos mejores. Una vez buscaba un fabricante de relojes suizos. Las fichas descubrieron a uno: estaba operando un taladro de columna. El departamento de Tratamiento Térmico buscaba un albañil de ladrillos refractarios cualificado. También lo encontraron en un taladro de columna: ahora es inspector general.

No hay mucho contacto personal: los hombres hacen su trabajo y vuelven a casa; una fábrica no es un salón. Pero tratamos de ser justos y, si bien puede que haya pocos apretones de manos (no tenemos apretadores de mano profesionales), también tratamos de no dejar espacio a las personalidades mezquinas. Tenemos tantos departamentos que el lugar es casi un mundo en sí mismo: cualquier tipo de hombre puede encontrar su sitio en alguna parte de él. Consideremos las peleas entre los hombres. Los hombres se pelean, y por lo general pelearse es una causa de despido en el acto. Nos parece que esto no ayuda a los pendencieros: simplemente los coloca fuera de nuestra vista. De modo que los capataces se han vuelto bastante ingeniosos para diseñar castigos que no quiten nada a la familia del hombre y que no requieran ningún tiempo para administrarlos.

Un factor que es absolutamente esencial para la alta capacidad, así como para la producción humana, es una fábrica limpia, bien iluminada y bien ventilada. Nuestras máquinas se colocan muy juntas: a cada pie de espacio en la fábrica se le imputan, por supuesto, los mismos gastos generales. El consumidor acabaría pagando los gastos generales adicionales y el transporte adicional derivados de tener las máquinas solo seis pulgadas más separadas de lo que tienen que estar. Medimos en cada trabajo la cantidad exacta de espacio que un hombre necesita; no debe estar agobiado: eso sería un desperdicio. Pero si él y su máquina ocupan más espacio del necesario, eso también es desperdicio. Esto hace que nuestras máquinas estén probablemente más juntas que en ninguna otra fábrica del mundo. Para un extraño podrían parecer apiladas directamente unas encima de otras, pero están distribuidas científicamente, no solo en la secuencia de las operaciones, sino también para dar a cada hombre y a cada máquina cada pulgada cuadrada que necesita y, a ser posible, ni una pulgada cuadrada, y ciertamente ni un pie cuadrado, más del que necesita. Los edificios de nuestra fábrica no están destinados a ser utilizados como parques. La estrecha colocación requiere un máximo de medidas de seguridad y ventilación.

Las medidas de seguridad de las máquinas son todo un tema en sí mismas. No consideramos adecuada ninguna máquina, no importa lo eficiente que puede resultar su empleo, a menos que sea absolutamente segura. No tenemos máquinas que no consideramos seguras, pero incluso siendo así ocurren algunos accidentes. Cada accidente, no importa lo trivial que sea, es analizado por un experto en la materia empleado únicamente a ese propósito, y se realiza un estudio de la máquina para hacer imposible el mismo accidente en el futuro.

Cuando instalamos los edificios más antiguos no entendíamos tanto de ventilación como lo hacemos hoy en día. En todos los edificios posteriores, las columnas de apoyo se hacen huecas y a través de ellas el aire viciado se bombea hacia fuera y se introduce aire limpio. La temperatura se mantiene casi constante en todas las épocas del año y durante el día no hay necesidad de luz artificial en ninguna parte. Algo así como setecientos hombres están destinados exclusivamente a mantener los talleres limpios, las ventanas enjuagadas y toda la pintura fresca. Los oscuros rincones que invitan a la expectoración están pintados de blanco. Uno no puede tener moral sin limpieza. Toleramos la limpieza improvisada tanto como los métodos improvisados.

No hay motivos para que el trabajo de fábrica tenga que ser peligroso. Si un hombre ha trabajado demasiado duro o a lo largo de demasiadas horas entra en un estado mental que invita a los accidentes. Parte de la labor de prevención de accidentes consiste en evitar este estado mental; parte consiste en prevenir el descuido, y parte consiste en hacer que la maquinaria sea absolutamente a prueba de tontos. Las principales causas de los accidentes, tal y como las agrupan los expertos, son:

(1) Estructuras defectuosas; (2) máquinas defectuosas; (3) espacio insuficiente; (4) ausencia de medidas de seguridad; (5) condiciones de suciedad; (6) mala iluminación; (7) aire contaminado; (8) ropa inadecuada; (9) el descuido; (10) la ignorancia; (11) la condición mental; (12) la falta de cooperación.

Los factores de estructuras defectuosas, maquinaria defectuosa, espacio insuficiente, condiciones de suciedad, mala iluminación, aire contaminado, la condición mental equivocada, y la falta de cooperación son fácilmente eliminables. Ninguno de los hombres trabaja demasiado duro. Los salarios estabilizan nueve de cada diez problemas mentales, y la edificación se deshace de los demás. Tenemos entonces que ocuparnos de la ropa inadecuada, el descuido y la ignorancia, y de hacer que todo lo que tenemos sea a prueba de tontos. Esto es más difícil donde tenemos cintas transportadoras. En toda nuestra nueva edificación, cada máquina tiene su motor eléctrico individual, pero en las más antiguas tuvimos que usar cintas transportadoras. Cada cinta está protegida. Por encima de los transportadores automáticos se colocan puentes para que ningún hombre tenga que cruzar en un punto peligroso. Dondequiera que existe la posibilidad de que salga metal despedido se exige que el trabajador use gafas, y las posibilidades se reducen aún más rodeando la máquina con mallas. Alrededor de los hornos calientes tenemos barandillas. No hay piezas abiertas en las máquinas en las que pueda quedarse enganchada la ropa. Todos los pasillos se mantienen despejados. Los interruptores de inicio de las prensas de embutición están protegidos por grandes precintos rojos que hay que retirar antes de que el interruptor pueda activarse: esto evita que la máquina se inicie sin querer. Los trabajadores suelen llevar ropa inadecuada que puede engancharse en la polea, en láminas sueltas y en todo tipo de artículos inadecuados. Los jefes tienen que estar atentos, y descubren a la mayor parte de los infractores. Las nuevas máquinas se ponen a prueba en todos los sentidos antes de habilitar su instalación. Como resultado prácticamente no tenemos accidentes graves.

La industria no necesita cobrarse un peaje humano.

CAPÍTULO VIII
SALARIOS

No hay nada en un negocio que se pueda regir por costumbre, diciendo: "Yo pago el nivel habitual de salarios". El mismo hombre no diría tan fácilmente: "No tengo nada mejor o más barato que vender que nadie". Ningún fabricante en su sano juicio podría sostener que solamente por comprar los materiales más baratos puede asegurarse el fabricar el mejor artículo. Entonces, ¿por qué oímos hablar tanto de la "liquidación de la mano de obra" y los beneficios que se derivarán para el país del recorte de salarios, que solamente significan el recorte de poder adquisitivo y la contracción del mercado interno? ¿De qué sirve la industria si puede gestionarse tan torpemente como para no devolver un medio de vida a todos los interesados? Ninguna cuestión es más importante que la de los salarios; la mayoría de los habitantes del país viven de sus salarios. Su nivel de vida, su nivel salarial, determina la prosperidad del país.

En todas las industrias Ford tenemos ahora un salario mínimo de seis dólares al día; solíamos tener un mínimo de cinco dólares; antes de eso pagábamos lo que fuera necesario pagar. Volver al nivel de pagos del antiguo mercado sería perverso, pero también sería el peor de los malos negocios.

Hablemos en primer lugar de las relaciones humanas. No es habitual hablar de un empleado como un socio, y sin embargo ¿qué otra cosa es? Cuando un hombre considera que la gestión de un negocio es demasiado para su propio tiempo o fuerza, da entrada a asistentes para que compartan con él la gestión. ¿Por qué, entonces, si un hombre considera que la parte productiva de una empresa es demasiado para sus propias manos, debería negar el título de "socio" a los que vienen y le ayudan a producir? Toda empresa que emplea a más de un hombre es una especie de asociación. En el momento en que un hombre solicita ayuda en su negocio, aunque el asistente no sea más que un niño, en ese momento ha adquirido un socio. Puede que él sea el único propietario de los recursos de la empresa y el administrador único de sus operaciones, pero solo mientras permanezca como gestor único y como único productor puede reivindicar la independencia completa. Ningún hombre es independiente en cuanto tiene que depender de otro hombre para que lo ayude. Es una relación recíproca: el jefe es socio de su trabajador, el trabajador es socio de su jefe. Y siendo ese el caso, es inútil que un grupo o el otro asuma que es la única parte indispensable. Ambos son indispensables. Una puede llegar a ser exageradamente competente solo a expensas de la otra... y finalmente también a su propia costa. Es completamente absurdo para el Capital o la Mano de Obra pensar en sí mismos como grupos. Son socios. Cuando tiran o reman unos contra otros, simplemente menoscaban la organización de la que son socios y de la que ambos obtienen sustento.

La ambición del empleador, como líder, debería consistir en pagar mejores salarios que cualquier línea de negocios similar, y la ambición del trabajador debería consistir en hacer eso posible. Por supuesto que hay hombres en todos los talleres que parecen creer que si dan lo mejor de sí será solo para beneficio del empleador, y en absoluto para el suyo propio. Es una pena que tenga que existir un sentimiento semejante. Pero de hecho existe, y puede que tenga alguna justificación. Si un empleador insta a los hombres a dar lo mejor de sí, y los hombres se dan cuenta después de un tiempo de que su excelencia no trae consigo ninguna recompensa, entonces, naturalmente, caen de nuevo en el "ir tirando". Pero si ven los frutos del trabajo duro en el sobre de su paga (la prueba de que trabajo duro significa paga más alta), entonces también comienzan a comprender que ellos son parte de la empresa, y que su éxito y el de la empresa son interdependientes.

"¿Cuánto debería pagar el empleador?"; "¿Cuánto debería recibir el empleado?". Estas son preguntas de menor importancia. La pregunta básica es "¿Cuánto puede soportar el negocio?". Ciertamente, ningún negocio puede soportar desembolsos que excedan sus ingresos. Cuando bombeas agua de un pozo a un ritmo más rápido que el flujo de entrada, el pozo se seca. Y cuando el pozo se seca, los que dependen de él padecen sed. Y si, por ventura, imaginan que pueden secar un pozo y luego saltar a algún otro pozo, es solo una cuestión de tiempo que todos los pozos se queden secos. En la actualidad existe una amplia demanda para una división más justa de las retribuciones, pero hay que reconocer que hay límites a las retribuciones. El propio negocio establece los límites. No puedes repartir 150.000 dólares de un negocio que solo produce 100.000. El negocio limita los salarios, ¿pero hay algo que limite el negocio? El negocio se limita a sí mismo siguiendo malos precedentes.

Si los hombres, en lugar de decir "el empleador debe hacer esto y lo otro", dijeran "el negocio debería estimularse y administrarse de tal modo que pueda hacer esto y lo otro", llegarían a alguna parte. Porque solo el negocio puede pagar salarios. Ciertamente el empleador no puede, a menos que el negocio lo permita. Pero si ese negocio permite salarios más altos y el empleador se niega a concederlos, ¿qué se puede hacer? Por regla general un negocio significa el sustento de demasiados hombres como para jugar con él. Es criminal asesinar a una empresa a la que un gran número de hombres han dado su trabajo, y a la que han aprendido a ver como su área de utilidad y su fuente de sustento. Matar a la empresa con una huelga o un cierre patronal no ayuda. El empleador no tiene nada que ganar mirando a los empleados y preguntándose: "¿Cuál es el mínimo que puedo hacerles aceptar?". Tampoco el empleado mirándole a su vez y preguntando: "¿Cuánto puedo obligarle a dar?". Al final ambos tendrán que recurrir a la empresa y preguntar: "¿Cómo puede hacerse segura y rentable esta industria, de modo que sea capaz de proporcionarnos a todos nosotros una vida segura y cómoda?".

Pero de ninguna forma todos los empleadores ni todos los empleados piensan con claridad. El hábito de actuar sin amplitud de miras resulta difícil de romper. ¿Qué puede hacerse? Nada. Ninguna regla o ley producirá ese cambio. Solo el propio interés razonable lo hará. Que la razón se expanda lleva un cierto tiempo. Pero debe expandirse, pues el mismo fin del servicio para el que trabajan tanto el empleador como los empleados está sujeto a seguir avanzando en los negocios.

De todos modos, ¿qué entendemos nosotros por salarios altos?

Nos referimos a un salario más alto del que se recibía hace diez meses o hace diez años. No nos referimos a un salario más alto del que debería pagarse. Nuestros altos salarios de hoy en día pueden ser los salarios bajos de dentro de diez años.

Si es correcto que el gerente de un negocio intente que produzca mayores dividendos, es igual de justo que intente que produzca mayores salarios. Pero no es el gerente de la empresa quien paga salarios altos. Por supuesto, si puede y no lo hace, entonces la culpa es suya. Pero él solo no puede hacer posibles los salarios altos. No pueden pagarse salarios altos a menos que los trabajadores se los ganen. Su trabajo es el factor productivo. No es el único factor productivo: una mala gestión puede desperdiciar la mano de obra y los materiales y anular los esfuerzos de la mano de obra. La mano de obra puede anular los resultados de una buena gestión. Pero en la asociación entre una gestión especializada y un trabajo honesto, es el trabajador quien hace posibles los salarios altos. Él invierte su energía y su aptitud, y si hace una inversión honesta y sincera, los salarios altos deben ser su recompensa. No solo se los ha ganado, sino que ha tenido un papel importante en su generación.

Debe estar claro, sin embargo, que el salario alto comienza en el taller. Si no se crea allí no puede llegar hasta los sobres de pago. Jamás se inventará un sistema que funcione sin la necesidad de trabajar. La naturaleza así lo ha dispuesto. Las manos y las mentes ociosas no estaban previstas para ninguno de nosotros. El trabajo es nuestra cordura, nuestra honra, nuestra salvación. Lejos de ser una maldición, el trabajo es la mayor bendición. La justicia social estricta solo fluye del trabajo honesto. El hombre que contribuye tanto debe llevarse tanto. De modo que no existe ningún elemento de caridad en el pago de los salarios. El tipo de trabajador que da a la empresa lo mejor que hay en él es el mejor tipo de trabajador que una empresa puede tener. Y no se puede esperar que lo haga de forma indefinida sin un adecuado reconocimiento de su contribución. El hombre que se acerque al trabajo diario sintiendo que no importa lo mucho que pueda dar no obtendrá lo suficiente para mantenerse más allá de la necesidad, no está en condiciones de hacer su trabajo diario. Está ansioso y preocupado, y todo ello va en detrimento de su trabajo.

Pero si un hombre siente que su trabajo diario no solo abastece su necesidad básica, sino que también le procura un margen de comodidad y le permite dar una oportunidad a sus niños y niñas y un poco de placer en la vida a su esposa, entonces mira con buenos ojos su trabajo y es libre de hacerlo lo mejor que sabe. Esto es bueno para él y bueno para el negocio. El hombre que no recibe cierta satisfacción de su trabajo diario se está perdiendo la mejor parte de su paga.

Pues el trabajo diario es algo grande, ¡algo muy muy grande! Está en la base misma del mundo; es la base de nuestra honra. Y el empleador debe constantemente trabajar más duro que cualquiera de sus hombres. El empleador que de verdad trata de cumplir con su deber en el mundo debe ser un trabajador duro. No puede decir: "Tengo tantos miles de hombres trabajando para mí". Lo fundamental es que tantos miles de hombres lo tengan a él trabajando para ellos y, cuanto mejor trabajen, más ocupado lo tendrán a él ocupándose de sus rendimientos. Los sueldos y salarios son cantidades fijas, y así debe ser, de cara a tener una base sobre la que calcular. Los sueldos y salarios son una especie de reparto de beneficios fijados por anticipado, pero sucede a menudo que cuando se cierra el ejercicio anual, se descubre que se puede pagar más. Y entonces debe pagarse más. Cuando estamos todos en el negocio trabajando juntos, todos debemos tener alguna participación en los beneficios, por la vía de un buen sueldo, o salario, o compensación adicional. Y esto empieza a reconocerse ahora de forma bastante general.

Existe en la actualidad una demanda clara de que el aspecto humano de la empresa se eleve a una categoría igual de importante que el aspecto material. Y eso está a punto de suceder. Se trata solo de saber si va a producirse prudentemente, de tal modo que se conserve el aspecto material que ahora nos sostiene, o imprudentemente y de tal forma que acabe con todo el beneficio del trabajo de los años pasados. Los negocios representan nuestro modo de vida nacional, reflejan nuestro progreso económico y nos otorgan nuestro lugar entre las demás naciones. No queremos poner eso en peligro. Lo que queremos es un mejor reconocimiento del factor humano en los negocios. Y con seguridad puede lograrse sin ruptura, sin pérdida para nadie, de hecho con un incremento del beneficio para todos los seres humanos. Y el secreto de todo ello radica en el reconocimiento de la asociación humana. Hasta que cada hombre sea absolutamente suficiente en sí mismo, sin que necesite los servicios de ningún otro ser humano en la calidad que sea, nunca iremos más allá de la necesidad de asociación.

Esta es la verdad fundamental sobre los salarios. Que son retribuciones nacidas de la asociación.

¿Cuándo puede considerarse adecuado un salario? ¿Qué nivel de vida puede esperarse razonablemente del trabajo? ¿Ha pensado alguna vez para qué sirve un salario o para qué debería servir? Decir que debería pagar el coste de la vida es no decir casi nada. El coste de la vida depende en gran medida de la eficiencia de la producción y el transporte; y la eficiencia de éstos es la suma de las eficiencias de la gestión y los trabajadores. Buen trabajo, bien administrado, debería resultar en salarios altos y costos de vida bajos. Si tratamos de regular los salarios de acuerdo a los costos de vida no llegamos a ninguna parte. El coste de la vida es un resultado, y no podemos esperar mantener un resultado constante si seguimos alterando los factores que producen tal resultado. Cuando tratamos de regular los salarios de acuerdo al costo de vida, estamos imitando a un perro que se muerde la cola. Y, de todos modos, ¿a quién le corresponde decidir en qué tipo de vida basaremos los costos? Ampliemos nuestras miras y averigüemos qué es el salario para los trabajadores, y qué debería ser.

El salario sostiene todas las obligaciones de los trabajadores fuera del taller; sostiene todo lo necesario para hacer posible el servicio y la gestión dentro del taller. El trabajo productivo diario es la mina de riqueza más valiosa que se ha descubierto jamás. Ciertamente debe sostener al menos todas las obligaciones externas del trabajador. Y sin duda debe poder asegurar los días de declive del trabajador cuando el trabajo ya no sea posible para él (y ya no debería ser necesario). Y si se prevé que haga incluso eso, la industria tendrá que ajustarse a un programa de producción, distribución y retribución que ponga fin a los desvíos que llenan los bolsillos de hombres que no colaboran en la producción. Para crear un sistema que sea tan independiente de la buena voluntad de los empleadores benevolentes como de la mala voluntad de los egoístas tendremos que encontrar una referencia en los hechos reales de la vida misma.

Completar un día de trabajo cuesta el mismo esfuerzo físico cuando el trigo vale un dólar la fanega que cuando vale 2,50 dólares la fanega. Los huevos pueden costar 12 centavos la docena o 90 centavos la docena. ¿Qué diferencia hay en las unidades de energía que un hombre emplea en un día de trabajo productivo? Si dependiera únicamente del propio hombre, el coste de su manutención y el beneficio que debería obtener serían asuntos sencillos. Pero ese hombre no es solo un individuo. Es un ciudadano que contribuye al bienestar de la nación. Es un cabeza de familia. Es quizás un padre con niños que dependen de lo que él es capaz de ganar para llegar a ser hombres de provecho. Debemos tener en cuenta todos estos hechos. ¿Cómo vamos a calcular la contribución del hogar en el trabajo diario? Usted paga a un hombre por su trabajo, pero ¿cuánto debe ese trabajo a su hogar? ¿Cuánto a su condición de ciudadano? ¿Cuánto a su condición de padre? El hombre hace el trabajo en el taller, pero su mujer hace el trabajo en el hogar. El taller debe pagar ambos. ¿Qué sistema de cálculo va a tener en cuenta el hogar en las hojas de costos del trabajo diario? ¿Puede considerarse el sustento propio del hombre como el "costo"? ¿Y es su capacidad de tener un hogar y una familia el "beneficio"? ¿Puede calcularse la ganancia de una jornada de trabajo solo en términos de dinero, medido por la cantidad que le queda a un hombre después de satisfacer sus propias necesidades y las de su familia? ¿O son todas estas relaciones las que deben incluirse estrictamente en el capítulo de costos, y los beneficios deben computarse íntegramente fuera de ellos? Es decir, después de haberse mantenido a sí mismo y a su familia, haberlos vestido, alojado, educado, provisto de privilegios supeditados a su nivel de vida, ¿debe hacerse provisión para algo incluso mayor en la línea de acumular ahorros? ¿Y son todos estos costos legítimamente imputables al trabajo diario? Yo creo que lo son. En caso contrario, tendremos la perspectiva horrible de niños pequeños y sus madres viéndose forzados a salir a trabajar.

Se trata de cuestiones que requieren observación y análisis precisos. Quizá no haya un elemento relacionado con nuestra vida económica que nos sorprendiera más que el conocimiento de cuáles son las cargas del trabajo diario.

Tal vez sea posible definir con exactitud, aunque con considerable interferencia con el propio trabajo diario, cuánta energía consume el trabajo diario en el hombre. Pero no es en absoluto posible definir con exactitud cuánto se requerirá para devolverle esa energía en términos de las demandas del día siguiente. Ni tampoco es posible determinar la cantidad de energía gastada que nunca será capaz de recuperar. La economía no ha ideado aún un fondo de amortización para la reposición de la fuerza del trabajador. Es posible establecer una especie de fondo de amortización en la forma de pensiones de vejez. Pero las pensiones no contemplan la utilidad que cada jornada de trabajo debe rendir con el fin de hacerse cargo de todos los gastos generales de la vida, de todo el desgaste físico, y del deterioro inevitable del trabajador manual.

Los mejores salarios que se han pagado hasta la fecha ni se acercan a lo que deberían ser. Los negocios no están todavía lo suficientemente bien organizados y sus objetivos no están aún lo suficientemente claros como para que sea posible pagar más que una fracción de los salarios que deberían pagarse. Esa es parte de la labor que tenemos por delante. No ayuda a encontrar una solución el hablar de la abolición del sistema salarial y de su sustitución por la propiedad comunal. El sistema de salarios es el único que tenemos, y bajo él las contribuciones a la producción pueden ser recompensadas de acuerdo con su valor. Quitemos la medida del salario y tendremos la injusticia universal. Perfeccionemos el sistema y puede que tengamos la justicia universal.

A lo largo de los años he aprendido muchas cosas acerca de los salarios. En primer lugar creo que, dejando aparte cualquier otra consideración, nuestras ventas dependen en cierta medida de los salarios que pagamos. Si somos capaces de retribuir salarios altos, entonces ese dinero se gastará y servirá para hacer más prósperos a los almacenistas y los distribuidores y los fabricantes y trabajadores de otras líneas, y su prosperidad se reflejará en nuestras ventas. Los altos salarios en todo el país ocasionarán la prosperidad de todo el país, a condición, en todo caso, de que los salarios más altos se paguen a cambio de mayor producción. Pagar salarios altos y reducir la producción significa comenzar el declive hacia negocios opacos.

A nosotros nos llevó un tiempo orientarnos en el tema de los salarios, y no fue posible averiguar cuáles debían ser los salarios hasta que terminamos completamente la producción del "Modelo T". Antes de eso habíamos aplicado alguna participación en las ganancias. Al final de cada año, desde hacía algunos años, repartíamos un porcentaje de nuestras ganancias con los empleados. Por ejemplo, ya en 1909 se distribuyeron ochenta mil dólares sobre la base de los años de servicio. Los de un año de antigüedad recibían el 5 por ciento de su salario de ese año; los de dos años, el 7 y medio por ciento, y los de tres años, el 10 por ciento. La objeción a ese el plan era que no tenía relación directa con el trabajo diario. Un hombre no conseguía su participación hasta mucho tiempo después de haber hecho su trabajo, y entonces le llegaba casi como un regalo. Siempre es desafortunado teñir los salarios de caridad.

Y luego, además, los salarios no estaban ajustados científicamente a las tareas. El hombre en el trabajo "A" podía recibir una remuneración, y el hombre en el trabajo "B" una remuneración mayor, mientras que de hecho la tarea "A" podía requerir más habilidad o esfuerzo que la tarea "B". Se produce una gran inequidad en las tarifas salariales a menos que tanto el empleador como el empleado sepan que la tarifa pagada se ha determinado mediante algo mejor que una suposición. Por lo tanto, alrededor de 1913 empezamos a realizar estudios de tiempo de todas las miles de operaciones de los talleres. A través de un estudio de tiempo es posible, en teoría, determinar cuál debe ser la producción de un hombre. Luego, considerando muchos factores, es posible, además, determinar la producción estándar satisfactoria para un día, y, teniendo en cuenta la cualificación, obtener una tasa que exprese con bastante exactitud la cantidad de habilidad y esfuerzo que se dedica a una tarea, y cuánto puede esperarse del trabajador a cambio del salario. Sin un estudio científico, el empleador no sabe por qué está pagando un salario y el trabajador no sabe por qué lo está recibiendo. Sobre la base de las cifras de tiempo se fijaron las tarifas salariales y se estandarizaron todos los puestos de trabajo de nuestra fábrica.

No tenemos trabajo a destajo. A algunos hombres se les paga por día y a otros por hora, pero en casi todos los casos hay fijada una producción estándar mínima que debe alcanzarse. Si fuera de otro modo, ni el trabajador ni nosotros mismos sabríamos si se estaba ganando o no el salario. Tiene que haber un trabajo diario estipulado antes de que pueda pagarse un salario de verdad. A los serenos se les paga por estar presentes. A los trabajadores se les paga por trabajar.

Teniendo estos hechos en la mano, en enero de 1914 anunciamos y pusimos en funcionamiento una especie de plan de reparto de beneficios en el que el salario mínimo para cualquier clase de trabajo y bajo ciertas condiciones era de cinco dólares al día. Al mismo tiempo redujimos la jornada de trabajo a ocho horas (había sido de nueve) y la semana a cuarenta y ocho horas. Fue un acto totalmente voluntario. Todas nuestras tarifas salariales han sido voluntarias. Fue nuestra forma de concebir un acto de justicia social, y en última instancia lo hicimos para la satisfacción de nuestra propia conciencia. Es un placer sentir que has hecho felices a otros, que en cierta medida has disminuido la carga de tus semejantes, que has proporcionado una ganancia de la que pueden salir placer y ahorros. La buena voluntad es uno de los pocos activos verdaderamente importantes de la vida. Un hombre decidido puede lograr casi todo lo que se proponga, pero, a menos que en el proceso adquiera buena voluntad, no se habrá beneficiado mucho.

No hubo, sin embargo, ningún tipo de caridad involucrada. Eso no se entendió en general. Muchos empleadores pensaron que hacíamos el anuncio solo porque estábamos boyantes y queríamos publicidad, y nos condenaron porque estábamos infringiendo estándares: infringíamos la costumbre de pagar a un hombre la menor cantidad que aceptara cobrar. Esos estándares y costumbres no significaban nada. Tenían que ser desechados. Algún día lo serán. De lo contrario, no podremos abolir la pobreza. Hicimos el cambio no solo porque queríamos pagar salarios más altos y pensábamos que podíamos pagarlos. Queríamos pagar esos salarios para que el negocio tuviera una base duradera. No estábamos distribuyendo nada: estábamos construyendo para el futuro. Un negocio con salarios bajos es siempre inestable.

Probablemente pocos comunicados industriales hayan generado un comentario más universalmente extendido que éste, y casi ninguno tenía del todo claros los hechos. Los trabajadores en general creían que iban a recibir cinco dólares al día, independientemente del trabajo que hicieran.

Los hechos eran algo diferentes de la impresión general. El plan era distribuir beneficios, pero, en lugar de esperar hasta que los beneficios se hubieran conseguido, estimarlos con antelación y añadirlos, en determinadas condiciones, a los salarios de aquellas personas que habían estado al servicio de la empresa durante seis meses o más. La participación se dividió entre tres clases de empleados:

(1) Hombres casados que vivían y cuidaban bien de sus familias.

(2) Hombres solteros de más de veintidós años con probados hábitos ahorrativos.

(3) Jóvenes menores de veintidós años, y mujeres que eran el único soporte de algunos de sus allegados.

A un hombre se le pagaba en primer lugar su salario correspondiente, que estaba entonces en un promedio de alrededor del quince por ciento por encima del salario habitual de mercado. Luego él era elegible para ciertos beneficios. Sus salarios más sus beneficios se calculaban para alcanzar un ingreso diario mínimo de cinco dólares. La tasa de participación en los beneficios se dividía en horas y se abonaba a la tarifa de salario por hora para ofrecer la mayor proporción de beneficios a los que recibían la tarifa por hora más baja. Se pagaba cada dos semanas junto con el salario. Por ejemplo, un hombre que recibía treinta y cuatro centavos por hora tenía una tasa de ganancia de veintiocho centavos y medio por hora, lo que le daba un ingreso diario de cinco dólares. Un hombre que recibía cincuenta y cuatro centavos por hora tenía una tasa de ganancia de veintiún centavos por hora, lo que le daba un ingreso diario de seis dólares.

Era una especie de plan de participación en la prosperidad. Pero con condiciones. El hombre y su hogar tenían que alcanzar ciertos estándares de limpieza y ciudadanía. ¡No se pretendía nada paternal! Se desarrolló un cierto grado de paternalismo, y ese es el motivo por el que todo el plan y el departamento de bienestar social se reajustaron. Pero al principio la idea era que debía haber un incentivo muy definido para vivir mejor, y que el mejor incentivo era premiar con dinero una vida apropiada. Un hombre que vive correctamente hará su trabajo correctamente. Y además también quisimos evitar la posibilidad de bajar el nivel de trabajo a través de un aumento del salario. En tiempos de guerra se demostró que un aumento demasiado rápido de la paga de un hombre a veces aumenta solamente su codicia y disminuye por tanto su capacidad productiva. Si al principio simplemente hubiéramos puesto el aumento en los sobres de pago, entonces muy probablemente las normas de trabajo se habrían venido abajo. Con el nuevo plan se duplicó el pago de la mitad de los hombres; podría haberse tomado como "dinero fácil". La idea de dinero fácil acaba con el trabajo. Hay un peligro en aumentar demasiado rápido la paga de cualquier hombre, tanto si previamente recibía un dólar al día como si recibía cien. De hecho, si el salario de un hombre de cien dólares al día se incrementara de un día para otro a trescientos dólares al día, probablemente se volvería más imprudente que el trabajador cuyo salario se incrementase de un dólar a tres dólares por hora. El hombre con mayor cantidad de dinero tiene mayor oportunidad de hacer un tonto de sí mismo.

En este primer plan, las normas sobre las que insistimos no eran caprichosas, aunque a veces pudieron aplicarse de forma caprichosa. Teníamos unos cincuenta inspectores en el Departamento Social; la media de sentido común entre ellos era en efecto muy alta, pero es imposible encontrar cincuenta hombres igualmente dotados de sentido común. Se equivocaron a veces: uno siempre oye hablar de los errores. Se esperaba que con el fin de recibir el bono los hombres casados vivieran con sus familias y se ocuparan bien de ellas. Tuvimos que romper la mala costumbre entre muchos de los trabajadores extranjeros de tomar huéspedes: de considerar sus hogares como algo con lo que ganar dinero en vez de como un lugar para vivir. Los niños menores de dieciocho años recibían un bono si se ocupaban de sus familiares próximos. Los hombres solteros que vivían sanamente participaban. La mejor evidencia de que el plan fue esencialmente beneficioso es el registro. Cuando el plan entró en vigor, el 60 por ciento de los trabajadores estaban inmediatamente en condiciones de participar; seis meses después, el 78 por ciento estaban participando, y al cabo de un año el 87 por ciento. En un año y medio solo el uno por ciento no participaba.

El mayor salario logró otros resultados. En 1914, cuando el primer plan entró en vigor, teníamos 14.000 empleados y era necesario contratar a un ritmo de unos 53.000 al año a fin de mantener una fuerza constante de 14.000. En 1915 tuvimos que contratar solamente a 6.508 hombres, y la mayoría de estos nuevos hombres se contrataron debido al crecimiento de la empresa. Con la antigua rotación de la mano de obra y nuestra capacidad actual tendríamos que contratar a un ritmo de casi 200.000 hombres al año, lo cual sería una tarea casi imposible. Incluso con el mínimo de instrucción que se requiere para dominar casi cualquier tarea de nuestra fábrica, no podemos asumir un nuevo personal cada mañana, o cada semana, o cada mes; pues, aunque un hombre pueda estar en condiciones de realizar un trabajo aceptable a una velocidad aceptable en dos o tres días, después de un año de experiencia será capaz de hacer algo más de lo que hacía al principio. La cuestión de la rotación de personal no nos ha supuesto un problema desde entonces; es bastante difícil dar cifras exactas, porque cuando no estamos funcionando a plena capacidad rotamos a algunos de los hombres para distribuir el trabajo entre el mayor número posible. Esto hace que sea difícil distinguir entre las salidas voluntarias e involuntarias. Hoy en día no almacenamos datos; ahora pensamos tan poco en la rotación que no nos molestamos en llevar registros. Hasta donde nosotros sabemos, la cifra de rotación está situada entre el 3 por ciento y el 6 por ciento mensual.

Hemos hecho cambios en el sistema, pero no nos hemos desviado de este principio:

Si espera que un hombre entregue su tiempo y su energía, fije sus salarios de modo que no tenga preocupaciones financieras. Vale la pena. Nuestros beneficios, después de pagar buenos salarios y una prima (prima que solía representar alrededor de diez millones anuales antes de que cambiáramos el sistema), muestran que pagar buenos salarios es la forma más rentable de hacer negocios.

Hubo objeciones al pago de los salarios bajo el método de prima por conducta. Tendía al paternalismo. El paternalismo no tiene lugar en la industria. El trabajo de bienestar que consiste en entrometerse en los asuntos privados de los empleados está desfasado. Los hombres necesitan consejo y los hombres necesitan ayuda, muchas veces ayuda especial; y todo esto debe ofrecerse por decencia. Sin embargo, el amplio plan viable de inversión y participación hará más por consolidar la industria y fortalecer la organización que cualquier trabajo social en el exterior.

Hemos cambiado el método de pago sin alterar el principio.

CAPÍTULO IX
¿POR QUÉ NO TENER SIEMPRE BUENOS NEGOCIOS?

El empleador tiene que vivir al año. El obrero tiene que vivir al año. Pero ambos, por lo general, trabajan a la semana. Consiguen un pedido o un encargo cuando pueden y al precio que pueden. Durante lo que se llama una época próspera, los pedidos y los encargos son abundantes. Durante una temporada "floja" son escasos. Los negocios siempre oscilan entre el banquete y el ayuno, y son siempre o "buenos" o "malos". Aunque nunca hay un momento en que todo el mundo tiene demasiados de los bienes de este mundo (un momento en el que todo el mundo está demasiado cómodo o demasiado feliz), hay períodos en los que asistimos al sorprendente espectáculo de un mundo hambriento de bienes y una máquina industrial con hambre de trabajo, y los dos, la demanda y los medios para satisfacerla, se mantienen separados por una barrera de dinero. Tanto la fabricación como el empleo son asuntos de ida y vuelta. En lugar de una progresión constante seguimos adelante a trompicones, ahora demasiado rápido, ahora todos parados. Cuando un gran número de gente quiere comprar, se dice que hay escasez de bienes. Cuando nadie quiere comprar, se dice que hay sobreproducción de bienes. Sé que siempre hemos tenido escasez de bienes, pero no creo que hayamos tenido jamás sobreproducción. Podemos tener, en un momento determinado, demasiados bienes del tipo equivocado. Eso no es superproducción, eso es simplemente producción sin cabeza. También podemos tener grandes provisiones de productos a precios muy altos. Eso no es sobreproducción: es mala fabricación o mala financiación. ¿Determina el dictado del destino si un negocio es bueno o malo? ¿Debemos asumir las condiciones como inevitables? El negocio es bueno o malo en función de lo que hacemos de él. La única razón para sembrar trigo, para la minería o para la fabricación es que la gente pueda comer, calentarse, tener ropa que llevar y artículos para usar. No hay otra razón posible, y sin embargo la razón se destierra a un segundo plano y en su lugar tenemos operaciones realizadas no con vistas al servicio, sino con vistas a ganar dinero, y esto porque hemos desarrollado un sistema de dinero que en lugar de ser un medio conveniente de intercambio, es a veces una barrera para el intercambio. De esto hablaremos más adelante.

Si sufrimos períodos frecuentes de la así llamada mala suerte es solamente porque gestionamos muy mal. Si se echara a perder una cosecha enorme, me puedo imaginar al país pasando hambre, pero no puedo entender cómo es que toleramos el hambre y la pobreza cuando surgen exclusivamente a consecuencia de la mala gestión, y sobre todo de la mala gestión implícita en una estructura financiera no razonable. Por supuesto que la guerra trastornó las cosas en este país. Trastornó el mundo entero. Si no hubiera habido guerra, la gestión habría sido mejor. Pero la guerra no es la única culpable. La guerra puso al descubierto un gran número de los defectos del sistema financiero, pero más que cualquier otra cosa reveló lo inseguros que son los negocios construidos exclusivamente sobre la base del dinero. No sé si los malos negocios son el resultado de los malos métodos financieros, o si los motivos equivocados para los negocios han creado métodos financieros malos, pero sí sé que, si bien sería totalmente indeseable tratar de darle la vuelta al actual sistema financiero, es totalmente deseable dar forma de nuevo a los negocios sobre la base del servicio. Un mejor sistema financiero tendrá que venir a continuación. El sistema actual se caerá porque no tendrá razón de ser. El proceso tendrá que ser gradual.

Cualquiera puede iniciar el camino hacia la estabilización de sus propios asuntos. Uno no puede lograr resultados perfectos actuando solo, pero en cuanto el ejemplo empiece a cundir habrá seguidores, de modo que con el tiempo podremos esperar poner a los negocios inflados y a sus socios, los negocios hundidos, en la misma clase que la viruela; es decir, en la clase de las enfermedades prevenibles. Es perfectamente posible, con la reorganización de los negocios y las finanzas que tendrá lugar por fuerza, acabar con el efecto perjudicial de las estaciones, si no con las estaciones mismas, de la industria, y también con las depresiones periódicas. La agricultura ya está en proceso de reorganización. Cuando la industria y la agricultura estén completamente reorganizadas, serán complementarias; les corresponde estar juntas, no separadas. A título indicativo, tomemos nuestra planta de válvulas. La instalamos a dieciocho millas campo adentro para que los trabajadores pudieran ser también agricultores. Gracias al uso de maquinaria, la agricultura no necesita consumir más que una fracción del tiempo que se consume en la actualidad; el tiempo que la naturaleza requiere para producir es mucho mayor que el requerido para la contribución humana a la siembra, el cultivo y la cosecha; en muchas industrias en las que las piezas no son voluminosas no importa mucho dónde se fabriquen. Con la ayuda de la fuerza del agua también pueden fabricarse en el campo agrícola. De ese modo podemos, en un grado mucho mayor de lo que comúnmente se conoce, tener agricultores-industriales que cultivan y trabajan bajo las condiciones más científicas y saludables. Esa organización servirá para algunas industrias estacionales; otras pueden organizar una serie de productos en función de las estaciones y el equipamiento, y aún otras pueden, con una gestión más cuidadosa, nivelar sus estaciones. Un estudio completo de cualquier problema específico mostrará la forma de hacerlo.

Las depresiones periódicas son más graves porque parecen tan grandes que son incontrolables. Hasta que se lleve a cabo toda la reorganización no podrán ser totalmente controladas, pero cada uno en su negocio puede fácilmente hacer algo por sí mismo y, al mismo tiempo que beneficiar a su organización en un plano totalmente material, ayudar también a otros. La producción de Ford no ha reflejado buenos o malos tiempos; ha seguido adelante sin tener en cuenta las condiciones exceptuando el período desde 1917 a 1919, cuando la fábrica fue empleada para trabajos de guerra. El año 1912-1913 se preveía flojo, aunque ahora algunos lo llaman "normal"; nosotros casi doblamos nuestras ventas; 1913-1914 fue flojo; nosotros aumentamos nuestras ventas en más de un tercio. El año 1920-1921 se considera que ha sido uno de los peores de la historia; vendimos un millón doscientos cincuenta mil coches, o cerca de cinco veces más que en 1913-1914, el "año normal". No hay ningún secreto especial en ello. Es, como todo lo demás en nuestro negocio, el resultado inevitable de la aplicación de un principio que puede ser aplicado a cualquier negocio.

Ahora tenemos un salario mínimo de seis dólares al día que se paga sin salvedades. La gente está suficientemente acostumbrada a los salarios altos como para hacer innecesaria la supervisión. El salario mínimo se paga tan pronto como un trabajador está en condiciones de producir, lo cual depende de sus propias ganas de trabajar. Hemos incluido nuestra estimación de beneficios en el salario y ahora estamos pagando salarios más altos que durante los tiempos de auge de la posguerra. Pero los pagamos, como siempre, en función del trabajo. Y que los hombres trabajan lo pone de manifiesto el hecho de que, aunque seis dólares al día es el salario mínimo, alrededor del 60 por ciento de los trabajadores cobran por encima del mínimo. Los seis dólares no son un salario fijo, sino un salario mínimo.

Consideremos en primer lugar los fundamentos de la prosperidad. El progreso no se hace llevando a cabo una serie de piruetas. Cada paso tiene que estar regulado. Un hombre no puede esperar progresar sin pensar. Consideremos la prosperidad. Una época verdaderamente próspera es cuando el mayor número de gente está recibiendo todo lo que legítimamente puede comer y vestir, y se encuentra cómodo en todos los sentidos de la palabra. Es el grado de acomodo de la gente en general, no el volumen del saldo del banco del fabricante, el que evidencia la prosperidad. La función del fabricante consiste en contribuir a esa comodidad. Es un instrumento de la sociedad, y puede servir a la sociedad solo en tanto dirija sus empresas con el fin de entregar al público un producto cada vez mejor a un precio cada vez menor, y al mismo tiempo pague a todos aquellos que están implicados en su negocio un salario cada vez mayor, en función del trabajo que realizan. De esta manera y solo de esta manera puede justificar su existencia un fabricante o cualquiera dentro del mundo de los negocios.

No nos preocupan mucho las estadísticas y las teorías de los economistas sobre los ciclos recurrentes de prosperidad y depresión. Ellos llaman "prósperos" a los períodos en que los precios son altos. Un periodo próspero de verdad no ha de ser juzgado por los precios a los que cotizan los artículos de los fabricantes.

No nos preocupan las combinaciones de palabras. Si los precios de los productos están por encima de los ingresos de la gente, entonces haz que los precios lleguen hasta el nivel de los ingresos. Normalmente se entiende que el negocio comienza en un proceso de fabricación y termina en un consumidor. Si ese consumidor no quiere comprar lo que el fabricante tiene para venderle o no tiene el dinero para comprarlo, entonces el fabricante culpa al consumidor y dice que es un mal negocio, y con las mismas engancha el carro delante del caballo y continúa su camino lamentándose. ¿No es absurdo?

¿Existe el fabricante para el consumidor o es el consumidor el que existe para el fabricante? Si el consumidor no quiere (dice que no puede) comprar lo que el fabricante tiene que ofrecer, ¿la culpa es del fabricante o del consumidor? ¿O no es culpa de nadie? Si nadie tiene la culpa, entonces el fabricante tendrá que retirarse del negocio.

¿Pero qué negocio se inició alguna vez con el fabricante y terminó con el consumidor? ¿De dónde viene el dinero para hacer que giren las ruedas? Del consumidor, por supuesto. Y el éxito de la fabricación se basa únicamente en la capacidad de servir a ese consumidor a su gusto. Puede servírsele por calidad o puede servírsele por precio. Como mejor se le sirve es con la calidad más alta al precio más bajo, y cualquiera que pueda dar al consumidor la mejor calidad al menor precio está destinado a ser un líder en los negocios, sea cual sea el tipo de artículo que fabrique. No hay manera de evitar esto.

Entonces ¿por qué sentarse a esperar a que llegue un buen negocio? Reduce los costos con una gestión mejor. Baja los precios hasta el poder adquisitivo.

Recortar salarios es la forma más fácil y más negligente de manejar la situación, por no hablar de que se trata de una forma inhumana. Significa, de hecho, arrojar sobre la mano de obra la incompetencia de los directivos de la empresa. Nos bastaría con saber que cada depresión desafía a cada fabricante a poner más cerebro en su negocio, a superar con gestión lo que otros tratan de superar reduciendo salarios. Jugar con los salarios antes de haberlo intentado todo es evadir el problema real. Y si el verdadero problema se aborda en primer lugar, puede que no haga falta ninguna reducción de salarios. Esa ha sido mi experiencia. La enseñanza práctica inmediata es que, en el proceso de ajuste, alguien tendrá que asumir una pérdida. ¿Y quién puede asumir una pérdida, excepto aquellos que tienen algo que pueden permitirse perder? Pero la expresión "asumir una pérdida" es bastante engañosa. Realmente no se asume una pérdida en absoluto. Es solo una renuncia a una cierta parte de los beneficios pasados con el fin de ganar más en el futuro. No hace mucho tiempo estuve hablando con un comerciante de herramientas en un pequeño pueblo, que me decía:

"Preveo asumir una pérdida de 10.000 dólares de mis existencias. Pero, por supuesto, ya sabes, en realidad no es como perder esa cantidad. Nosotros los comerciantes de herramientas hemos tenido tiempos bastante buenos. La mayor parte de mis existencias las compré a precios altos, pero ya he vendido una parte y he sacado beneficio de ella. Además, los diez mil dólares que digo que voy a perder no son el mismo tipo de dólares que solía tener. Son, en cierto modo, dólares especulativos. No son los buenos dólares que compraban por valor de 100 centavos. Así que, a pesar de que puede parecer una gran pérdida, no es grande. Y al mismo tiempo estoy haciendo posible que la gente de mi ciudad continúe construyendo sus casas sin desanimarse por el tamaño de la partida de herramientas".

Es un comerciante sabio. Prefiere obtener menos beneficios y mantener el negocio en movimiento que mantener sus existencias a precios altos y limitar el progreso de su comunidad. Un hombre así es un activo para una ciudad. Tiene la cabeza despejada. Prefiere resolver el ajuste a costa de su inventario antes que a costa del recorte de los salarios de sus repartidores, a costa del recorte de su capacidad de compra.

No se ha quedado sentado manteniendo sus precios altos y esperando a que algo suceda. Se ha dado cuenta de lo que en general parece haberse olvidado: que perder dinero de vez en cuando forma parte de la condición de propietario. Nosotros tuvimos que asumir nuestras pérdidas.

Nuestras ventas finalmente se desplomaron como todas las demás ventas. Teníamos un gran inventario y, calculando los materiales y las piezas de ese inventario a su precio de coste, no podíamos producir un coche a un precio menor de lo que estábamos pidiendo, pero ese era un precio que con el vuelco de los negocios era mayor de lo que la gente podía o quería pagar. Cerramos para orientarnos. Nos enfrentábamos a una depreciación de 17.000.000 $ en el inventario o a asumir una pérdida mucho mayor que esa por no hacer negocios. Así que no había elección en absoluto.

Esa es siempre la opción que tiene un hombre de negocios. Puede asumir la pérdida directa en sus libros y seguir adelante y hacer negocios, o puede dejar de hacer negocios y asumir la pérdida por no hacer nada. La pérdida de no hacer negocios suele conllevar una pérdida mayor que el dinero real implicado, pues durante el período ocioso el miedo consumirá la iniciativa y, si el cierre es lo suficientemente largo, no habrá ningún remanente de energía con el que empezar de nuevo.

No sirve de nada esperar a que los negocios mejoren. Si un fabricante quiere llevar a cabo su función, debe bajar su precio a lo que va a pagar a la gente. Siempre hay, no importa cuál sea la situación, un precio que la gente puede y está dispuesta a pagar por una necesidad, y siempre, si existe la voluntad, se puede encontrar ese precio.

No se puede encontrar bajando la calidad o con economías miopes, que solo resultan en una plantilla insatisfecha. No se puede encontrar yendo por ahí quejándose o armando alboroto. Solo puede encontrarse aumentando la eficiencia de la producción y, vista de esta forma, cada depresión de los negocios, así denominada, debe ser considerada como un desafío a los cerebros de la comunidad empresarial. Concentrarse en los precios en lugar de en el servicio es un signo inequívoco de la clase de hombre de negocios que no puede ofrecer ninguna justificación para su existencia como propietario.

Esta es solo otra forma de decir que las ventas deben producirse sobre la base natural del valor real, que es el costo de la transmutación de la energía humana en artículos de intercambio y comercio. Pero esa sencilla fórmula no se considera característica de los negocios. No es lo suficientemente compleja. Tenemos "negocios" que toman la más honesta de todas las actividades humanas y la hacen objeto de la astucia especulativa de hombres que pueden producir escaseces artificiales de alimentos y otros productos básicos, y estimular así la ansiedad de demanda en la sociedad. Primero tenemos estimulación artificial y después letargo artificial.

La justicia económica es constantemente, y bastante a menudo inocentemente, infringida. Puede usted decir que es la situación económica la que hace de la humanidad lo que es; o puede decir que es la humanidad la que hace de la situación económica la que es. Se encontrará con muchos que afirman que el sistema económico es el que hace a los hombres lo que son. Culpan a nuestro sistema industrial de todos los fallos que contemplamos en la humanidad en general. Y puede encontrar otros hombres que dicen que el hombre crea sus propias circunstancias; que si el sistema económico, industrial o social es malo, no es sino un reflejo de lo que el propio hombre es. Lo que está mal en nuestro sistema industrial es un reflejo de lo que está mal en el hombre mismo. Los fabricantes se resisten a admitir que los errores de los métodos industriales actuales son, al menos en parte, sus propios errores, sistematizados y extendidos. Pero situemos la cuestión al margen de las preocupaciones inmediatas de un hombre, y él mismo comprenderá el asunto con bastante facilidad.

Sin duda, con una naturaleza humana menos defectuosa habría surgido un sistema social menos defectuoso. O bien, si la naturaleza humana fuera peor de lo que es, habría surgido un sistema peor, aunque probablemente un sistema peor no hubiera durado tanto tiempo como el actual. Pero pocos afirmarán que la humanidad deliberadamente se propuso crear un sistema social defectuoso. Dar por hecho sin reservas que todos los defectos del sistema social están en el hombre mismo no implica que él organizara deliberadamente sus imperfecciones y las estableciera. Tendremos que atribuir una gran parte a la ignorancia. Tendremos que atribuir una gran parte a la inocencia.

Tomemos los inicios de nuestro actual sistema industrial. No había ningún indicio de cómo iba a evolucionar. Cada nuevo adelanto era recibido con alegría. Nadie pensó jamás en el "capital" y la "mano de obra" como intereses enfrentados. Nadie imaginó jamás que el hecho mismo del éxito traería aparejados traicioneros peligros. Y entonces, con el crecimiento, toda imperfección latente en el sistema afloró. Los negocios de un hombre crecieron hasta tales proporciones que tenía que contar con más ayudantes de los que podía conocer por sus nombres; pero no lamentó este hecho; más bien lo recibió con alegría. Y sin embargo ha conducido desde entonces a un sistema impersonal en el que el trabajador se ha convertido en algo menos que una persona: una mera pieza del sistema. Nadie piensa, por supuesto, que este proceso de deshumanización fuese ideado deliberadamente. Simplemente surgió. Estaba latente en todo el sistema inicial, pero nadie lo vio y nadie podía preverlo. Solo un desarrollo prodigioso e inaudito pudo sacarlo a la luz.

Tomemos la idea industrial; ¿de qué se trata? La verdadera idea industrial no es hacer dinero. La idea industrial consiste en expresar una idea útil, duplicar una idea útil por tantos miles como personas haya que la necesiten.

Producir productos; obtener un sistema que haga de la producción un arte; situar la producción en una base tal que proporcione los medios para la expansión y la construcción de todavía más talleres, la producción de todavía más miles de cosas útiles: esa es la verdadera idea industrial. La negación de la idea industrial es el esfuerzo por obtener beneficios de la especulación en lugar de obtenerlos del trabajo. Hay hombres miopes que no pueden ver que los negocios son más importantes que los intereses de cualquier hombre. Los negocios son un proceso de dar y recibir, de vive y deja vivir. Son la cooperación entre muchas fuerzas e intereses. Cada vez que encuentre un hombre que cree que el negocio es un río cuyo caudal beneficioso debe parar tan pronto como llegue hasta él, encontrará a un hombre que cree que puede mantener el negocio con vida deteniendo su circulación. Él produciría riqueza mediante esta interrupción de la producción de riqueza.

Los principios de servicio siempre pueden enmendar un mal negocio. Lo que nos lleva a la aplicación práctica de los principios de servicio y finanzas.

CAPÍTULO X
¿CÓMO DE BARATAS PUEDEN HACERSE LAS COSAS?

Nadie negará que, si los precios son suficientemente bajos, los compradores siempre pueden encontrarse, con independencia de cuál sea supuestamente la situación de los negocios. Ese es uno de los hechos elementales de los negocios. A veces las materias primas no se venden, por muy bajo que sea el precio. Hemos visto algo de eso durante el año pasado, pero es debido a que los fabricantes y los distribuidores estaban tratando de deshacerse de las existencias de alto costo antes de aceptar nuevos encargos. Los mercados estaban estancados, pero no "saturados" de bienes. Lo que se denomina mercado "saturado" es únicamente aquel en el que los precios están por encima del poder adquisitivo.

Los precios indebidamente altos son siempre un signo de negocios en mal estado, ya que siempre se deben a alguna condición anómala. Un paciente sano tiene una temperatura normal; un mercado sano tiene precios normales. Los precios altos se producen normalmente a causa de la especulación que sigue al anuncio de una escasez. Aunque nunca se da una escasez de todo, la escasez de unos pocos productos básicos importantes, o incluso de uno solo, sirve para iniciar la especulación. O incluso puede que los bienes no sean escasos en absoluto. Una inflación de la moneda o crédito causará una rápida bolsa de aparente poder adquisitivo y la consiguiente oportunidad de especular. Puede haber una combinación de escaseces reales e inflación monetaria, como ocurre con frecuencia durante la guerra. Pero, en cualquier situación con precios indebidamente altos, no importa cuál sea la causa real, la gente paga los precios altos porque piensa que habrá escasez. Pueden comprar pan por encima de sus propias necesidades a fin de no quedarse más tarde en la estacada, o pueden comprarlo con la esperanza de revenderlo con ganancia. Cuando se habló de la escasez del azúcar, las amas de casa que nunca en su vida habían comprado más de diez libras de azúcar de una sola vez intentaron hacerse con reservas de cien o doscientas libras y, mientras lo hacían, los especuladores estaban comprando azúcar para guardarlo en los almacenes. Casi todas nuestras escaseces de guerra fueron causadas por la especulación o por la compra por encima de las necesidades.

No importa lo supuestamente escasa que sea la cantidad de un artículo, no importa si el gobierno toma el control y se apodera de cada onza de ese artículo, un hombre que esté dispuesto a pagar el dinero siempre podrá conseguir cualquier cantidad que esté dispuesto a pagar. Nadie sabe realmente lo grande o lo pequeño que es el stock nacional de cualquier producto básico. Las mejores cifras no son más que conjeturas; las estimaciones de las reservas mundiales de un producto son aún más inciertas. Podemos creer que sabemos qué cantidad de una mercancía se produce en un día determinado o en un determinado mes, pero eso no nos dice cuánto se producirá al día siguiente o el mes siguiente. Del mismo modo, no sabemos cuánto se consume. Gastando una gran cantidad de dinero podríamos, a lo largo del tiempo, obtener cifras bastante exactas sobre la cantidad consumida en un período de un producto en particular, pero para cuando esas cifras fueran compiladas ya serían completamente inútiles salvo para propósitos históricos, porque en el siguiente período el consumo podría ser el doble o la mitad. La gente no permanece inmóvil. Ese es el problema con todas las planificaciones socialistas y comunistas, y con todos los otros planes para la regulación ideal de la sociedad. Todos ellos suponen que la gente permanecerá inmóvil. Los reaccionarios son de la misma opinión. Insisten en que todo el mundo debería permanecer inmóvil. Nadie lo hace, y yo se lo agradezco.

El consumo varía en función del precio y la calidad, y nadie sabe o puede averiguar a cuánto ascenderá el consumo futuro, porque cada vez que un precio se reduce se alcanza a un nuevo estrato de potencial de compra. Todo el mundo lo sabe, pero muchos se niegan a reconocerlo en sus actos. Cuando un comerciante compra bienes a un precio equivocado y se da cuenta que no se venderán, reduce el precio poco a poco hasta que se venden. Si es sabio, en vez de mordisquear el precio y fomentar en sus clientes la esperanza de precios aún más bajos, da un gran bocado al precio y se quita toda la mercancía de encima. Todo el mundo asume pérdidas en alguna propuesta de venta. La esperanza común es que después de las pérdidas pueda haber grandes beneficios que las compensen. Lo que suele ser un engaño. El beneficio del que hay que recortar las pérdidas se encuentra en los negocios anteriores al recorte. Aquellos que fueron tan tontos como para considerar que los altos beneficios del período de auge eran beneficios permanentes se metieron en problemas financieros cuando llegó el desplome. Sin embargo, existe la creencia, y muy asentada, de que los negocios consisten en una serie de pérdidas y ganancias, y un buen negocio es aquel en el que las ganancias superan las pérdidas. Por lo tanto, algunos hombres razonan que el mejor precio para vender es el más alto que pueda alcanzarse. Esa se supone que es una buena práctica empresarial. ¿Lo es? A nosotros no nos lo ha parecido.

Hemos comprobado que en la compra de materiales no vale la pena comprar para más necesidades que las inmediatas. Compramos solamente lo suficiente para ajustarnos al plan de producción, teniendo en cuenta el estado del transporte en ese momento. Si el transporte fuera perfecto y el flujo de materiales estuviera asegurado, no sería necesario contar con ningún stock en absoluto. Los vagones de materias primas llegarían a tiempo y en el orden y las cantidades previstas, y pasarían directamente de los vagones de tren a la producción. Eso ahorraría una gran cantidad de dinero, ya que resultaría en una rotación muy rápida y disminuiría por tanto la cantidad de dinero invertida en materiales. Con un transporte malo uno tiene que almacenar stocks más grandes. En el momento de revaluar el inventario de 1921, el stock era excesivo porque el transporte había sido malísimo. Pero aprendimos hace mucho tiempo a no comprar nunca por adelantado con fines especulativos. Cuando los precios están subiendo se considera un buen negocio comprar mucho por adelantado, y comprar lo menos posible cuando los precios están altos. No requiere ninguna explicación demostrar que, si compras materiales a diez centavos la libra y el material sube más adelante a veinte centavos la libra, tendrás una clara ventaja sobre el hombre que se ve obligado a comprar a veinte centavos. Sin embargo, nosotros hemos comprobado que la compra por anticipado no renta. Significa entrar en un concurso de adivinanzas. No es negocio. Si un hombre compra un amplio stock a diez centavos, está en una buena situación siempre y cuando el otro hombre esté pagando veinte centavos. Más tarde tiene la oportunidad de comprar más material a veinte centavos, y parece una buena compra porque todo apunta a que el precio va a alcanzar los treinta centavos. Habiendo tenido gran satisfacción en su anterior decisión, con la que hizo dinero, por supuesto compra de nuevo. Entonces, el precio baja y está justo donde empezó. Hemos calculado cuidadosamente, con los años, que la compra de suministros por adelantado no renta: que las ganancias de una compra se compensaban por las pérdidas en otras, y al final nos habíamos metido en una gran cantidad de problemas y sin ningún beneficio proporcional. Por lo tanto, en nuestras compras simplemente obtenemos el mejor precio que podemos por la cantidad que precisamos. No compramos menos porque el precio sea alto y no compramos más porque el precio sea bajo. Evitamos cuidadosamente los descuentos por cantidad que excedan nuestras necesidades. No fue fácil llegar a esta decisión. Pero al final la especulación acaba con cualquier fabricante. Dale un par de buenas compras en las que hace dinero y en poco tiempo estará pensando más en cómo hacer dinero con la compra y venta que en su negocio legítimo, y se estrellará. La única forma de mantenerse al margen de problemas es comprar lo que uno necesita, ni más ni menos. Así se elimina un riesgo del negocio.

Explico en detalle esta rutina de compras porque explica nuestra política de venta. En lugar de prestar atención a los competidores o a la demanda, nuestros precios se basan en una estimación de lo que la mayor cantidad posible de gente estará dispuesta a pagar, o puede pagar, por lo que tenemos para vender. Y lo que ha resultado de esa política se evidencia mejor contrastando el precio del turismo con la producción.

AÑO	PRECIO	PRODUCCIÓN
1909-10	950 $	18.664
1910-11	780 $	34.528
1911-12	690 $	78.440
1912-13	600 $	168.220
1913-14	550 $	248.307
1914-15	490 $	308.213
1915-16	440 $	533.921
1916-17	360 $	785.432
1917-18	450 $	706.584
1918-19*	525 $	533.706
1919-20	575 $ - 440 $	996.660
1920-21	440 $ - 355 $	1.250.000

* Estos años fueron años de guerra y la fábrica estuvo destinada a trabajos de guerra.

Los altos precios de 1921 no fueron realmente muy altos, teniendo en cuenta la inflación financiera. En el momento de escribir esto el precio es de 497 $. Estos precios son en realidad más bajos de lo que parecen, porque hay mejoras constantes de la calidad. Estudiamos todos los coches con el fin de descubrir si tienen prestaciones que pudieran ser desarrolladas y adaptadas. Si alguien tiene algo mejor que nosotros queremos saberlo, y por eso compramos una unidad de cada coche nuevo que sale. Normalmente el coche se utiliza durante un tiempo, se pone a prueba en carretera, se desmonta y se estudia cómo y de qué está hecho todo. Diseminados por Dearborn hay probablemente un coche de casi todas las marcas de la tierra. Cada vez que compramos un coche nuevo llega hasta los periódicos y alguien comenta que Ford no usa el Ford. El año pasado pedimos un Lanchester grande, que se supone que es el mejor coche de Inglaterra. Estuvo varios meses en nuestra fábrica de Long Island y luego me decidí a conducirlo hasta Detroit. Fuimos varios de nosotros y formábamos una pequeña caravana: el Lanchester, un Packard y uno o dos Ford. Me encontraba conduciendo el Lanchester a través de una ciudad de Nueva York, y cuando aparecieron los reporteros quisieron saber de inmediato por qué no estaba conduciendo un Ford.

"Bueno, veréis, la cosa es así", respondí. "Ahora estoy de vacaciones; no tengo ninguna prisa, nos da un poco igual cuándo llegar a casa. Esa es la razón por la que no estoy en el Ford".

Ya saben, ¡también tenemos una línea de "historias de Ford"!

Nuestra política consiste en reducir el precio, extender las operaciones y mejorar el artículo. Notarán que la reducción de precio es lo primero. Nunca hemos considerado los costes como fijos. Por lo tanto, primero reducimos el precio hasta el punto en que creemos que se traducirá en más ventas. Entonces continuamos y tratamos de llegar a ese precio. No nos preocupamos por los costos. El nuevo precio obliga a reducir los costos. La forma más habitual es hallar los costos y luego fijar el precio, y aunque ese método pueda ser científico en un sentido estricto, no es científico en el sentido amplio, porque ¿qué uso terrenal tiene conocer el costo si te indica que no puedes fabricar a un precio al que el artículo se pueda vender? Pero aún más relevante es el hecho de que, aunque uno pueda calcular el costo, y por supuesto todos nuestros costos se calculan cuidadosamente, nadie sabe cuál debe ser el costo. Una de las formas de descubrir cuál debe ser el costo consiste en señalar un precio tan bajo como para obligar a todo el mundo en la fábrica a llegar al punto más alto de eficiencia. El precio bajo hace que todos busquen beneficios. Hacemos más descubrimientos al respecto de la fabricación y venta en virtud de este método forzoso que por cualquier método de investigación sosegada.

El pago de salarios altos contribuye afortunadamente a bajar los costos, ya que los hombres se vuelven progresivamente más eficientes al ser descargados de sus preocupaciones externas. El pago de cinco dólares al día por una jornada de ocho horas fue una de las mejores maniobras de reducción de costos que hemos realizado, y el salario de seis dólares al día resulta aún más barato que el de cinco. Hasta qué punto llegará esto, no lo sabemos.

Siempre hemos obtenido beneficios con los precios que hemos fijado y, del mismo modo que no tenemos ni idea de cómo funcionarán los salarios altos, tampoco tenemos ni idea de cómo funcionarán los precios bajos, pero no resulta particularmente útil disgustarse por ello. El tractor, por ejemplo, se vendió primero por 750 $, luego por 850 $, luego por 625 $, y el otro día recortamos un 37 por ciento, hasta 395 $.

El tractor no se fabrica junto con los automóviles. Ninguna planta es lo suficientemente grande como para fabricar dos artículos. Un taller tiene que estar dedicado exclusivamente a un producto con el fin de obtener verdaderas economías.

Para la mayoría de propósitos un hombre con una máquina es mejor que un hombre sin una máquina. A través de la ordenación del diseño del producto y del proceso de fabricación somos capaces de ofrecer ese tipo de máquina que multiplica varias veces el poder de la mano, y así otorgamos a cada hombre una capacidad mayor de servicio, lo que significa que puede acceder a una proporción mayor de comodidades.

Manteniendo este principio en mente podemos atacar el despilfarro con un objetivo definido. No instalamos en nuestro establecimiento nada que sea inútil. No levantamos edificios sofisticados como monumentos a nuestro éxito. El interés de la inversión y el costo de su mantenimiento no harían más que sumarse inútilmente al costo de lo que se produce: esos monumentos al éxito son propensos a terminar como tumbas. Puede que un gran edificio de administración sea necesario. En mí despierta la sospecha de que tal vez haya demasiada administración. Nunca hemos encontrado la necesidad de sofisticar la administración y preferimos recibir publicidad por nuestro producto que por el lugar en el que lo fabricamos.

La estandarización que produce grandes economías para el consumidor resulta en beneficios de tal magnitud para el productor que apenas sabe qué hacer con su dinero. Pero su esfuerzo debe ser sincero, concienzudo y valiente. Limitarse a media docena de modelos no es estandarizar. Puede significar, y por lo general significa, solamente la limitación del negocio, pues si uno vende sobre la base habitual de las ganancias, es decir, sobre la base de recibir de los consumidores todo el dinero que estén dispuestos a entregar, entonces seguramente el consumidor ha de tener una amplia gama de elección.

La estandarización es, por tanto, la etapa final del proceso. Nosotros empezamos por el consumidor, regresamos a trabajar sobre el diseño, y finalmente llegamos a la fabricación. La fabricación se convierte en un medio para el fin del servicio.

Es importante tener en cuenta este orden. Hasta el momento, el orden no se entiende completamente. No se entiende el funcionamiento del precio. Persiste la noción de que los precios deben mantenerse altos. Por el contrario, los buenos negocios (el consumo a gran escala) dependen de su reducción.

Y aquí existe otro factor. El servicio debe ser el mejor que puedas ofrecer. Se considera una buena práctica de fabricación, y no una falta de ética, cambiar ocasionalmente los diseños de manera que los modelos antiguos se vuelvan obsoletos y haya que comprar los nuevos, ya sea porque no se pueden conseguir las piezas de reparación para el viejo o porque el nuevo modelo ofrece un nuevo argumento de venta que puede utilizarse para persuadir al consumidor a desechar lo que tiene y comprar algo nuevo. Se nos ha dicho que eso es un buen negocio, un negocio inteligente, que el objeto del negocio debe consistir en que la gente compre con frecuencia y que es un mal negocio tratar de hacer algo que dure para siempre, porque una vez se le ha vendido a un hombre ya no volverá a comprar de nuevo.

Nuestro principio de negocio es precisamente el contrario. No podemos concebir cómo servir al consumidor a menos que fabriquemos para él algo que, hasta donde podamos prever, durará para siempre. Queremos construir un tipo de máquina que dure para siempre. No nos agrada que el coche de un comprador se deteriore o se vuelva obsoleto. Queremos que el hombre que compre uno de nuestros productos nunca tenga que comprar otro. Nunca introducimos mejoras que hagan que cualquier modelo anterior se quede obsoleto. Las piezas de un modelo específico no solo son intercambiables con todos los demás coches de ese modelo, sino que son intercambiables con las piezas similares de todos los coches que hemos sacado. Puede usted tomar un coche de hace diez años y, comprando las piezas de hoy en día, convertirlo con muy poco gasto en un coche de hoy en día. Dados estos objetivos, los costos siempre disminuyen bajo presión. Y puesto que seguimos una política firme de reducción constante de precios, siempre hay presión. ¡A veces las cosas son difíciles!

Veamos unos cuantos ejemplos más de ahorro. Los desechos se llevan seiscientos mil dólares al año. Hay experimentos constantes sobre utilización de chatarra. En una de las operaciones de estampado se cortan redondeles de seis pulgadas de metal laminado. Antiguamente se iban a chatarra. A los hombres les preocupaban los desperdicios. Trabajaron para encontrar usos para los discos. Descubrieron que las placas eran del tamaño y la forma adecuados para hacer tapones de radiador, pero el metal no era lo suficientemente grueso. Probaron con el doble de espesor de placa, y resulta que han confeccionado un tapón que las pruebas demuestran que es más fuerte que uno elaborado a partir de una lámina entera de metal. Recogemos 150.000 de esos discos al día. Ahora hemos encontrado un uso para unos 20.000 al día y esperamos encontrar más usos para el resto. Nos ahorramos unos diez dólares por cada transmisión que fabricamos nosotros en lugar de comprarla. Experimentamos con pernos y produjimos un perno especial fabricado en lo que se denomina una "máquina de recalcado" con una rosca laminada que era más fuerte que cualquier perno que pudiéramos comprar, aunque en su elaboración se empleaba solo cerca de un tercio del material que empleaban los fabricantes externos. Solo el ahorro en un tipo de perno suponía medio millón de dólares al año. Solíamos montar nuestros coches en Detroit, y aunque con el embalaje especial nos las arreglábamos para introducir cinco o seis en un vagón de carga, necesitábamos muchos cientos de vagones de carga al día. Los trenes iban y venían todo el tiempo. Una vez preparamos mil vagones de carga en un solo día. Una cierta cantidad de congestión era inevitable. Resulta muy caro desmantelar las máquinas y empaquetarlas de modo que no puedan dañarse en el tránsito, por no hablar de los gastos de transporte. Ahora montamos tres o cuatrocientos coches al día en Detroit, lo suficiente para las necesidades locales. Ahora enviamos las piezas a nuestras estaciones de montaje por todos los Estados Unidos, y de hecho a casi todo el mundo, y las máquinas se ensamblan allí. Cualquier sucursal que pueda fabricar una pieza de forma más barata de lo que podemos hacerlo nosotros en Detroit y enviársela, fabrica la pieza ella misma.

La planta de Manchester, en Inglaterra, está fabricando casi el coche entero. La planta de tractores de Cork, en Irlanda, está fabricando casi el tractor completo. Esto supone un enorme ahorro de gasto, y es solo una muestra de lo que puede hacerse en toda la industria en general, cuando cada pieza de un artículo compuesto se fabrique en el punto exacto en el que se pueda fabricar más económicamente. Estamos constantemente experimentando con cada material que se introduce en el coche. Talamos la mayor parte de nuestra propia madera en nuestros propios bosques. Estamos experimentando en la fabricación de cuero artificial porque usamos unas cuarenta mil yardas de cuero artificial al día. Un penique aquí y un penique allá suponen grandes cantidades en el transcurso de un año.

El mayor desarrollo de todos, sin embargo, es la planta de River Rouge, que cuando esté funcionando a su máxima capacidad reducirá profundamente y en muchos aspectos el precio de todo lo que hacemos. La planta de tractores entera está ahora allí. La planta se encuentra junto al río a las afueras de Detroit y la propiedad ocupa seiscientos sesenta y cinco acres, suficientes para el desarrollo futuro. Dispone de un gran atracadero y una dársena de maniobras capaz de albergar cualquier buque de vapor del lago; un canal de acceso directo y un poco de dragado permitirán una conexión directa al lago a través del río Detroit. Utilizamos una gran cantidad de carbón. Este carbón llega directamente desde nuestras minas montado en el Ferrocarril Detroit, Toledo & Ironton, que controlamos nosotros, hasta las plantas de Highland Park y River Rouge. Parte del carbón se destina a la generación de vapor. Otra parte va a los hornos de subproducto de coque que hemos instalado en la planta de River Rouge. El coque pasa por transmisión mecánica de los hornos a los altos hornos. Los gases volátiles bajos de los altos hornos se canalizan hasta las calderas de la planta de energía en las que se juntan con el serrín y las virutas de la planta de carrocerías (la fabricación de todas nuestras carrocerías se ha desplazado a esta planta) y, además, ahora también la "brisa" de coque (el polvo generado en la fabricación del coque) se está utilizando como acelerante. De modo que la planta de energía de vapor está alimentada casi exclusivamente por lo que de otra forma serían productos de desecho. Inmensas turbinas de vapor directamente acopladas a dinamos transforman esa energía en electricidad, y toda la maquinaria de las plantas de tractores y carrocerías funciona con motores individuales alimentados con esa electricidad. Con el tiempo esperamos que haya suficiente electricidad como para hacer funcionar prácticamente toda la planta de Highland Park, y entonces rebajaremos nuestra factura de carbón.

Entre los subproductos de los hornos de coque hay un gas. Se canaliza a las plantas de Rouge y Highland Park, donde se emplea para fines de tratamiento térmico, para los hornos de esmaltado, para los hornos de coches y similares. Antes teníamos que comprar ese gas. El sulfato de amonio se utiliza como fertilizante. El benceno es un combustible de motor. Los fragmentos pequeños de coque no adecuados para los altos hornos se venden a los empleados, y se distribuyen gratuitamente a sus casas a un precio mucho menor que el de mercado. El coque de gran tamaño va a los altos hornos. No hay manipulación manual. Vertimos el hierro fundido directamente de los altos hornos en grandes cucharas. Estas cucharas se desplazan hasta los talleres y el hierro se vierte directamente en los moldes sin volver a calentarlo. De esta forma no solo obtenemos una calidad uniforme de hierro de acuerdo a nuestras propias especificaciones y directamente bajo nuestro control, sino que nos ahorramos la fundición del arrabio, y de hecho nos ahorramos un proceso completo de la fabricación, además de que nuestra propia chatarra queda a nuestra disposición.

No sabemos todo lo que puede significar esto en términos de ahorro; es decir, no sabemos lo grande que será el ahorro, ya que la planta no ha estado funcionando el tiempo suficiente como para dar más que un indicio de lo que hay por delante, y ahorramos en muchísimas direcciones: en transporte, en generación de energía propia, en generación de gas, en gastos de fundición, y además de todo eso están los ingresos derivados de los subproductos y los fragmentos pequeños de coque. La inversión para llevar a cabo estos objetivos hasta la fecha asciende a algo más de cuarenta millones de dólares.

Lo lejos que lleguemos en la fabricación propia de recursos depende enteramente de las circunstancias. Nadie en ninguna parte puede realmente hacer algo más que conjeturar sobre los costos futuros de producción. Es más prudente reconocer que el futuro nos traerá más que el pasado, que cada día trae consigo una mejora en los métodos del día anterior.

Pero ¿qué hay de la producción? Si cada necesidad de la vida se produjera de forma económica y en grandes cantidades, ¿no estaría en breve el mundo saciado de bienes? ¿No llegaría un punto en que, con independencia del precio, la gente simplemente no querría nada más de lo que ya posee? Y si en el proceso de fabricación se utilizan cada vez menos hombres, ¿qué va a ser de esos hombres? ¿Cómo van a vivir y encontrar trabajo?

Abordemos primero el segundo punto. Hemos mencionado muchas máquinas y muchos métodos que desplazaron grandes cantidades de hombres, y entonces alguien pregunta:

"Sí, esa es una muy buena idea desde el punto de vista del propietario, pero ¿qué hay de esos pobres tipos a quienes se les arrebata sus puestos de trabajo?"

La pregunta es completamente razonable, pero es un poco curioso que haya que formularla. Porque ¿cuándo la mejora de los procesos industriales dejó realmente sin trabajo alguna vez a los hombres? Los conductores de diligencia perdieron sus empleos con la llegada de los ferrocarriles. ¿Deberíamos haber prohibido los ferrocarriles y preservado los conductores de diligencia? ¿Había más hombres trabajando con las diligencias de los que están trabajando en los ferrocarriles? ¿Deberíamos haber impedido el taxi porque su llegada quitó el pan de la boca a los conductores de coches de caballos? ¿Cuál es el número de taxis comparado con el número de coches de caballos cuando estos últimos estaban en su mejor momento? La llegada de la maquinaria de calzado cerró la mayoría de los talleres que hacían zapatos a mano. Cuando los zapatos se hacían a mano, solo las personas muy adineradas podían poseer más de un par de zapatos, y la mayoría de los trabajadores iban descalzos en verano. Ahora casi nadie tiene un solo par de zapatos, y la fabricación de calzado es una gran industria. No, cada vez que puede hacerse que un hombre haga el trabajo de dos, se aumenta tanto la riqueza del país que habrá un nuevo y mejor empleo para el hombre que se ve desplazado. Si las industrias enteras cambiaran de un día para otro, entonces deshacerse de los excedentes de hombres sería un problema, pero esos cambios no se producen así de rápido. Llegan gradualmente. En nuestra propia experiencia, se abre siempre una nueva plaza para un hombre tan pronto como la mejora en los procesos ha hecho desaparecer su antiguo puesto de trabajo. Y lo que pasa en mis talleres ocurre en todas partes en la industria. Hay muchísimos más hombres trabajando en la industria del acero a día de hoy de los que había en los tiempos en los que todas las operaciones se hacían a mano. Tiene que ser así. Siempre es así y siempre será así. Y si alguien no lo puede ver, es porque no quiere mirar más allá de sus propias narices.

Hablemos ahora de la saturación. Continuamente nos preguntan:

"¿Cuándo alcanzarán el punto de sobreproducción? ¿Cuándo habrá más coches que personas para usarlos?"

Creemos que es posible alcanzar algún día el punto en que todos los bienes se produzcan de forma tan económica y en tales cantidades que la sobreproducción sea una realidad. Pero en lo que respecta a nosotros, no esperamos con miedo esa situación: la esperamos con gran satisfacción. Nada podría ser más espléndido que un mundo en el que todo el mundo tiene todo lo que quiere. Nuestro temor es que esa situación tarde demasiado tiempo en llegar. En lo referente a nuestros propios productos, esa situación está muy lejos. No sabemos cuántos automóviles de la clase particular que fabricamos deseará utilizar una familia. Sabemos que, a medida que el precio ha ido bajando, el agricultor, que en un principio utilizaba un coche (y hay que recordar que no hace mucho tiempo el mercado agrícola para vehículos de motor era absolutamente desconocido: los prudentes genios de la estadística fijaban entonces el límite de ventas en alguna cifra cercana al número de millonarios del país), ahora a menudo utiliza dos, y también compra un camión. Puede que, en lugar de transportar trabajadores a puestos de trabajo dispersos en un solo coche, fuera más barato que cada trabajador se trasladara en su propio coche. Está ocurriendo con los vendedores. El público descubre sus propias necesidades de consumo con una precisión infalible, y puesto que ya no fabricamos coches a motor o tractores, sino simplemente las piezas que se convierten en coches a motor y tractores una vez ensamblados, las actuales instalaciones apenas serían suficientes para proporcionar recambios para diez millones de coches. Y sería casi igual en cualquier negocio. No debemos preocuparnos por la sobreproducción en los años venideros, siempre que los precios estén bien. Es la negativa de la gente a comprar teniendo en cuenta el precio lo que realmente estimula el negocio real. Luego si queremos hacer negocio tendremos que conseguir bajar los precios sin reducir la calidad. De modo que la reducción de precios nos obliga a aprender mejores y más eficientes métodos de producción. Una gran parte del descubrimiento de lo que es "normal" en la industria depende del genio empresarial en descubrir mejores formas de hacer las cosas. Si un hombre reduce su precio de venta a un punto en el que no obtiene beneficio o incurre en una pérdida, entonces simplemente se ve obligado a descubrir cómo hacer un artículo igual de bueno mediante un método mejor: a hacer que su nuevo método produzca el beneficio, y no a producir el beneficio mediante la reducción de los salarios o el aumento de los precios al público.

No es una buena gestión obtener beneficios de los trabajadores o de los compradores; haga que la gestión produzca los beneficios. No abarate el producto; no abarate el salario; no cobre de más al público. Ponga cerebro en el método, y más cerebro, y aún más cerebro: haga las cosas mejor que nunca; y por este medio se sirve y se beneficia a todas las partes en los negocios.

Y todo esto siempre puede hacerse.

CAPÍTULO XI
DINERO Y BIENES

El objetivo principal de un negocio de fabricación es producir, y si ese objetivo se mantiene siempre, las finanzas se convierten en un asunto totalmente secundario que tiene mucho que ver con la contabilidad. Mis propias operaciones financieras han sido muy simples. Empecé con la política de compra y venta en efectivo, manteniendo un gran fondo de efectivo siempre a mano, aprovechando al máximo todos los descuentos y cobrando intereses sobre los saldos bancarios. Considero un banco principalmente como un lugar en el que es seguro y conveniente guardar el dinero. Los minutos que gastamos en el negocio de un competidor los perdemos en el nuestro. Los minutos que invertimos en convertirnos en expertos en finanzas los perdemos en producción. El lugar donde se financia un negocio de fabricación es el taller, y no el banco. Yo no diría que un hombre de negocios no necesita saber nada acerca de finanzas, pero es mejor quedarse corto que pasarse, porque si llega a ser demasiado experto empezará a pensar que puede pedir prestado dinero en lugar de ganarlo, y entonces pedirá prestado más dinero para pagar lo que ha pedido prestado, y en lugar de ser un hombre de negocios se convertirá en un malabarista de créditos, tratando de mantener en el aire una bandada regular de bonos y obligaciones.

Si es un malabarista experto de verdad, puede seguir adelante mucho tiempo de esta forma, pero está destinado a cometer un fallo algún día, y todo el repertorio se vendrá abajo a su alrededor. La fabricación no debe ser confundida con la banca, y creo que existe la tendencia en demasiados hombres de negocios a inmiscuirse en la banca y en demasiados banqueros a inmiscuirse en los negocios. La tendencia es a distorsionar los verdaderos propósitos de ambos, negocios y banca, lo que perjudica a ambos. El dinero tiene que salir del taller, no del banco, y yo he comprobado que el taller puede responder a todas las necesidades posibles, y en una ocasión, cuando se pensaba que la empresa estaba seriamente necesitada de fondos, el taller recaudó, cuando le fue exigida, una suma mayor que la que cualquier banco de este país podría prestar.

Nos han lanzado a las finanzas mayormente en forma de negación. Hace algunos años teníamos que seguir negando que la Ford Motor Company fuera propiedad de la Standard Oil Company, y a esa negación, por comodidad, añadíamos la negación de que estuviéramos vinculados con cualquier otra compañía o que tuviéramos la intención de vender coches por correo. El año pasado, el rumor favorito era que estábamos en Wall Street a la caza de dinero. No me molesté en negarlo. Consume demasiado tiempo negarlo todo. En vez de eso demostramos que no necesitábamos ningún dinero. Desde entonces no he oído nada más acerca de estar financiados por Wall Street.

No estamos en contra de pedir dinero prestado y no estamos en contra de los banqueros. Estamos en contra de tratar de hacer que el dinero prestado ocupe el lugar del trabajo. Estamos en contra de la clase de banquero que considera un negocio como un melón a cortar. La cosa consiste en mantener el dinero y endeudarse y financiarse en general en su justa medida, y con el fin de hacer eso uno tiene que considerar exactamente para qué se necesita el dinero y cómo va a devolverlo.

En los negocios el dinero es solo una herramienta. Es simplemente una parte de la maquinaria. Da lo mismo pedir prestados 100.000 tornos que 100.000 dólares, si el problema está dentro de tu negocio. Más tornos no lo remediarán; tampoco más dinero. Solo mayores dosis de cerebro y raciocinio y sabia determinación pueden remediarlo. Un negocio que desaprovecha lo que tiene seguirá desaprovechando lo que pueda conseguir. La clave consiste en remediar el desaprovechamiento. Una vez hecho eso, el negocio comenzará a producir su propio dinero, igual que un cuerpo humano reparado empieza a producir suficiente sangre nueva.

El endeudamiento puede convertirse fácilmente en una excusa para no entrar de lleno en el problema. El endeudamiento puede convertirse fácilmente en una licencia para la pereza y el orgullo. Algunos hombres de negocios son demasiado perezosos como para ponerse el mono de trabajo y bajar a ver qué es lo que pasa. O son demasiado orgullosos como para permitirse pensar que cualquier cosa promovida por ellos pueda ir mal. Pero las leyes de los negocios son como la ley de la gravedad, y el hombre que se opone a ellas siente su poder.

Endeudarse para crecer es una cosa; endeudarse para compensar la mala gestión y el despilfarro es otra muy distinta. El dinero para esto último no es deseable, por la razón de que el dinero no puede hacer el trabajo. El despilfarro se corrige con economía; la mala gestión se corrige con cerebro. Ninguno de estos remedios tiene nada que ver con el dinero. De hecho, en determinadas circunstancias el dinero es su enemigo. Y más de un hombre de negocios da gracias al cielo por el susto que le hizo ver que su mejor capital estaba en su propio cerebro y no en los préstamos del banco. Endeudarse en determinadas circunstancias es como el borracho que toma otro trago para remediar los efectos del último. No logra el efecto deseado. Simplemente aumenta la dificultad. Atar los cabos sueltos de un negocio es mucho más rentable que cualquier inyección de capital al 7 por ciento.

Las dolencias internas del negocio son las que requieren mayor atención. Los "negocios" en el sentido de negociar con la gente son en gran medida una cuestión de colmar las necesidades de la gente. Si fabricas lo que necesitan, y lo vendes a un precio que haga que su posesión represente una ayuda y no una dificultad, entonces harás negocios mientras haya negocios que hacer. La gente compra lo que le sirve de ayuda con la misma naturalidad con la que bebe agua.

Pero el proceso de fabricación de un artículo requiere un cuidado constante. La maquinaria se desgasta y necesita ser restaurada. Los hombres se vuelven engreídos, perezosos o descuidados. Un negocio son hombres y máquinas unidos en la elaboración de un producto, y tanto el hombre como las máquinas necesitan reparaciones y repuestos. A veces son los hombres de "más arriba" los que necesitan mayor renovación, y ellos mismos son siempre los últimos en reconocerlo. Cuando una empresa se congestiona con malos métodos; cuando una empresa enferma por falta de atención a una o varias de sus funciones;

cuando los ejecutivos se sientan cómodamente en sus sillas como si los planes que han puesto en marcha fueran a mantenerse en funcionamiento para siempre; cuando el negocio se convierte en una mera plantación en la que vivir, y no en un gran trabajo que uno tiene que hacer, entonces puede usted augurar problemas. Despertará una buena mañana y se encontrará haciendo más negocios de los que nunca antes había hecho, y obteniendo cada vez menos de ellos. Se encuentra corto de dinero. Puede usted endeudarse. Y lo puede hacer, oh, tan fácilmente. La gente derramará el dinero sobre usted. Esta es la tentación más sutil que tiene el hombre de negocios joven. Pero si toma el dinero simplemente estará dando un estimulante a lo que fuera que pudiera ir mal. Alimentará la enfermedad. ¿Es más sabio un hombre con dinero prestado que uno con el suyo propio? No como norma general. Pedir prestado en esas condiciones es hipotecar una propiedad en declive.

Para un hombre de negocios, el momento de pedir dinero prestado, si es que hay alguno, es aquel en que no lo necesita. Es decir, cuando no lo necesita como sustituto de cosas que debe hacer él mismo. Si el negocio de un hombre está en excelentes condiciones y necesita expansión, pedir prestado es relativamente seguro. Pero si una empresa necesita dinero debido a la mala gestión, entonces lo que hay que hacer es meterse en el negocio y corregir el problema desde dentro, no ponerle cataplasmas con préstamos externos.

Mi política financiera es el resultado de mi política de ventas. Yo sostengo que es mejor vender un gran número de artículos con un beneficio pequeño que vender unos pocos con un gran beneficio. Esto permite a un mayor número de gente comprar y le ofrece a un mayor número de hombres trabajo con buenos salarios. Permite planificar la producción y eliminar las temporadas flojas y el desperdicio de mantener una planta ociosa. Esto resulta en un negocio continuo y adecuado, y si piensa en ello, descubrirá que la mayor parte de la denominada financiación urgente se hace necesaria debido a la falta de previsión y continuidad en los negocios. Los miopes consideran que reducir los precios significa lo mismo que reducir los ingresos de un negocio. Es muy difícil lidiar con ese tipo de mentalidad, porque carece incluso del mínimo conocimiento básico de lo que es un negocio. Por ejemplo, una vez me preguntaron, cuando contemplaba una rebaja de ochenta dólares por coche, si en una producción de quinientos mil coches esto no supondría reducir los ingresos de la compañía en cuarenta millones de dólares. Por supuesto, si uno vende solo quinientos mil vehículos al nuevo precio, el ingreso se reduciría en cuarenta millones de dólares, lo cual es un interesante cálculo matemático que no tiene nada que ver con los negocios, porque a menos que reduzcas el precio de un artículo las ventas no aumentan continuamente, y por lo tanto la empresa no tiene estabilidad.

Si un negocio no está creciendo está destinado a estar decreciendo, y un negocio decreciente siempre necesita una gran cantidad de financiación. Los negocios de antaño se regían por la doctrina de que los precios siempre deben mantenerse en el punto más alto en el que la gente está dispuesta a comprar. Los negocios realmente modernos tienen que adoptar la óptica opuesta.

Los banqueros y los abogados raramente se dan cuenta de ello. Confunden la inercia con la estabilidad. Escapa completamente a su comprensión que el precio debe reducirse siempre voluntariamente. Es por eso que colocar al tipo habitual de banquero o abogado en la gestión de un negocio es exponerse al desastre. La reducción de los precios aumenta el volumen y se ocupa de las finanzas, siempre y cuando uno considere los inevitables beneficios como un fondo fiduciario con el que llevar a cabo más y mejores negocios. Nuestro beneficio, debido a la rapidez de la rotación en el negocio y el gran volumen de ventas, siempre ha sido grande, con independencia del precio de venta del producto. Tenemos un beneficio pequeño por artículo, pero un gran beneficio agregado. El beneficio no es constante. Después de recortar los precios los beneficios son bajos durante un tiempo, pero entonces las inevitables economías empiezan a surtir efecto y los beneficios suben de nuevo. Pero no se distribuyen en forma de dividendos. Siempre he insistido en el pago de dividendos pequeños, y a día de hoy la empresa no tiene accionistas que deseen una política diferente. Considero que los beneficios empresariales por encima de un pequeño porcentaje pertenecen más al negocio que a los accionistas.

Los accionistas, a mi modo de ver, deberían ser únicamente los que están activos en el negocio y consideran la empresa como un instrumento de servicio antes que como una máquina de hacer dinero. Si se logran grandes beneficios (y trabajar para servir hace que sean grandes a la fuerza), entonces deberían devolverse en parte al negocio, de tal forma que pueda estar aún mejor equipado para servir, y en parte transmitirse al comprador. Hubo un año en que nuestros beneficios fueron tan superiores a los que esperábamos que devolvimos voluntariamente cincuenta dólares a cada comprador de un coche. Nos parecía que, sin quererlo, habíamos cobrado esa cantidad de más al comprador. Mi política de precios y mi consiguiente política financiera se pusieron de manifiesto en una demanda presentada contra la empresa hace varios años para obligarla al pago de dividendos mayores. En el estrado expuse la política vigente en ese momento y que todavía sigue en vigor. Es la siguiente:

En primer lugar, sostengo que es mejor vender un gran número de coches a un margen razonablemente pequeño que vender menos coches a un margen amplio de beneficio.

Sostengo esto porque permite a un gran número de personas comprar y disfrutar el uso de un coche y porque da trabajo con buenos salarios a un número mayor de hombres. Ambos son objetivos que tengo en la vida. Pero yo no me consideraría un éxito; sería, de hecho, un fracaso total si no pudiera lograr eso y al mismo tiempo generar una buena cantidad de beneficios para mí y para los hombres asociados conmigo en el negocio.

Esta política que mantengo es una buena política de negocios porque funciona, porque cada año sucesivo hemos sido capaces de poner nuestro coche al alcance de cada vez más y más cantidad de gente, dar empleo a más y más hombres, y, al mismo tiempo, a través del volumen del negocio incrementar nuestros propios beneficios más allá de lo que esperábamos o incluso soñábamos cuando empezamos.

Tenga en cuenta que, cada vez que se reduce el precio del coche sin reducir la calidad, aumenta el número posible de compradores. Hay muchos hombres que pagarían 360 dólares por un coche que no pagarían 440 $. Tuvimos en números redondos 500.000 compradores de coches con el precio de 440 dólares, y me imagino que con el precio de 360 $ podemos aumentar las ventas hasta posiblemente los 800.000 coches en un año: menos beneficio por cada coche, pero más coches, más empleo de mano de obra, y al final obtendremos todo el beneficio completo que debemos obtener.

Y permítanme decir aquí, que yo no creo que debamos obtener un beneficio tan tremendo en nuestros coches. Un beneficio razonable es correcto, pero no demasiado. Esa ha sido mi política de bajar a la fuerza el precio del coche tan rápido como la producción lo permitiera, y dar los beneficios a los usuarios y a los trabajadores (lo que ha resultado en beneficios sorprendentemente enormes para nosotros mismos).

Esta política no está de acuerdo con la opinión general de que una empresa debe gestionarse de modo que los accionistas puedan sacar la mayor cantidad posible de dinero en efectivo. Por lo tanto no quiero accionistas en el sentido habitual del término: no favorecen la capacidad de servir. Mi ambición es emplear más y más hombres y difundir, en la medida de mis posibilidades, los beneficios del sistema industrial que nos estamos afanando en cimentar; queremos ayudar a construir vidas y hogares. Esto requiere que la mayor parte de los beneficios se pongan de nuevo en la actividad productiva. Así que no tenemos hueco para accionistas no trabajadores. El accionista trabajador está más ansioso por aumentar su oportunidad de servir que por los dividendos bancarios.

Si en cualquier momento se planteara la cuestión entre reducir los salarios o suprimir los dividendos, suprimiría los dividendos. Ese momento no puede llegar porque, como ya he señalado, no se ahorra con salarios bajos. Es una mala política financiera reducir los salarios, ya que también reduce el poder adquisitivo. Si uno cree que el liderazgo conlleva responsabilidad, entonces parte de esa responsabilidad consiste en procurar que aquellos a quienes uno lidera tengan una oportunidad adecuada de ganarse la vida. Las finanzas no solo comprenden los beneficios o la solvencia de una empresa; comprenden también la cantidad de dinero que la empresa devuelve a la comunidad a través de los salarios. Esto no significa caridad. Los salarios adecuados no son caridad. Simplemente se trata de que no puede decirse que una empresa es estable si no está tan bien dirigida que puede permitirle a un hombre la oportunidad de hacer una gran cantidad de trabajo y ganar así un buen salario.

Hay algo sagrado en los salarios: representan los hogares y las familias y los destinos nacionales. La gente debe andarse con mucho cuidado cuando se trata de salarios. En la hoja de costos, los salarios son meras cifras; en el mundo exterior, los salarios son cajas de pan y cubos de carbón, cunas para bebés y educación para niños: son las comodidades y la alegría de las familias. Por otro lado, hay algo igual de sagrado en el capital que se utiliza para proporcionar los medios por los que el trabajo puede hacerse productivo. Desangrar nuestras industrias hasta agotarlas no beneficia a nadie. Un taller que emplea a miles de hombres es tan sagrado como un hogar. El taller es el sostén de todas las cosas buenas que el hogar representa. Si queremos que el hogar sea feliz, hay que ingeniárselas para mantener activo el taller. Toda la justificación de los beneficios obtenidos por el taller reside en que se utilizan para hacer doblemente seguros los hogares que dependen de ese taller, y para crear más puestos de trabajo para otros hombres. Si las ganancias van a engrosar una fortuna personal, es una cosa; si van a proporcionar una base más sólida para el negocio, mejores condiciones de trabajo, mejores salarios, más empleo... esa es otra cosa muy distinta. El capital así empleado no debe ser manipulado a la ligera. Está al servicio de todos, aunque pueda estar bajo la dirección de uno.

Los beneficios pertenecen a tres ámbitos: pertenecen al negocio, para mantenerlo estable, progresivo y sólido. Pertenecen a los hombres que ayudaron a producirlos. Y pertenecen también, en parte, al público. Un negocio exitoso es beneficioso para estos tres intereses: planificador, productor y comprador.

Las personas cuyas ganancias son excesivas cuando se miden desde cualquier punto de vista sensato deberían ser las primeras en bajar los precios. Pero nunca lo son. Trasladan todos los costos adicionales hasta que el recargo completo es soportado por el consumidor; y además de eso cobran al consumidor un porcentaje sobre los recargos. Su filosofía de negocios completa es: "Ingresa mientras el ingreso sea bueno". Son los especuladores, los explotadores, el elemento negativo que siempre está perjudicando a los negocios legítimos. No se puede esperar nada de ellos. No tienen visión. No ven más allá de sus cajas registradoras.

Estas personas hablan con más facilidad de recortar un 10 o un 20 por ciento los salarios que de recortar un 10 o un 20 por ciento los beneficios. Pero un hombre de negocios, estudiando la comunidad entera en todos sus intereses y deseando servir a esa comunidad, debería ser capaz de contribuir a la estabilidad.

Ha sido nuestra política de siempre tener disponible una gran cantidad de dinero en efectivo: el saldo de caja de los últimos años ha estado habitualmente por encima de los cincuenta millones de dólares. Está depositado en bancos de todo el país, no pedimos prestado pero hemos constituido líneas de crédito, de modo que si quisiéramos podríamos recaudar una gran cantidad de dinero en préstamos bancarios. Pero mantener la reserva de efectivo hace innecesario el endeudamiento: nuestra provisión es solo para estar preparados para enfrentar una emergencia. No tengo ningún prejuicio en contra del endeudamiento apropiado. Es solo que no quiero correr el riesgo de que el control de la empresa, y con él la idea particular de servicio a la que estoy entregado, esté en otras manos.

Una parte considerable de las finanzas consiste en la superación de la estacionalidad de las operaciones. El flujo de dinero debe ser casi continuo. Para trabajar de manera rentable uno debe trabajar de manera estable. El cierre implica un gran despilfarro. Supone el despilfarro de hombres desempleados, el despilfarro de equipamiento desempleado, y el despilfarro de ventas futuras limitadas por los altos precios de la producción interrumpida. Ese fue uno de los problemas que tuvimos que enfrentar. No podíamos fabricar coches para almacenarlos durante los meses de invierno cuando las compras son menores que en la primavera o el verano. ¿Dónde o cómo podría alguien almacenar medio millón de coches? Y si se almacenaban, ¿cómo podían distribuirse en la época de mayor demanda? ¿Y quién iba a encontrar el dinero para mover esa cantidad de coches, incluso si podían ser almacenados?

El trabajo estacional es duro para la plantilla. Los buenos mecánicos no aceptan trabajos que solo son buenos para un período del año. Trabajar a plena capacidad los doce meses del año garantiza trabajadores competentes, implanta una organización de fabricación permanente y mejora continuamente el producto: los hombres de la fábrica, a través de un servicio ininterrumpido, se familiarizan más con las operaciones.

La fábrica debe construir, el departamento de ventas debe vender, y el distribuidor debe comprar coches a lo largo de todo el año, si cada uno de ellos quiere sacarle el máximo rendimiento posible al negocio. Si el comprador minorista no se plantea comprar salvo en "temporadas", hay que llevar a cabo una campaña de educación que demuestre que el coche vale para todo el año y no solo para una temporada concreta. Y mientras se lleva a cabo la campaña de educación, el fabricante debe construir, y el distribuidor debe comprar, en previsión del negocio.

Fuimos los primeros dentro del negocio del automóvil en enfrentar el problema. La venta de coches Ford es una propuesta de mercado. En los tiempos en que cada coche se construía bajo pedido y 50 coches eran una gran producción era razonable esperar a la venta antes de hacer el pedido. El fabricante esperaba el pedido antes de empezar a fabricar.

Nos dimos cuenta muy pronto de que no podíamos hacer negocios bajo pedido. La fábrica no podía construirse lo suficientemente grande (aunque fuera deseable) como para fabricar entre marzo y agosto todos los coches que se pedían en esos meses. Por lo tanto, hace años se inició la campaña de educación para demostrar que un Ford no era un lujo de verano, sino una necesidad para todo el año. Paralelamente a ella vino la educación del concesionario en el conocimiento de que, incluso si no vendía tantos coches en invierno como en verano, le rentaba abastecerse en invierno para el verano y así poder hacer la entrega inmediatamente. Ambos planes han funcionado; en la mayor parte del país los automóviles se usan casi tanto en invierno como en verano. Se ha comprobado que funcionan con nieve, hielo o barro: en cualquier circunstancia. De ahí que las ventas de invierno estén en constante crecimiento y que en parte se haya liberado al distribuidor de la demanda estacional. Y a él le resulta rentable comprar por adelantado en previsión de necesidades. Así que no tenemos estaciones en la planta; la producción, hasta el último par de años, ha sido continua salvo por los cierres anuales para inventario. Tuvimos una interrupción durante el período de depresión extrema, pero fue una interrupción que se hizo necesaria en el proceso de reajustarnos nosotros mismos a las condiciones del mercado.

Con el fin de alcanzar una producción continua y por tanto una rotación continua de dinero hemos tenido que planificar nuestras operaciones con extremo cuidado. El plan de producción se elabora cuidadosamente cada mes entre los departamentos de ventas y de producción, con el objeto de producir suficientes coches como para que las importaciones en tránsito se hagan cargo de los pedidos ya realizados. Al principio, cuando montábamos y enviábamos los coches, esto era de la mayor importancia porque no teníamos espacio en el que almacenar los coches terminados. Ahora enviamos piezas en lugar de coches y solo montamos los necesarios para el distrito de Detroit. Eso no hace menos importante la planificación, ya que si la corriente de producción y la corriente de pedidos no son aproximadamente iguales estaríamos o bien atascados con piezas sin vender, o bien retrasados en nuestros pedidos. Cuando estás produciendo las piezas para hacer 4.000 coches al día, basta un pequeñísimo descuido de sobrestimar los pedidos para acumular un inventario acabado que asciende a millones. Eso convierte al equilibrio de las operaciones en un asunto sumamente delicado.

Con el fin de obtener el beneficio adecuado en nuestro estrecho margen debemos tener una rápida rotación. Hacemos coches para vender, no para almacenar, y la producción no vendida de un mes se convertiría en una suma cuyos intereses serían enormes por sí solos. La producción se planea con un año de anticipación y el número de coches a fabricar cada mes del año está previsto, ya que por supuesto es un gran problema tener las materias primas y aquellas piezas que todavía compramos en el exterior fluyendo en consonancia con la producción. Ya no podemos permitirnos almacenar grandes cantidades de acabados más de lo que podemos permitirnos almacenar materias primas. Todo tiene que moverse con rapidez. Y algunas veces nos hemos librado por los pelos. Hace algunos años, la planta de la *Diamond Manufacturing Company* se quemó. Estaban fabricando piezas de radiador para nosotros y las piezas de latón: tubos y piezas de fundición. Teníamos que actuar con rapidez o asumir una gran pérdida. Reunimos a los jefes de todos nuestros departamentos, los patronistas y los diseñadores. Trabajaron entre veinticuatro y cuarenta y ocho horas de un tirón. Hicieron nuevos patrones; la *Diamond Company* arrendó una planta e introdujo algo de maquinaria a toda prisa. Nosotros acondicionamos el resto del equipamiento por ellos y en veinte días estaban enviando de nuevo. Teníamos suficiente stock disponible para salir del paso, digamos, siete u ocho días, pero ese incendio nos impidió enviar coches durante diez o quince días. Si no hubiera sido por nuestro stock anticipado nos habría tenido parados veinte días, y nuestros gastos se habrían disparado.

Por repetirlo. El lugar en el que financiarse es el taller. Nunca nos ha fallado, y una vez, cuando se creyó que estábamos mal de dinero, sirvió para demostrar de manera bastante concluyente hasta qué punto se controlan mejor las finanzas desde dentro que desde fuera.

CAPÍTULO XII
DINERO: ¿AMO O SIRVIENTE?

En diciembre de 1920, los negocios de todo el país estaban en un compás de espera. Se cerraban más plantas de automóviles de las que se abrían y buena parte de las que cerraban estaban completamente en manos de los banqueros. Surgieron rumores de mala situación financiera que afectaban a casi todas las empresas industriales, y empecé a preocuparme cuando se empezó a insistir en que la *Ford Motor Company* no solo necesitaba dinero, sino que no podía conseguirlo. Me he acostumbrado a escuchar todo tipo de rumores sobre nuestra empresa; tanto es así, que hoy en día rara vez desmiento cualquier clase de rumor. Pero estas informaciones diferían de todas las anteriores. Eran muy exactas y detalladas. Me enteré de que había superado mis prejuicios contra el endeudamiento y que se me podía encontrar casi a diario en Wall Street, sombrero en mano, pidiendo dinero. Y el rumor iba más allá y aseguraba que nadie iba a darme dinero y que tendría que quebrar y abandonar el negocio.

Es cierto que tuvimos un problema. En 1919 habíamos pedido prestados 70 millones de dólares en obligaciones para comprar el paquete accionarial completo de la *Ford Motor Company*. Teníamos aún 33 millones de dólares pendientes de pago de ese préstamo. Teníamos pendientes con el gobierno 18 millones en impuestos sobre la renta vencidos o a punto de vencer, y también teníamos previsto pagar la bonificación anual habitual a los trabajadores, que ascendía a 7 millones. En conjunto, entre el 1 de enero y el 18 de abril de 1921 teníamos pagos pendientes por un total de 58 millones de dólares. Solamente teníamos 20 millones en el banco. Nuestro balance era más o menos de dominio público y supongo que se daba por sentado que no podríamos reunir los 38 millones necesarios sin endeudarnos. Y ello porque se trataba de una cantidad bastante grande de dinero. Sin la ayuda de Wall Street, una suma semejante no podía reunirse fácil y rápidamente. Estábamos perfectamente bien para solicitar ese dinero. Dos años antes habíamos pedido prestados 70 millones de dólares. Y puesto que toda nuestra propiedad estaba libre de cargas y no teníamos deudas comerciales, en condiciones normales la cuestión de prestarnos una gran suma no hubiera dependido de la coyuntura. De hecho, habría sido un buen negocio bancario.

No obstante, empecé a ver que nuestra necesidad de dinero se estaba propagando diligentemente como una evidencia de fracaso inminente. Entonces empecé a sospechar que, aunque los rumores llegaban en despachos informativos desde todo el país, tal vez pudieran rastrearse hasta una sola fuente. Esta creencia se reforzó aún más cuando nos informaron de que un editor financiero muy gordo estaba en Battle Creek enviando boletines acerca de la gravedad de nuestra situación financiera. Por lo tanto, tuve cuidado de no desmentir un solo rumor. Habíamos hecho nuestros planes financieros y no incluían pedir dinero prestado.

No puedo exagerar el énfasis en que el peor momento para pedir dinero prestado es cuando los banqueros piensan que necesitas dinero. En el capítulo anterior he esbozado nuestros principios financieros. Simplemente aplicamos esos principios. Planeamos una limpieza exhaustiva de la casa.

Retrocedamos un poco y veamos cuáles eran las circunstancias. A lo largo de los primeros meses de 1920 llegaron los primeros indicios de que el febril negocio especulativo engendrado por la guerra no iba a proseguir. Algunos proyectos que habían surgido de la guerra y que no tenían verdadera razón de ser fracasaron. La gente ralentizó sus compras. Nuestras propias ventas se mantuvieron estables, pero sabíamos que tarde o temprano caerían. Pensé seriamente en reducir precios, pero los costos de fabricación estaban fuera de control en todas partes. La mano de obra rendía cada vez menos a cambio de salarios altos. Los proveedores de materia prima se negaban incluso a pensar en volver a la Tierra. Los muy evidentes indicios de tormenta pasaron bastante inadvertidos.

En junio, nuestras propias ventas comenzaron a verse afectadas. Crecieron menos y menos cada mes desde junio hasta septiembre. Teníamos que hacer algo para acercar nuestro producto al poder adquisitivo de la población, y no solo eso, teníamos que hacer algo lo suficientemente drástico como para demostrar a la población que estábamos jugando realmente en serio y no solo aparentando. Por lo tanto, en septiembre recortamos el precio del turismo de 575 $ a 440 $. Rebajamos el precio muy por debajo del costo de producción, ya que seguíamos fabricando con el stock comprado a precios de auge. La rebaja creó una sensación considerable. Recibimos un buen número de críticas. Se dijo que estábamos alterando las circunstancias. Eso es exactamente lo que tratábamos de hacer. Quisimos hacer nuestra parte para encauzar los precios desde un nivel artificial hasta uno natural. Soy de la firme opinión de que, si en ese momento o antes todos los fabricantes y los distribuidores hubieran acometido recortes drásticos en sus precios y hubieran llevado a cabo limpiezas exhaustivas de sus casas, no hubiéramos tenido una depresión económica tan prolongada. Plantarse a la espera de conseguir precios más altos simplemente retrasó el ajuste. Nadie ha conseguido los precios más altos que esperaba, y si las pérdidas se hubieran asumido todas de una vez, no solo la capacidad productiva y adquisitiva del país habría llegado a armonizarse, sino que habríamos podido evitar este largo período de inactividad general. Plantarse a la espera de precios más altos solo provocó mayores pérdidas, porque los que lo hicieron tuvieron que pagar los intereses de sus stocks a precios altos y perdieron también las ganancias que podrían haber obtenido trabajando sobre una base razonable. El desempleo interrumpió la distribución de los salarios, de modo que comprador y vendedor se alejaron cada vez más. Se habló con mucho frenesí de organizarse para proporcionar grandes créditos a Europa, con la intención oculta de colocar así los stocks a precios altos. Por supuesto, las propuestas no fueron descritas de un modo tan crudo, y creo que mucha gente creía sinceramente que si se ofrecía un gran crédito al extranjero, incluso sin esperanzas de devolución del principal o de los intereses, las empresas estadounidenses se verían de alguna forma beneficiadas. Es cierto que si estos créditos hubieran sido captados por bancos norteamericanos, los que tenían stocks a precios altos podrían haber conseguido deshacerse de ellos con beneficio, pero los bancos habrían adquirido tanto crédito congelado que más parecerían neveras que bancos. Supongo que aferrarse a la posibilidad de obtener beneficios hasta el último momento es natural, pero no es un buen negocio.

Nuestras propias ventas remontaron después del recorte, pero pronto empezaron a desplomarse de nuevo. No penetramos lo suficiente en el poder adquisitivo del país como para facilitar la compra. Los precios minoristas en general no habían tocado fondo. El público desconfiaba de todos los precios. Dispusimos nuestros planes para otro recorte y mantuvimos nuestra producción en torno a cien mil coches al mes. Esta producción no estaba avalada por nuestras ventas, pero queríamos tener la mayor cantidad posible de nuestra materia prima transformada en producto acabado antes de cerrar. Sabíamos que íbamos a tener que cerrar para hacer un inventario y empezar de nuevo. Queríamos abrir con otro gran recorte y tener coches disponibles para atender la demanda. Así los nuevos coches se podrían construir con material comprado a precios más bajos. Decidimos alcanzar precios más bajos.

Cerramos en diciembre con la intención de abrir de nuevo en unas dos semanas. Encontramos tantas cosas que hacer que en realidad estuvimos casi seis semanas sin abrir. En el momento en que cerramos los rumores acerca de nuestra situación financiera se volvieron más y más activos. Sé que muchísima gente esperaba que tuviéramos que salir en busca de dinero, ya que, si estábamos buscando dinero, entonces tendríamos que llegar a acuerdos. No pedimos dinero. No queríamos dinero. Tuvimos una oferta de dinero. Un funcionario de un banco de Nueva York vino a mí con un plan financiero que incluía un gran préstamo y en el que también se incluía un acuerdo por el cual un representante de los banqueros actuaría como tesorero y se haría cargo de las finanzas de la empresa. Esa gente tenía bastante buena intención, estoy muy seguro. No queríamos pedir dinero prestado, pero dio la casualidad de que en ese momento estábamos sin tesorero. Hasta ese punto los banqueros habían advertido correctamente nuestra situación. Le propuse a mi hijo Edsel ser tesorero, así como presidente de la compañía. Eso solucionó el asunto del tesorero, así que no había nada en absoluto que los banqueros pudieran hacer por nosotros.

Entonces comenzamos nuestra limpieza exhaustiva. Durante la guerra habíamos acometido muchas clases de trabajos de guerra, y por tanto nos habíamos visto obligados a abandonar nuestro principio de un solo producto. Esto había resultado en la incorporación de muchos departamentos nuevos. El personal de oficina se había ampliado y mucho del despilfarro derivado de la producción dispersa había impregnado nuestra organización. El trabajo de guerra es trabajo precipitado y es trabajo malgastador. Comenzamos deshaciéndonos de todo lo que no contribuía a la producción de coches.

El único pago inmediato programado era el puramente voluntario de un bono de siete millones de dólares para nuestros trabajadores. No había obligación de pagar, pero queríamos pagar el primero de enero. Eso lo pagamos con nuestro dinero disponible en efectivo.

Tenemos treinta y cinco sucursales en todo el país. Son todas plantas de montaje, pero en veintidós de ellas también se fabrican piezas. Habían interrumpido la fabricación de piezas pero siguieron montando coches. En el momento de cerrar prácticamente no teníamos coches en Detroit. Habíamos distribuido todas las piezas, y durante enero los distribuidores de Detroit tuvieron que ir hasta sitios tan lejanos como Chicago o Columbus para conseguir coches para las necesidades locales. Las sucursales despachaban a cada distribuidor, conforme a su cuota anual, coches suficientes para cubrir aproximadamente las ventas de un mes. Los distribuidores trabajaron duro en las ventas. Durante la segunda quincena de enero reunimos una organización esqueleto de cerca de diez mil hombres, en su mayoría capataces, sub-capataces y supervisores, y pusimos Highland Park a producir. Cobramos nuestras cuentas en el extranjero y vendimos nuestros subproductos.

Entonces estuvimos listos para la producción completa. Y gradualmente nos acercamos a la producción completa (sobre una base rentable). La limpieza de la casa acabó con el despilfarro que había causado los precios altos y absorbido el beneficio. Liquidamos las cosas inútiles. Con anterioridad habíamos empleado quince hombres por coche y día. Posteriormente empleábamos nueve por coche y día. Esto no significaba que seis de cada quince hombres perdieran sus puestos de trabajo. Solo dejaban de ser improductivos. Hicimos ese recorte aplicando la regla de que todo y todos debían producir o marcharse.

Redujimos nuestro personal de oficina a la mitad y a la otra mitad le ofrecimos puestos mejores en los talleres. La mayoría de ellos aceptaron los puestos de trabajo. Abolimos cada formulario de pedido y cada reporte estadístico que no ayudara directamente a la producción de un coche. Habíamos estado recopilando toneladas de estadísticas porque eran interesantes. Pero las estadísticas no iban a construir automóviles, así que nos deshicimos de ellas.

Prescindimos del 60 por ciento de nuestras extensiones telefónicas. Relativamente pocos hombres de cualquier organización necesitan teléfonos. Anteriormente teníamos un capataz por cada cinco hombres; ahora tenemos un capataz por cada veinte hombres. Los otros capataces están trabajando en las máquinas.

Hemos recortado los gastos generales de 146 dólares por coche a 93 dólares por coche, y cuando te das cuenta de lo que esto significa en más de cuatro mil coches al día te haces una idea de cómo es posible lograr un precio "imposible": no mediante economía, ni mediante recortes salariales, sino mediante la eliminación de los despilfarros.

Lo más importante de todo, descubrimos cómo utilizar menos dinero en nuestro negocio al acelerar la rotación. Y para aumentar la tasa de rotación, uno de los factores más importantes fue el Ferrocarril Detroit, Toledo & Ironton, que compramos. El ferrocarril tuvo un papel destacado en la estrategia de economía. Al ferrocarril en sí le he dedicado otro capítulo.

Descubrimos, después de experimentar un poco, que el servicio de carga y transporte se podía mejorar lo suficiente como para reducir el ciclo de fabricación de veintidós a catorce días. Es decir, que la materia prima podía comprarse, fabricarse, y el producto final ponerse en manos del distribuidor en (más o menos) el 33 por ciento menos de tiempo que antes. Habíamos estado manejando un inventario de alrededor de 60 millones dólares para asegurar una producción ininterrumpida. Reducir el tiempo en un tercio liberó 20 millones de dólares, o 1,2 millones al año en intereses. Computando el inventario final, ahorramos aproximadamente 8 millones de dólares más; es decir, fuimos capaces de liberar 28 millones de dólares en capital y ahorrar los intereses sobre esa cantidad.

El 1 de enero teníamos 20 millones de dólares. El 1 de abril teníamos 87.300.000 dólares, o 27.300.000 dólares más de lo que necesitábamos para liquidar toda nuestra deuda. ¡Eso es lo que supuso para nosotros meternos de lleno en el negocio! Esta cantidad llegó hasta nosotros desglosada del siguiente modo:

Efectivo disponible en enero:	20 millones $
Existencias disponibles convertidas en efectivo en el 1er trim.:	24,7 millones $
Acelerar el tránsito de mercancías liberó	28 millones $
Recaudado de concesionarios en el extranjero:	3 millones $
Venta de subproductos:	3,7 millones $
Venta de Liberty Bonds [Bonos de Guerra]:	7,9 millones $
TOTAL:	**87.300.000 $**

Ahora bien, he hablado de todo esto no para hacer gala de una proeza, sino para señalar cómo una empresa puede encontrar recursos en sí misma en lugar de endeudarse, y también para empezar a pensar un poco acerca de que tal vez las características de nuestro dinero puedan estar primando el endeudamiento y confiriendo así a los banqueros un papel demasiado relevante en la vida.

Podríamos haber pedido prestados 40 millones de dólares, incluso más si hubiéramos querido. Supongamos que los hubiéramos pedido, ¿qué habría ocurrido? ¿Estaríamos en mejores condiciones para continuar con nuestro negocio? ¿O en condiciones peores? Si nos hubiéramos endeudado no habríamos tenido la necesidad de encontrar métodos para abaratar la producción. Si hubiéramos sido capaces de obtener el dinero a un 6 por ciento fijo (y habríamos tenido que pagar más que eso en comisiones y similares), solo la carga de intereses en una producción anual de 500.000 coches habría ascendido a cerca de cuatro dólares por coche. Y por tanto estaríamos ahora sin el beneficio de una mejor producción y cargados con una pesada deuda. Nuestros coches probablemente costarían alrededor de cien dólares más de lo que cuestan; así que tendríamos una producción menor, pues no podríamos tener tantos compradores; emplearíamos menos hombres, y, en resumen, no seríamos capaces de servir al máximo. Advertirán que los financieros propusieron remediar la situación prestando dinero y no mejorando los métodos. Ellos no sugirieron contratar a un ingeniero; querían contratar a un tesorero.

Y aquí reside el peligro de tener banqueros en los negocios. Ellos piensan únicamente en términos de dinero. Piensan que una fábrica produce dinero, no mercancías. Ellos quieren vigilar el dinero, no la eficiencia de la producción. No pueden comprender que un negocio nunca se detiene, que debe avanzar o retroceder. Consideran una reducción de precios como un derroche de beneficios, en lugar de como el cimiento del negocio.

Los banqueros desempeñan un papel exageradamente importante en la conducción de la industria. La mayoría de hombres de negocios reconocen este hecho en privado. Rara vez lo reconocerían públicamente porque tienen miedo de sus banqueros. Se requiere menos habilidad para hacer una fortuna a base de dinero que a base de producción. El banquero exitoso medio no es en ningún aspecto tan inteligente y tan competente como el hombre de negocios exitoso medio. Aun así, el banquero controla en la práctica al hombre de negocios medio a través de su control del crédito.

Los banqueros han experimentado un gran apogeo en los últimos quince o veinte años, y especialmente desde la guerra, y el Sistema de Reserva Federal puso durante un tiempo en sus manos un suministro casi ilimitado de crédito. El banquero es, como ya he señalado, por formación y por su posición, totalmente inadecuado para conducir la industria. Si, por lo tanto, los reguladores del crédito han adquirido últimamente este gran poder, ¿no debería tomarse como un indicio de que algo va mal en un sistema financiero que otorga el papel predominante de la industria a la financiación en lugar de al servicio? No fue la perspicacia industrial de los banqueros la que los llevó a dirigir la industria. Todo el mundo estará de acuerdo con eso. Fueron empujados a ello, se quiera o no, por el propio sistema. Por lo tanto, yo personalmente quiero averiguar si estamos operando bajo el mejor sistema financiero.

Ahora bien, permítanme decir de una vez que mi objeción a los banqueros no tiene nada que ver con personalidades. Yo no estoy en contra de los banqueros como tales. Estamos muy necesitados de hombres juiciosos expertos en finanzas. El mundo no puede seguir adelante sin servicios bancarios. Tenemos que tener dinero. Tenemos que tener crédito. De lo contrario, los frutos de la producción no pueden intercambiarse. Tenemos que tener capital. Sin él no puede haber producción. Pero saber si hemos basado nuestra banca y nuestro crédito en la base correcta es una cuestión bien diferente.

No es mi intención atacar a nuestro sistema financiero. Mi postura no es la de alguien que ha sido vencido por el sistema y quiere venganza. Lo que hagan los banqueros no tiene la menor relevancia personal para mí porque hemos sido capaces de manejar nuestros asuntos sin ayuda financiera externa. Mi indagación no está motivada en absoluto por ningún motivo personal. Solo quiero saber si se está procurando el mayor bien para la mayoría.

Ningún sistema financiero que favorezca a una clase de productores sobre otra es bueno. Queremos averiguar si es o no posible acabar con el poder que no esté fundamentado en la creación de riqueza. Cualquier tipo de legislación de clase es perniciosa. Creo que la producción del país ha cambiado tanto en sus métodos que el oro no es el mejor medio con el que puede medirse, y que el patrón oro como control del crédito, tal y como está ahora administrado (y creo que inevitablemente), proporciona ventajas de clase. El límite último del crédito es la cantidad de oro del país, independientemente de la cantidad de riqueza del país.

Yo no estoy preparado para dogmatizar sobre el tema del dinero o del crédito. Por lo que al dinero y al crédito se refiere, nadie sabe todavía lo suficiente sobre ellos para dogmatizar. La cuestión entera tendrá que dilucidarse como tienen que dilucidarse todas las demás cuestiones de importancia real, esto es, a través de experimentación cuidadosa y bien fundamentada. Y yo no estoy dispuesto a ir más allá de experimentos cautelosos. Tenemos que proceder paso a paso y con mucho cuidado. La cuestión no es política, es económica, y estoy completamente seguro de que ayudar a la gente a pensar sobre este asunto resulta totalmente ventajoso. La gente no actuará sin el conocimiento adecuado, y por tanto no provocará un desastre, si se hace un esfuerzo sincero para proveerla de conocimiento. La cuestión del dinero ocupa el primer lugar en multitud de mentes en todas las escalas del poder. Pero un simple vistazo a la mayoría de los sistemas de reforma integral muestra lo contradictorios que son. La mayoría de ellos, para empezar, dan por supuesta la honestidad en la humanidad, lo que, por supuesto, es un defecto fundamental. Incluso nuestro actual sistema funcionaría espléndidamente si todos los hombres fueran honestos. En realidad, la cuestión del dinero radica en un 95 por ciento en la naturaleza humana; y un sistema exitoso debe verificar la naturaleza humana, no depender de ella.

La gente está meditando acerca de la cuestión del dinero; y si los amos del dinero tienen cualquier información que creen que la gente debe tener para evitar que vayan por el mal camino, ahora es el momento de proporcionársela. Los tiempos en que el miedo a la restricción de crédito servía de algo, o en que las consignas de palabrería intimidaban, están rápidamente quedando atrás. Las personas son conservadoras por naturaleza. Son más conservadoras que los financieros. Los que piensan que las personas son tan fácilmente dirigibles que accederán a que las imprentas empiecen a imprimir dinero como cupones de leche no las entienden. Es la innata moderación de la gente la que ha mantenido nuestro dinero a salvo a pesar de los fantásticos trucos que ejecutan los financieros, y que encubren bajo términos altamente técnicos.

La gente está a favor del dinero estable. Está tan inalterablemente a favor del dinero estable que es un tema serio saber cómo considerarían el sistema bajo el que viven, si alguna vez supieran lo que los iniciados pueden hacer con él.

El sistema monetario actual no cambiará a través de discursos ni de sensacionalismo político o experimentación económica. Va a cambiar bajo la presión de las circunstancias: circunstancias que no podemos controlar y presión que no podemos controlar. Esas circunstancias son ahora las nuestras; esa presión está ahora sobre nosotros.

Debe ayudarse a la gente a pensar en el dinero de forma natural. Debe informárseles de lo que es, y lo que hace que sea dinero, y cuáles son los posibles trucos del sistema actual que sitúan a naciones y pueblos bajo el control de unos pocos.

El dinero, después de todo, es extremadamente simple. Forma parte de nuestro sistema de transporte. Es un método simple y directo de transportar mercancías desde una persona a otra. El dinero es en sí mismo la cosa más admirable. Es esencial. No es intrínsecamente malo. Es uno de los mecanismos más útiles de la vida social. Y cuando hace lo que está previsto que haga, es todo ayuda y no impedimento.

Pero el dinero debería ser siempre dinero. Un pie son siempre doce pulgadas, pero ¿cuándo un dólar es un dólar? Si los pesos de la tonelada cambiaran en el depósito de carbón, y las medidas del cuarto de fanega cambiaran en la tienda de comestibles, y las varas de medir tuvieran un día 42 pulgadas y al otro 33 pulgadas (por algún proceso misterioso llamado "canje") la gente le pondría remedio increíblemente pronto. Cuando un dólar no siempre es un dólar, cuando el dólar de 100 centavos se convierte en el dólar 65 centavos, y luego en el dólar de 50 centavos, y después en el dólar de 47 centavos, como pasaba con los buenos viejos dólares de oro y plata americanos, ¿de qué sirve decir a gritos "dinero barato", "dinero depreciado"? Que un dólar se mantenga en 100 centavos es tan necesario como que una libra se mantenga en 16 onzas y que una yarda se mantenga en 36 pulgadas.

Los banqueros que hacen banca honesta deberían considerarse a sí mismos de forma natural los primeros hombres a examinar y comprender nuestro sistema monetario, en vez de contentarse con la maestría en los métodos bancarios locales; y si privaran a los tahúres de saldos bancarios del apelativo "banquero" y los expulsaran de una vez por todas del lugar de influencia que les da ese nombre, el negocio bancario sería restaurado y se establecería como el servicio público que debe ser, y las iniquidades del actual sistema monetario y los mecanismos financieros dejarían de recaer sobre los hombros de la gente.

Hay un "pero" aquí, por supuesto. Pero no es insuperable. Las cosas están llegando a un atolladero tal como van, y si los que poseen habilidades técnicas no se comprometen a poner solución al asunto, los que carecen de esas habilidades podrían intentar hacerlo. No hay nada más estúpido para cualquier clase social que asumir que el progreso es un ataque contra ella. El progreso es solo un llamamiento a aportar su experiencia para el progreso general. Solamente los imprudentes intentan obstruir el progreso y se convierten así en sus víctimas. Todos nosotros estamos aquí juntos, todos nosotros debemos avanzar juntos; es completamente estúpido que cualquier hombre o clase albergue resentimiento por la agitación del progreso. Si los financieros creen que el progreso es solo la inquietud de las personas de mente débil, si consideran todas las sugerencias de mejora como una bofetada personal, entonces están adoptando una postura que prueba más que cualquier otra cosa su incapacidad para mantener su liderazgo.

Si el defectuoso sistema actual es más rentable para un financiero que un sistema más perfecto, y si ese financiero tiene en más alta estima los pocos años de beneficios personales que le quedan que el honor de hacer una contribución a la vida del mundo ayudando a erigir un sistema mejor, entonces no hay forma de evitar un choque de intereses. Pero es justo decirles a los intereses financieros egoístas que, si libran su lucha para perpetuar el sistema solo porque les beneficia, entonces su lucha está perdida de antemano. ¿Por qué deberíamos financiar el miedo? El mundo seguirá estando aquí. Los hombres harán negocios entre sí. Habrá dinero y habrá necesidad de especialistas en el funcionamiento del dinero. Nada va a desaparecer, salvo los nudos y los enredos. Habrá algunos reajustes, por supuesto. Los bancos no seguirán siendo los amos de la industria. Serán los sirvientes de la industria. Los negocios controlarán el dinero en lugar de que el dinero controle los negocios. El ruinoso sistema de interés será en gran medida reformado. El negocio bancario no será un riesgo, sino un servicio. Los bancos comenzarán a hacer mucho más por la gente de lo que hacen en la actualidad, y en lugar de ser los negocios más caros de gestionar del mundo, y los de mayor rentabilidad en materia de dividendos, se volverán menos costosos, y los beneficios de su funcionamiento se destinarán a la comunidad a la que sirven.

Dos hechos del viejo orden son fundamentales. Primero: que dentro de la propia nación la tendencia en lo que respecta al control financiero es ir hacia instituciones bancarias centralizadas más grandes, ya sea un banco gubernamental o un grupo estrechamente vinculado de financieros privados. En todas las naciones hay siempre asegurado un control del crédito por parte de intereses privados o semipúblicos. Segundo: en el mundo en su conjunto está vigente la misma tendencia centralizadora. Un crédito americano está bajo el control de los intereses de Nueva York, al igual que antes de la guerra el crédito mundial se controlaba en Londres: la libra esterlina británica era el patrón de intercambio para el comercio mundial.

Hay dos métodos de reforma posibles para nosotros, uno empieza en la base y el otro empieza en la cúpula. El último es el más ordenado, el primero se está ensayando en Rusia. Si nuestra reforma comienza por la cúpula exigirá una visión social y un fervor altruista de una sinceridad y una intensidad que es totalmente incompatible con la astucia egoísta.

La riqueza del mundo no consiste ni está adecuadamente representada por el dinero del mundo. El oro en sí no es una mercancía valiosa. No es más riqueza de lo que los tickets del ropero son ropa. Pero puede usarse de ese modo, como la representación de la riqueza, para otorgar a sus propietarios o controladores las riendas del crédito que precisan los verdaderos productores de riqueza. Negociar con el dinero, la mercancía de intercambio, es un negocio muy lucrativo. Cuando el propio dinero se convierte en un artículo de comercio que se compra y se vende antes de que pueda moverse o intercambiarse la verdadera riqueza, se permite así que los usureros y los especuladores establezcan un impuesto sobre la producción. Se aprecia lo potente que es la sujeción que los controladores del dinero son capaces de ejercer sobre las fuerzas productivas cuando se recuerda que, aunque se supone que el dinero representa la verdadera riqueza del mundo, siempre hay mucha más riqueza que dinero, y la riqueza real a menudo se ve obligada a esperar al dinero, lo que conduce a la situación más paradójica: un mundo lleno de riqueza, pero que padece escasez.

Estos hechos no son meramente hechos fiscales que haya que transformar en cifras y dejar olvidados. Son inseparables del destino humano y sangran. La pobreza del mundo rara vez se debe a la falta de bienes, sino al "rigor dinerario". La competencia comercial entre naciones, que lleva a la rivalidad internacional y a la mala voluntad, que a su vez fomenta las guerras: estas son algunas de las significaciones humanas de estos hechos. Así, la pobreza y la guerra, dos grandes males prevenibles, crecen de una misma raíz.

Veamos si no puede hacerse un comienzo hacia un método mejor.

CAPÍTULO XIII
¿POR QUÉ SER POBRES?

La pobreza emerge de varias fuentes, de las cuales las más importantes son controlables. Lo mismo sucede con el privilegio especial. Creo que es totalmente factible abolir la pobreza y el privilegio especial, y no puede haber ninguna duda de que su abolición es deseable. Ambos son poco naturales, pero es al trabajo, no a la ley, al que tenemos que dirigirnos en busca de resultados.

Por pobreza me refiero a la falta de alimentos razonablemente suficientes, vivienda y ropa para un individuo o una familia. Tendrá que haber diferencias en los grados de sustento. Los hombres no son iguales ni mental ni físicamente. Cualquier plan que comienza con la suposición de que los hombres son o deberían ser iguales es antinatural y por tanto irrealizable. No puede haber un proceso factible o deseable de igualación a la baja. Un curso semejante solo promueve la pobreza, al hacerla universal en vez de excepcional. Forzar al productor eficiente a ser ineficiente no vuelve más eficiente al productor ineficiente. La pobreza solo puede ser eliminada por la abundancia, y en la actualidad hemos avanzado lo suficiente en la ciencia de la producción como para ser capaces de vislumbrar, como un desarrollo natural, el día en que la producción y la distribución serán tan científicas que todos puedan beneficiarse con arreglo a su capacidad y a su industria.

Los socialistas extremos fueron demasiado lejos en su razonamiento de que la industria aplastaría inevitablemente al trabajador. La industria moderna está elevando poco a poco al trabajador y al mundo. Solo necesitamos conocer mejor la planificación y los métodos. Los mejores resultados pueden ser y serán producidos por la iniciativa individual y el ingenio: por el liderazgo individual inteligente. El gobierno, dado que es esencialmente negativo, no puede proveer ayuda positiva a ningún programa realmente constructivo. Puede proveer ayuda negativa eliminando las trabas al progreso y dejando de ser una carga para la comunidad.

Las causas subyacentes de la pobreza, tal como yo las veo, se deben esencialmente al mal ajuste entre la producción y la distribución, entre la fuente de poder y su aplicación, tanto en industria como en agricultura. Los desperdicios debidos a la falta de ajuste son formidables. Todos estos desperdicios deben ceder ante el liderazgo inteligente consagrado al servicio. Mientras el liderazgo piense más en el dinero que en el servicio, los despilfarros continuarán. El despilfarro lo evitan los hombres con amplitud de miras, no los hombres miopes. Los hombres miopes piensan primero en el dinero. Ellos no advierten el despilfarro. Piensan en el servicio como algo altruista en vez de como la cosa más práctica del mundo. No pueden distanciarse lo suficiente de las cosas pequeñas como para ver las cosas importantes: para ver la cosa más importante de todas, que es que la producción oportunista desde el punto de vista exclusivamente dinerario es la menos rentable.

El servicio puede estar basado en el altruismo, pero ese tipo de servicio no suele ser el mejor. Lo sentimental hace tropezar a lo práctico.

No es que las empresas industriales sean incapaces de distribuir imparcialmente una parte de la riqueza que crean. Es simplemente que el desperdicio es tan grande que no hay una parte suficiente para todos los que participan, pese al hecho de que el producto se vende habitualmente a un precio tan alto que restringe su consumo máximo.

Consideremos algunos de los desperdicios. Consideremos los desperdicios de energía. El valle del Mississippi no tiene carbón. A través de su centro fluyen varios millones de caballos de potencia: el río Mississippi. Pero si la gente de la ribera del río quiere energía o calor, compra carbón que ha recorrido cientos de millas y que consecuentemente tiene que venderse muy por encima de su valor como fuente de calor o energía. O si no pueden permitirse comprar este carbón caro salen a talar árboles, con lo que se privan de una de las mejores protecciones frente a la fuerza del agua. Hasta hace poco nunca pensaron en la energía que tienen a mano que, casi por nada más que el costo inicial, podría calentar, iluminar, cocinar y trabajar para la enorme población que el valle está destinado a albergar.

La solución a la pobreza no reside en la economía personal, sino en una producción mejor. El "ahorro" y las ideas de "economía" se han saturado. La palabra "economía" representa un temor. El enorme y trágico hecho del desperdicio queda impreso en la mente por alguna circunstancia, por lo general del tipo más materialista. Se produce una reacción violenta contra el derroche: la mente asimila la idea de "economía". Pero solo planea desde un mal mayor a uno menor; no hace el recorrido completo desde el error hasta la verdad.

La economía es la norma de las mentes medio vivas. No puede haber ninguna duda de que es mejor que el desperdicio; tampoco puede haber ninguna duda de que no es tan buena como la utilidad. Las personas que se enorgullecen de su economía la toman por una virtud. Pero ¿qué hay más lamentable que una mente escuálida y pobre que pasa los días y los años buenos aferrándose a unos pocos trozos de metal? ¿Qué bien puede haber en restringir las necesidades de la vida a las más inmediatas? Todos conocemos "gente económica" que parece ser cicatera incluso con la cantidad de aire que respira y la cantidad de aprecio que se permite conceder a cualquier cosa. Se marchitan en cuerpo y alma. La economía es un desperdicio: es un desperdicio de los jugos de la vida, la savia de la vida. Porque hay dos tipos de desperdicio: el del pródigo que derrocha su sustancia en una vida desenfrenada, y el del gandul que permite que se pudra su sustancia por falta de uso. El economizador rígido corre el peligro de ser clasificado junto al perezoso. El derroche es generalmente una reacción a la supresión de gastos. La economía es probablemente una reacción al derroche.

Todo nos fue dado para usarlo. No hay mal que padezcamos que no provenga del mal uso. El peor pecado que podemos cometer contra las cosas de nuestra vida en común es hacer un mal uso de ellas. El "mal uso" es el término más amplio. Nos gusta decir "desperdicio", pero el desperdicio es solo una fase del mal uso. Todo desperdicio es mal uso; todo mal uso es desperdicio.

Es posible exagerar incluso el hábito de ahorro. Es apropiado y deseable que todo el mundo tenga una reserva; es realmente un desperdicio no tener ninguna (pudiendo tenerla). Pero puede exagerarse. Enseñamos a los niños a ahorrar su dinero. Eso tiene un valor como intento de contrarrestar el gasto imprudente y egoísta. Pero no es positivo; no conduce al niño a la senda segura y útil de la propia expresión y el gasto propio. Enseñarle a un niño a invertir y a ser útil es mejor que enseñarle a ahorrar. La mayoría de hombres que están ahorrando laboriosamente unos pocos dólares harían mejor invirtiendo esos pocos dólares: primero en sí mismos, y después en algún trabajo útil. Al final tendrían más que ahorrar. Los hombres jóvenes deben invertir en lugar de ahorrar. Deberían invertir en sí mismos para aumentar su valor creativo; después de haberse llevado a sí mismos a la cima de la utilidad, entonces habrá tiempo suficiente para pensar en dejar a un lado, como una política fija, una determinada parte sustancial de los ingresos. No "ahorras" cuando te impides a ti mismo ser más productivo. En realidad estás alejándote de tu máximo capital; estás reduciendo el valor de una de las inversiones de la naturaleza. El principio de utilidad es la verdadera guía. La utilidad es positiva, activa, vivificante. La utilidad está viva. La utilidad acrecienta la suma de bienes.

La necesidad personal puede evitarse sin cambiar la situación general. Los incrementos salariales, los incrementos de precios, los aumentos de beneficios, otras clases de aumentos diseñados para producir más dinero aquí o allá son solo intentos de tal o cual clase para huir de la quema, con independencia de lo que pueda pasarles a todos los demás. Existe la estúpida creencia de que basta con conseguir dinero para capear de alguna forma el temporal. La mano de obra cree que si puede conseguir un salario mayor puede capear el temporal. El capital piensa que si puede obtener más beneficios puede capear el temporal. Hay una fe patética en lo que el dinero puede hacer. El dinero es muy útil en circunstancias normales, pero el dinero no tiene más valor que el que las personas ponen en él al producir, y también puede ser desaprovechado. Puede ser tan supersticiosamente adorado como sustituto de la verdadera riqueza que destruya por completo su valor.

Persiste la idea de que existe un conflicto esencial entre la industria y la granja. No existe tal conflicto. Es absurdo decir que, puesto que las ciudades están superpobladas, todo el mundo debe regresar a la granja. Si todo el mundo lo hiciera, la agricultura como ocupación satisfactoria pronto declinaría. No es más sensato que todos acudan en manada a las ciudades industriales. Si se abandonaran las granjas, ¿de qué servirían los fabricantes? Puede existir reciprocidad entre la agricultura y la fabricación. El fabricante puede dar al agricultor lo que necesita para ser un buen agricultor, y el agricultor y otros productores de materias primas pueden dar el fabricante lo que necesita para ser un buen fabricante. Luego, con el transporte como mensajero, tendremos un sistema estable y razonable basado en el servicio. Si vivimos en comunidades más pequeñas donde la tensión de la vida no es tan alta, y donde los productos de campos y jardines pueden conseguirse sin la interferencia de tantos especuladores, habrá poca pobreza o inquietud.

Consideremos todo ese asunto del trabajo estacional. Tomemos la construcción como ejemplo de un gremio estacional. ¡Qué desperdicio de energía supone permitir que los constructores hibernen durante el invierno, a la espera de la temporada de construcción para volver a aparecer!

Y qué pérdida equivalente de habilidad supone obligar a los artesanos experimentados, que han ingresado en las fábricas para escapar de las pérdidas de la temporada de invierno, a permanecer en sus puestos de trabajo en la fábrica durante la temporada de construcción, porque tienen miedo de perder sus puestos en la fábrica a la vuelta del invierno. ¡Qué desperdicio ha supuesto este sistema de todo el año! Si el agricultor pudiera alejarse del taller para labrar su finca en las temporadas de siembra, cultivo y cosecha (que después de todo son solo una pequeña parte del año), y si el constructor pudiera alejarse del taller para ejercer su provechoso oficio en su temporada, cuánto mejor sería, y cuánto más suavemente marcharía el mundo.

¡Supongamos que en primavera y verano nos trasladáramos todos al aire libre y viviéramos la sana vida al aire libre durante tres o cuatro meses! No tendríamos "tiempos muertos".

La granja tiene su temporada floja. Para el agricultor ese es el momento de entrar en la fábrica y ayudar a producir las cosas que necesita para cultivar la tierra. La fábrica también tiene su temporada floja. Para los trabajadores ese es el momento de volver a la tierra para ayudar a producir alimentos. Así podríamos evitar la intermitencia del trabajo y restablecer el equilibrio entre lo artificial y lo natural.

Y un beneficio no menos importante sería la visión más equilibrada de la vida que obtendríamos de ese modo. La mezcla de las artes no solo es beneficiosa en un sentido material, sino que favorece la amplitud de la mente y la imparcialidad del juicio. Una gran parte de nuestra inquietud actual es el resultado de un raciocinio estrecho y lleno de prejuicios. Si nuestro trabajo estuviera más diversificado, si distinguiéramos más facetas de la vida, si viéramos lo necesario que es un factor para el otro, seríamos más ecuánimes. Todo hombre mejora con una temporada de trabajo bajo el cielo abierto.

No es para nada imposible. Lo que es deseable y correcto nunca es imposible. Solo supondría un poco de trabajo en equipo: un poco menos de atención a la ambición codiciosa y un poco más de atención a la vida.

Quienes son ricos encuentran deseable marcharse tres o cuatro meses al año y entretenerse en la ociosidad en algún alojamiento sofisticado de invierno o de verano. El pueblo llano americano no perdería el tiempo de esa manera aunque pudiera. Pero aportaría el trabajo en equipo necesario para un empleo de temporada al aire libre.

Apenas es posible dudar que gran parte del malestar que vemos alrededor de nosotros es el fruto de los modos antinaturales de vida. A los hombres que hacen lo mismo de forma continua durante todo el año y están encerrados lejos de la salud del sol y de la amplitud del aire libre difícilmente puede reprochárseles el ver las cosas a una luz distorsionada. Y eso es igualmente aplicable al capitalista y al trabajador.

¿Qué hay en la vida que entorpezca los modos normales y saludables de vivir? Y ¿qué hay en la industria incompatible con que todas las artes reciban cuando les toque la atención de las personas cualificadas para servir en ellas? Se puede objetar que, si el personal de la industria se retirara de los talleres todos los veranos, esto impediría la producción. Pero debemos examinar la cuestión desde un punto de vista universal. Debemos tener en cuenta el aumento de la energía del personal industrial después de tres o cuatro meses de trabajo al aire libre. También debemos considerar el efecto sobre el coste de la vida que conllevaría un retorno general al campo.

Como he indicado en un capítulo anterior, hemos estado trabajando en esta combinación de granja y fábrica y con resultados enteramente satisfactorios. En Northville, no lejos de Detroit, tenemos una pequeña fábrica de válvulas. Se trata de una pequeña fábrica, pero fabrica un gran número de válvulas. Tanto la gestión como el funcionamiento de la planta son relativamente simples, ya que solo fabrican una cosa. No tenemos que buscar empleados cualificados. La destreza está en la máquina. Los habitantes de las zonas rurales pueden trabajar parte del tiempo en la planta y parte en la granja, ya que la agricultura mecanizada no es muy laboriosa. La energía de la planta se obtiene del agua.

Otra planta a una escala algo mayor se está construyendo en Flat Rock, a unas quince millas de Detroit. Hemos represado el río. La presa también sirve como puente para el Ferrocarril Detroit, Toledo & Ironton, que necesitaba un nuevo puente en ese punto, y una carretera para el público, todo en una sola construcción. Vamos a fabricar allí nuestro vidrio. La construcción de represas en el río proporciona agua suficiente para que la mayor parte de nuestra materia prima nos llegue por el agua. También nos proporciona nuestra energía a través de una central hidroeléctrica. Y, dado que está en el medio de la región agrícola, no hay posibilidad de hacinamiento o de cualquiera de los males inherentes a una excesiva concentración de población. Los hombres tendrán parcelas de tierra o granjas además de sus puestos de trabajo en la fábrica, y pueden estar diseminadas en quince o veinte millas a la redonda, pues por supuesto hoy en día el trabajador puede venir al taller en automóvil. Allí tendremos la combinación de agricultura e industria y la ausencia total de todos los males de la aglomeración.

La creencia de que un país industrializado tiene que concentrar sus industrias no está, en mi opinión, bien fundamentada. Esa es solo una etapa del desarrollo industrial. A medida que aprendemos más sobre la fabricación y aprendemos a fabricar artículos con piezas intercambiables, las piezas pueden fabricarse en las mejores circunstancias posibles. Y las mejores circunstancias posibles, en lo que se refiere a los empleados, son también las mejores circunstancias posibles desde el punto de vista de la fabricación. Uno no puede poner una gran planta en un pequeño riachuelo. Uno puede poner una planta pequeña en un pequeño riachuelo, y la combinación de pequeñas plantas, cada una haciendo una sola pieza, hará el conjunto más barato de lo que lo haría una gran fábrica. Hay excepciones, como cuando hay que emplear fundición. En tal caso, como en River Rouge, queremos combinar la fabricación del metal y la fundición del mismo y también queremos aprovechar toda la energía residual. Esto requiere una gran inversión y una fuerza considerable de hombres en un solo lugar. Pero tales combinaciones son la excepción antes que la regla, y no habría suficientes ejemplos de ello como para interferir seriamente con el proceso de fraccionamiento de la concentración de la industria.

La industria se descentralizará. Ninguna ciudad, si se destruyera, se reconstruiría tal como es hoy, un hecho que es en sí mismo una confesión de nuestra verdadera estima por nuestras ciudades. La ciudad tenía un hueco que llenar, un trabajo que hacer. Indudablemente las zonas de campo no habrían sido ni remotamente tan habitables si no hubiera sido por las ciudades. Al hacinarse juntos, los hombres han aprendido algunos secretos. Nunca los hubieran aprendido solos en el campo. Saneamiento, alumbrado, organización social, todos ellos son resultados de la experiencia de los hombres en la ciudad. Pero también todas las enfermedades sociales que sufrimos hoy día se originaron y tienen su centro en las grandes ciudades. Encontrarán las comunidades más pequeñas viviendo el compás de las estaciones del año, sin contar con pobreza extrema ni con riqueza; ni rastro de las violentas plagas de azoramiento e inquietud que afectan a nuestras poblaciones. Hay algo en una ciudad de un millón de personas que resulta salvaje y amenazante. A treinta millas de distancia, ¡pueblos felices y contentos leen acerca de los desvaríos de la ciudad! Una gran ciudad es en realidad una masa indefensa. Todo lo que utiliza se lleva hasta ella. Detenga el transporte y se detendrá la ciudad. Vive de los estantes de las tiendas. Los estantes no producen nada. La ciudad no puede alimentarse, vestirse, calentarse ni alojarse por sí misma. Las condiciones de trabajo y de vida de la ciudad son tan artificiales que los instintos a veces se rebelan contra su falta de naturalidad.

Y, por último, el gasto general de vivir o hacer negocios en las grandes ciudades se ha vuelto tan grande como para llegar a ser insoportable. Aplica un impuesto tan grande sobre la vida que no hay superávit del que vivir. Los políticos han visto fácil pedir dinero prestado y se han endeudado hasta el límite. En la última década, el gasto de funcionamiento de todas las ciudades del país se ha incrementado enormemente. Una buena parte de ese gasto es por intereses sobre el dinero prestado; el dinero se ha destinado o bien a los no productivos ladrillo, piedra y mortero, o bien a necesidades de la vida de la ciudad, tales como el abastecimiento de agua y el alcantarillado, a un precio muy por encima del razonable. El costo de mantenimiento de estas obras, el costo de mantener en orden a grandes masas de personas y el tráfico es mayor que las ventajas derivadas de la vida comunitaria. La ciudad moderna ha sido pródiga, a día de hoy está en quiebra, y el día de mañana dejará de existir.

El suministro de una gran cantidad de energía barata y cómoda, no toda al mismo tiempo, sino conforme pueda ser utilizada, va a hacer más que cualquier otra cosa por lograr el equilibrio de la vida y la eliminación de los desperdicios que fomentan la pobreza. No existe una única fuente de energía. Puede que la generación de electricidad mediante una planta de vapor de agua en la boca de una mina sea el método más económico para una comunidad. La energía hidroeléctrica puede ser la mejor para otra comunidad. Pero, ciertamente, en cada comunidad debe haber una estación central que proporcione energía barata; debería considerarse tan esencial como el ferrocarril o el suministro de agua. Y podríamos tener cualquier gran fuente de energía aprovechada y trabajando para el bien común, si no fuera porque el coste de obtención de capital se interpone en el camino. Creo que vamos a tener que revisar algunas de nuestras nociones sobre el capital.

El capital que una empresa hace por sí misma, que se emplea para ampliar las oportunidades del trabajador y aumentar su bienestar y prosperidad, y que se utiliza para dar trabajo a más y más hombres, reduciendo al mismo tiempo el costo del servicio al público, esa clase de capital, aunque esté controlado por una única persona, no representa una amenaza para la humanidad. Es un excedente de trabajo sustentado en la confianza y el uso diario para el beneficio de todos. El titular de dicho capital apenas puede considerarlo como una recompensa personal. Ningún hombre puede ver semejante superávit como suyo, pues no lo generó él solo. Es el producto conjunto de toda su organización. La idea del propietario pudo haber promovido toda la energía y la dirección, pero ciertamente no ha proporcionado toda la energía y la dirección. Cada trabajador ha sido un socio de esa creación. No es posible considerar ningún negocio atendiendo solamente al presente y a los individuos que participan en él. Debe disponer de los medios para seguir adelante. Deben pagarse los mejores salarios. Debe asegurarse un modo de vida adecuado a todos los participantes en el negocio, sin importar cuál sea su parte. Pero, por el bien de la capacidad de ese negocio para sostener a los que trabajan en él, tiene que alcanzarse un superávit en alguna parte. El fabricante verdaderamente honesto mantiene su excedente de beneficios en esa confianza. En última instancia, no importa dónde se alcance ese superávit ni quién lo controle; es su utilidad lo que importa.

El capital que no está creando constantemente más y mejores puestos de trabajo es más inútil que la arena. El capital que no está constantemente mejorando las condiciones del trabajo diario y haciendo más justa la recompensa del trabajo diario no está cumpliendo con su función más elevada. La utilidad más elevada del capital no es hacer más dinero, sino hacer dinero para dar más servicio para la mejora de la vida. A menos que nosotros en nuestras industrias ayudemos a resolver el problema social, no estaremos haciendo nuestro trabajo principal. No estaremos siendo completamente útiles.

CAPÍTULO XIV
EL TRACTOR Y LA AGRICULTURA MECANIZADA

No todo el mundo sabe que nuestro tractor, al que llamamos el "Fordson", se puso en producción alrededor de un año antes de lo que teníamos previsto debido a la emergencia alimentaria de los aliados durante la guerra, y que toda nuestra producción temprana (aparte, por supuesto, de las máquinas de prueba y las experimentales) fueron directamente a Inglaterra. Enviamos en total cinco mil tractores a través del mar en el periodo crítico de 1917-1918, en el que los submarinos estaban más ocupados. Todos ellos llegaron seguros a puerto, y los oficiales del gobierno británico fueron lo suficientemente buenos para decir que sin su ayuda Inglaterra difícilmente podría haber enfrentado su crisis alimentaria.

Fueron estos tractores, conducidos en su mayoría por mujeres, los que araron las viejas haciendas y los campos de golf y permitieron que toda Inglaterra se plantara y cultivara sin retirar mano de obra de la lucha y sin paralizar las plantillas en las fábricas de municiones.

Sucedió de la siguiente forma: el departamento de alimentos inglés, cuando entramos en la guerra en 1917, vio que, con los submarinos alemanes torpedeando un buque de carga casi todos los días, el ya de por sí escaso suministro marítimo iba a ser totalmente inadecuado para transportar a las tropas americanas a través de los mares, llevar las municiones esenciales para estas tropas y los aliados, llevar la comida a las fuerzas combatientes, y al mismo tiempo llevar suficientes alimentos para la población local en Inglaterra. Fue entonces cuando empezaron a enviar fuera de Inglaterra a las esposas y las familias de los habitantes de las colonias y trazaron planes para sembrar cultivos localmente. La situación era grave. No había suficientes animales de tiro en toda Inglaterra para arar y cultivar la tierra para cosechar cultivos en volumen suficiente ni para hacer una mella en las importaciones de alimentos. La agricultura mecanizada apenas se conocía, pues las granjas inglesas no eran, antes de la guerra, lo suficientemente grandes como para justificar la compra de costosa maquinaria agrícola pesada, y especialmente siendo la mano de obra agrícola tan barata y abundante. Varias empresas en Inglaterra fabricaban tractores, pero eran pesados y en su mayoría funcionaban a vapor. No había suficientes para salir del paso. No era fácil fabricar más, pues todas las fábricas estaban trabajando en las municiones, y aunque hubieran podido fabricarlos eran demasiado grandes y torpes para el terreno medio, y además requerían el manejo de técnicos.

Nosotros habíamos reunido varios tractores en nuestra planta de Manchester para demostraciones. Habían sido fabricados en los Estados Unidos y meramente ensamblados en Inglaterra. La Cámara de Agricultura solicitó a la Real Sociedad Agrícola que hiciera una prueba con esos tractores e informara. Esto es lo que notificaron:

A petición de la Real Sociedad Agrícola de Inglaterra, hemos examinado dos tractores Ford, catalogados en 25 caballos de potencia, trabajando en la labranza:

En primer lugar, haciendo labores cruzadas en un barbecho de tierra compacta sin desbrozar, y posteriormente en un campo de tierra más ligera sembrada de gramíneas duras, que otorga la oportunidad completa de poner a prueba el motor en llano y en una colina empinada.

En la primera prueba se utilizó un arado Oliver de doble surco, arando a un promedio de 5 pulgadas de profundidad con un ancho de surco de 16 pulgadas; se utilizó también un arado Cockshutt de 3 surcos a la misma profundidad en un terreno con 10 pulgadas de pendiente.

En la segunda prueba se utilizó el arado de 3 surcos, arando un promedio de 6 pulgadas de profundidad.

En ambos casos el motor hizo su trabajo con facilidad, y en un acre verificado el tiempo empleado fue de 1 hora y 30 minutos, con un consumo de 2 galones de parafina por acre.

Estos resultados los consideramos muy satisfactorios.

Los arados no eran muy adecuados para la tierra, y los tractores, en consecuencia, estaban trabajando con cierta desventaja.

El peso total del tractor totalmente cargado con combustible y agua, pesado por nosotros, era de 23,25 quintales.

El tractor es ligero para su potencia, y por tanto ligero sobre el terreno, es fácil de manejar, gira en un pequeño círculo y deja un lomo muy estrecho.

El motor se pone en marcha rápidamente en frío con una pequeña cantidad de combustible.

Después de estas pruebas continuamos en los talleres de los Señores Ford en Trafford Park, Manchester, donde había sido enviado uno de los motores para ser desmontado y examinado en detalle.

Apreciamos que se trata de un diseño de gran resistencia, y de un trabajo de primer nivel de calidad. Encontramos los volantes algo ligeros, y entendemos que en el futuro se suministrará un patrón nuevo y más resistente.

El tractor está diseñado exclusivamente para trabajar en la tierra, y las ruedas, equipadas con rejones, deben completarse con algún tipo de protección para que puedan circular por carretera al desplazarse de una granja a otra.

Teniendo en cuenta los puntos anteriores, recomendamos, en las actuales circunstancias, que se adopten medidas para construir inmediatamente tantos de estos tractores como sea posible.

El informe iba firmado por el profesor W. E. Dalby y F. S. Courtney, ingeniería; R. N. Greaves, ingeniería y agricultura; Robert W. Hobbs y Henry Overman, agricultura; Gilbert Greenall, directores honoríficos, y John E. Cross, secretario.

Casi inmediatamente después de la redacción de este informe recibimos el siguiente cable:

No he recibido nada concreto en relación con el envío de acero y planta necesarios para la fábrica de Cork. Bajo las mejores circunstancias cualesquiera la producción de la fábrica de Cork no podría estar disponible antes de la próxima primavera. La necesidad de producir alimentos en Inglaterra es imperativa y gran cantidad de tractores deben estar disponibles en la fecha más temprana posible al propósito de roturar la tierra de pasto existente y ararla para el trigo de otoño. He sido emplazado por las altas autoridades a solicitar ayuda al Sr. Ford. ¿Estaría usted dispuesto a enviar a Sorensen y otros con diseños de todo lo necesario, prestárselos al Gobierno Británico para que las piezas puedan fabricarse aquí y montarse en las fábricas del Gobierno bajo la dirección de Sorensen? Puedo asegurarle positivamente que esta propuesta se hace por el interés nacional y que si se lleva a cabo se ejecutará para el Gobierno por personas sin intereses capitalistas ni manufactureros, y sin ánimo de lucro de ninguna clase por parte de ningún interesado. El asunto es muy urgente. Imposible enviar nada adecuado desde América ya que deben suministrarse muchos miles de tractores. Tractor Ford considerado el mejor y el único diseño adecuado. Consecuentemente la necesidad nacional depende enteramente del diseño del Sr. Ford. Mi trabajo me impide ir a América para presentar la propuesta personalmente. Insto consideración favorable y decisión inmediata, porque cada día es de vital importancia. Puede usted confiar en la instalación de fabricación para la producción aquí bajo el más estricto control imparcial del Gobierno. Sorensen y cualquier otro tipo de asistencia y orientación que pueda proporcionar desde América serían bienvenidos. Respuesta por cable, Perry, a través del Harding "Prodome", Londres.

PRODOME.

Entiendo que su envío estaba dirigido por el Gobierno Británico. Nosotros cablegrafiamos de inmediato nuestra total disposición a prestar los diseños, el beneficio de la experiencia que teníamos hasta ese momento, y cuantos hombres pudieran ser necesarios para encauzar la producción, y en el siguiente barco enviamos a Charles E. Sorensen con los diseños completos. El Sr. Sorensen había abierto la planta de Manchester y estaba familiarizado con las circunstancias inglesas. Estaba a cargo de la fabricación de tractores en ese país.

El Sr. Sorensen comenzó a trabajar con los funcionarios británicos con el fin de tener las piezas fabricadas y montadas en Inglaterra. Muchos de los materiales que utilizábamos eran especiales y no podían obtenerse en Inglaterra. Todas sus fábricas equipadas para hacer trabajos de fundición y maquinaria estaban colmadas de pedidos de municiones. Se demostró sumamente difícil para el Ministerio conseguir licitaciones de cualquier clase. Luego llegó junio y hubo una serie de ataques aéreos destructivos sobre Londres. Hubo una crisis. Algo había que hacer, y, finalmente, después de andar de aquí para allá por la mitad de las fábricas de Inglaterra, nuestros hombres lograron tener las licitaciones presentadas en el Ministerio.

Lord Milner le mostró las licitaciones al Sr. Sorensen. Eligiendo lo mejor entre ellas el precio por tractor ascendía a 1.500 dólares sin ninguna garantía de entrega.

"Ese precio es completamente irrazonable", dijo el Sr. Sorensen. "No deberían costar más de 700 $ cada uno."

"¿Puede fabricar cinco mil a ese precio?", preguntó Lord Milner.

"Sí", respondió el Sr. Sorensen.

"¿Cuánto tiempo le llevará entregarlos?"

"Empezaremos a enviarlos en sesenta días."

Firmaron un contrato en el acto, que, entre otras cosas, preveía un pago a cuenta del 25 por ciento de la suma total. El Sr. Sorensen nos telegrafió lo que había hecho y tomó el siguiente barco de vuelta. Por cierto, no utilizamos el pago del 25 por ciento hasta que se completó la totalidad del contrato: lo depositamos en una especie de fondo fiduciario.

Las instalaciones del tractor no estaban listas para entrar en producción. La planta de Highland Park podía haber sido adaptada, pero todas sus máquinas estaban día y noche ocupadas con trabajo de guerra esencial. Solo había una cosa que hacer. Montamos una extensión de emergencia en nuestra planta de Dearborn, equipada con maquinaria pedida por telegrama y que llegó de urgencia en su mayor parte, y en menos de sesenta días los primeros tractores estaban en los muelles de Nueva York en manos de las autoridades británicas. Ellos se retrasaron en conseguir espacio de carga, pero el 6 de diciembre de 1917 recibimos este cable:

Londres, 5 de Diciembre de 1917.

SORENSEN,

Fordson, F. R. Dearborn.

Recibidos los primeros tractores, ¿cuándo saldrán Smith y los otros? Cable.

PERRY.

El cargamento completo de cinco mil tractores se verificó en tres meses, y por eso se estaban utilizando los tractores en Inglaterra mucho antes de que fueran realmente conocidos en los Estados Unidos.

La planificación del tractor realmente se anticipó a la del automóvil. En la granja mis primeros experimentos fueron con tractores, y se acordarán de que yo estuve empleado durante algún tiempo por un fabricante de tractores de vapor: los grandes motores pesados para carretera y laboreo. Pero yo no veía ningún futuro en los grandes tractores. Eran demasiado caros para la pequeña granja, requerían demasiada habilidad para manejarlos y eran demasiado pesados en comparación con la tracción que ejercían. Y de todos modos, el público estaba más interesado en ser transportado que en ser remolcado; el carruaje sin caballos excitó más la imaginación. Y así fue cómo prácticamente dejé de trabajar sobre el tractor hasta que el automóvil estuvo en producción. Con el automóvil en las granjas, el tractor se convirtió en una necesidad. Para entonces los agricultores ya conocían la potencia.

El agricultor no se preocupa tanto por la necesidad de nuevas herramientas como por la potencia para utilizar las herramientas que tiene. He recorrido muchas millas agotadoras detrás de un arado y sé todo el trabajo pesado que implica. ¡Qué desperdicio es para un ser humano pasar horas y días detrás de un equipo de caballos que se mueve lentamente cuando en el mismo tiempo un tractor podría hacer seis veces más trabajo! No es de extrañar que, haciendo todo despacio y a mano, el agricultor medio no haya sido capaz más que de apenas ganarse la vida mientras que los productos agrícolas no son tan abundantes y baratos como deberían ser.

Al igual que en el automóvil, queríamos potencia, no peso. La idea del peso estaba firmemente anclada en la mente de los fabricantes de tractores. Se pensaba que mayor peso significaba mayor potencia de tiro: que la máquina no podía tener agarre a menos que fuera pesada. Y esto a pesar del hecho de que un gato no tiene tanto peso y es un buen trepador. Ya he expuesto mis ideas acerca del peso. El único tipo de tractor en el que pensaba que merecía la pena trabajar era uno que fuera ligero, resistente, y tan simple que cualquiera pudiera manejarlo. También tenía que ser tan barato que cualquiera pudiera comprarlo. Con estos objetivos en perspectiva trabajamos durante casi quince años en un diseño y gastamos varios millones de dólares en experimentos. Hemos seguido exactamente el mismo recorrido que con el automóvil. Cada pieza tenía que ser tan resistente como fuera posible fabricarla, las piezas tenían que ser pocas en número, y el conjunto tenía que permitir la producción en cantidad. Pensábamos que tal vez podría utilizarse el motor del automóvil y llevamos a cabo algunos experimentos con ello. Pero finalmente nos convencimos de que el tipo de tractor que queríamos y el automóvil no tenían prácticamente nada en común. La intención desde el principio era que el tractor se hiciera como empresa separada de la del automóvil y en una planta distinta. Ninguna planta es lo suficientemente grande como para hacer dos artículos.

El automóvil está diseñado para transportar; el tractor está diseñado para tirar, para remontar. Y esa diferencia de función significaba toda la diferencia del mundo en la construcción. Lo más difícil era conseguir rodamientos que resistieran la fuerte tracción. Finalmente nos hicimos con ellos y con una construcción que parece dar el mejor rendimiento medio en todas las circunstancias. Le introdujimos un motor de cuatro cilindros arrancado con gasolina, pero que a partir de entonces funciona con queroseno. El peso mínimo que pudimos lograr con esfuerzo fue de 2.425 libras. El agarre está en las orejetas de las ruedas de tracción, como en las garras de un gato.

Además de sus funciones estrictamente tractoras, el tractor, para ofrecer el mayor de los servicios, tenía también que ser diseñado para trabajar como un motor estacionario, de modo que cuando no estuviera en la carretera o en el campo pudiera engancharse a una correa para propulsar maquinaria. En resumen, tenía que ser una fuente de energía compacta y versátil. Y eso ha sido. No solo ha arado, rastrillado, cultivado y cosechado, sino que también ha desgranado, propulsado molinos de grano, aserraderos y varios otros tipos de molino, ha arrancado tocones, ha arado nieve, y ha hecho casi todo lo que una fuente de energía reducida podría hacer, desde esquilar ovejas a imprimir periódicos. Se ha equipado con neumáticos pesados para acarrear sobre carretera, con patines de trineo para los bosques y el hielo, y con ruedas con montura para circular sobre raíles. Cuando los talleres en Detroit se cerraron por la escasez de carbón, sacamos el *Dearborn Independent* [un periódico] pidiendo un tractor a la factoría de galvanoplastia: estacionamos el tractor en el callejón, mandamos una correa cuatro pisos arriba, y fabricamos las placas a fuerza de tractor. Tenemos conocimiento de su uso en noventa y cinco líneas distintas de servicio, y probablemente solo conocemos una pequeña fracción de sus usos.

El mecanismo del tractor es aún más sencillo que el del automóvil, y está fabricado exactamente de la misma forma. Hasta el presente año, la producción se ha visto frenada por la falta de una fábrica adecuada. Los primeros tractores se hicieron en la planta de Dearborn que ahora se utiliza como una estación experimental. Aquella no era lo suficientemente grande como para producir economías de producción a gran escala y no podía ser ampliada fácilmente porque la idea era hacer los tractores en la planta de River Rouge, y esa, hasta este año, no ha estado en pleno funcionamiento.

Ahora esa planta se ha completado para fabricar tractores. El trabajo fluye exactamente igual que con los automóviles. Cada pieza es una empresa departamental separada y cada pieza, una vez terminada, se une al sistema de transporte que la lleva hasta su montaje inicial correspondiente y finalmente hasta el montaje final. Todo se mueve y no hay trabajo cualificado. La capacidad de la planta actual es de un millón de tractores al año. Esa es la cantidad que prevemos hacer, ya que el mundo necesita ahora más que nunca fuentes de energía de bajo costo y de utilidad general, y también ahora sabe lo suficiente acerca de la maquinaria como para querer esas fuentes.

Los primeros tractores, como ya he dicho, fueron a Inglaterra. Se ofrecieron por primera vez en los Estados Unidos en 1918 a 750 $. Al año siguiente, con los costos más altos, el precio tuvo que dejarse en 885 $; en la mitad del año fue posible llegar de nuevo al precio inicial de 750 $. En 1920 cobramos 790 $; el siguiente año estábamos suficientemente familiarizados con la producción como para empezar a recortar. El precio bajó a 625 $, y luego en 1922 con la planta de River Rouge en funcionamiento pudimos reducir a 395 $. Todo lo cual demuestra lo que significa para el precio entrar en producción científica. Del mismo modo que no tengo idea de lo barato que puede fabricarse finalmente el automóvil Ford, no tengo idea de lo barato que puede fabricarse finalmente el tractor.

Es importante que sea barato. De lo contrario la potencia no llegará a todas las granjas. Y todos ellos deben tener potencia. Dentro de pocos años, una granja que dependa únicamente del caballo y la potencia manual será tan rara como una fábrica alimentada por una cinta de correr. El agricultor tendrá que adaptarse a la mecanización o abandonar el negocio. Las cifras de costos lo hacen inevitable. Durante la guerra el Gobierno hizo una prueba de un tractor Fordson para ver cómo eran sus costos en comparación con la realización de las labores con caballos. Las cifras del tractor se calcularon teniendo en cuenta el precio caro más flete. Los factores de depreciación y reparación no son tan grandes como el informe establece, e incluso si lo fueran, los precios están reducidos a la mitad, lo que reduce la depreciación y los gastos de reparación a la mitad. Estas son las cifras:

COSTO FORDSON: 880 $. VIDA ÚTIL: 4800 HORAS A 5,4 ACRES POR HORA, 3.840 ACRES

3.840 acres a 880 $; depreciación por acre: 0,221

Reparaciones para 3.840 acres: 100 $; por acre: 0,026

Costo del combustible, queroseno a 19 centavos; 2 galones p. a.:...............0,38

1 galón de petróleo para 8 acres; por acre: 0,075

Conductor, 2 $ por día, 8 acres; por acre: 0,25

Costo de labranza con Fordson; por acre: 0,95

COSTO DE 8 CABALLOS: 1.200 $. VIDA ÚTIL: 5.000 HORAS A 4-5 ACRES POR HORA, 4.000 ACRES

4.000 acres por 1.200 $, depreciación de los caballos, por acre:......................0,30

Alimentación por caballo, 40 centavos (100 días de trabajo), p. a.:..............0,40

Alimentación por caballo, 10 centavos por día (265 días de inactividad), p. a.: 0,265

Dos conductores, arado de dos brazos a $ 2 cada uno por día, p. a.:..........0,50

Costo de arar con caballos, por acre: 1,46

A los costos actuales, un acre supondría alrededor de 40 centavos, solo dos centavos achacables a depreciación y reparaciones. Pero esto no tiene en cuenta el factor tiempo. El arado se realiza en aproximadamente un cuarto del tiempo, empleando la energía física solo para dirigir el tractor. Arar se ha convertido en una cuestión de conducir a través de un campo.

La agricultura al viejo estilo se está desvaneciendo rápidamente en un recuerdo pintoresco. Esto no quiere decir que el trabajo vaya a desaparecer de la granja. No puede prescindirse del trabajo en ninguna clase de vida que sea productiva. Pero la agricultura mecanizada sí significa esto: el trabajo pesado va a desaparecer de la granja. La agricultura mecanizada significa simplemente retirar la carga que recaía sobre carne y hueso y asignársela al acero. Estamos en los primeros años de la agricultura mecanizada. El coche a motor provocó una revolución en la vida moderna rural, no porque fuera un vehículo, sino porque tenía potencia. La agricultura debe ser algo más que una ocupación rural. Debería ser el negocio de la generación de alimentos. Y cuando llegue en efecto a ser un negocio, el trabajo real de ocuparse de la granja media se podrá hacer en veinticuatro días por año. Los otros días pueden dedicarse a otro tipo de negocios. La agricultura es una ocupación demasiado estacional como para absorber todo el tiempo de un hombre.

Como negocio de alimentos, la agricultura se justifica a sí misma como un negocio si genera alimentos en cantidad suficiente y la distribuye en tales condiciones que permitan a cada familia tener comida suficiente para sus necesidades razonables. No podría haber un fondo fiduciario de alimentos si tuviéramos que generar cantidades tan abrumadoras de todo tipo de alimentos como para hacer imposible su manipulación y explotación. El agricultor que limita su plantación está en manos de los especuladores.

Y entonces, tal vez, seremos testigos de un renacimiento de la pequeña empresa harinera. Fue un mal día cuando desapareció el molino harinero de pueblo. La agricultura cooperativa llegará a estar tan desarrollada que veremos asociaciones de agricultores con sus propios almacenes de embalaje en los que sus propios cerdos se convertirán en jamón y beicon, y con sus propios molinos de harina en los que su trigo se convertirá en productos alimenticios comerciales.

Por qué un buey criado en Texas se lleva a Chicago y luego es servido en Boston es una pregunta que no se puede responder, ya que todos los bueyes que necesita la ciudad podrían criarse cerca de Boston. La centralización de las industrias de fabricación de alimentos, que implica enormes costos de transporte y organización, es de lejos demasiado pródiga como para permanecer en una comunidad desarrollada.

Tendríamos que tener un desarrollo tan grande en la agricultura durante los próximos veinte años como el que hemos tenido en la industria manufacturera durante los últimos veinte.

CAPÍTULO XV
¿POR QUÉ CARIDAD?

¿Por qué debería haber necesidad de limosna en una comunidad civilizada? Yo no me opongo exactamente a la mentalidad caritativa. Dios no quiera que jamás nos volvamos indiferentes hacia un semejante necesitado. La simpatía humana es demasiado buena como para que la actitud fría y calculadora ocupe su lugar. Uno puede nombrar muy pocos grandes avances que no hayan tenido la simpatía humana detrás. Es con el fin de ayudar a la gente que todo servicio notable se lleva a cabo.

El problema es que hemos estado utilizando esta inmensa y valiosa fuerza motriz para fines demasiado pequeños. Si la simpatía humana nos impulsa a alimentar a los hambrientos, ¿por qué no debería inculcarnos un deseo aún mayor: hacer que el hambre sea imposible entre nosotros? Si tenemos suficiente simpatía por las personas como para ayudarlas a salir de sus problemas, seguramente debemos tener suficiente compasión como para resolverlos definitivamente.

Es fácil dar; es más difícil hacer que dar sea innecesario. Para hacer el dar innecesario debemos mirar más allá del individuo hacia la causa de su miseria: no dudando, por supuesto, en aliviarlo mientras tanto, pero no deteniéndose en el mero alivio temporal. La dificultad parece residir en conseguir mirar más allá en dirección a las causas. Se pueden movilizar más personas para ayudar a una familia pobre de las que pueden movilizarse para enfocar sus mentes hacia la eliminación completa de la pobreza.

No tengo paciencia con la caridad profesional, o con cualquier tipo de humanitarismo comercializado. En el momento en que la amabilidad humana se sistematiza, organiza, comercializa y profesionaliza, su corazón se extingue y se convierte en una cosa fría y manoseada.

La amabilidad humana real nunca está catalogada en fichas ni se publicita. Hay más niños huérfanos atendidos en domicilios particulares de personas que los quieren que en instituciones. Hay más ancianos acogidos por amigos de los que pueden encontrarse en los hogares de ancianos. Existe más ayuda a través de préstamos de familia que a través de sociedades de crédito. Es decir, la sociedad humana sobre una base humana cuida de sí misma. Es un asunto serio hasta qué punto debemos permitir la comercialización del instinto natural de caridad.

La caridad profesional no es solamente fría, sino que perjudica más de lo que ayuda. Degrada a los destinatarios y anestesia su respeto por sí mismos. El idealismo sentimental resulta parecido. Hizo fortuna en el extranjero no hace muchos años la idea de que el "servicio" era algo que debíamos esperar que se hiciera por nosotros. Una cantidad incontable de gente se convirtió en receptora del bienintencionado "servicio social". A secciones enteras de nuestra población se les consintió un estado de impotencia expectante e infantil. Surgió así una profesión habitual de hacer cosas por la gente que canalizaba el loable deseo de servir, pero que no contribuyó nada en absoluto a la autonomía de las personas ni a la corrección de las circunstancias que daban lugar a la supuesta necesidad de tales servicios.

Peor que este fomento de la nostalgia infantil en lugar de la formación para la autonomía y la autosuficiencia fue la generación de un sentimiento de resentimiento que casi siempre se apodera de los que son objeto de caridad. La gente a menudo se queja de la "ingratitud" de aquellos a quienes ayudan. Nada es más natural. En primer lugar, bien poco de nuestra pretendida caridad es alguna vez caridad real, ofrecida desde un corazón lleno de preocupación y simpatía. En segundo lugar, ninguna persona disfruta alguna vez de estar en una situación que le obliga a recibir favores.

Ese "trabajo social" crea una tensa relación: el destinatario de la generosidad siente que ha sido menospreciado por recibirla, y es dudoso si el donante no debería sentir también que ha sido menospreciado por ofrecerla. La caridad nunca condujo a un estado estacionario de cosas. El sistema de beneficencia que no tiene como objetivo hacerse innecesario a sí mismo no está desempeñando un servicio. Simplemente está creando un trabajo para sí mismo y es un factor improductivo a añadir al acta de no producción.

La caridad se hace innecesaria cuando aquellos que parecen ser incapaces de ganarse la vida salen de la clase improductiva para instalarse en la productiva. En un capítulo anterior he expuesto cómo los experimentos en nuestros talleres han demostrado que en la industria lo suficientemente subdividida hay puestos que pueden ser ocupados por mutilados, cojos y ciegos. La industria científica no tiene por qué ser un monstruo que devora a todos los que se acercan a ella. Cuando lo es, entonces no está cumpliendo con su papel en la vida. Dentro y fuera de la industria debe haber puestos de trabajo que aprovechen toda la fuerza de un hombre vigoroso; hay otros trabajos, muchos, que requieren más habilidad de la que los artesanos de la Edad Media tuvieron jamás. La subdivisión minuciosa de la industria permite siempre a un hombre fuerte o a un hombre experto usar su fuerza o su pericia. En la antigua industria manual, un hombre cualificado pasaba una buena parte de su tiempo en un trabajo no cualificado. Eso era un desperdicio. Pero puesto que en aquellos días cada tarea requería que un solo hombre realizara tanto trabajo cualificado como no cualificado, tanto el hombre que era demasiado estúpido como para llegar jamás a ser experto, o el hombre que no había tenido la oportunidad de aprender un oficio, tenían pocas oportunidades.

Ningún mecánico que trabaje solo con sus manos puede ganar algo más que un escueto sustento. No puede tener un excedente. Se ha dado por sentado que, al llegar a la vejez, un mecánico debe ser mantenido por sus hijos o, si no tiene hijos, que será una carga pública. Todo eso es totalmente innecesario. La subdivisión de la industria abre plazas que pueden ser ocupadas prácticamente por cualquiera. Hay más puestos en la industria de subdivisión que pueden ser ocupados por hombres ciegos que hombres ciegos. Hay más puestos que pueden ser ocupados por lisiados que lisiados. Y en cada uno de esos puestos, el hombre que de forma miope podría considerarse como objeto de caridad puede ganarse la vida tan adecuadamente como el más vivo y más sano. Es un desperdicio poner a un hombre físicamente capacitado en un trabajo que podría ser igual de bien atendido por un lisiado. Es un desperdicio terrible poner a los ciegos a tejer cestas. Es un desperdicio tener convictos picando piedra o recogiendo cáñamo o realizando cualquier tipo de tarea mezquina e inútil.

Una cárcel bien administrada no solamente debería ser autosuficiente, sino que un hombre encarcelado debería ser capaz de mantener a su familia o, si no tiene familia, debería ser capaz de acumular una cantidad de dinero suficiente como para contar con una plataforma cuando salga de la cárcel. No estoy abogando por el trabajo forzoso o por el manejo de los hombres prácticamente como esclavos. Dicho plan es demasiado detestable incluso para hablar de él. Hemos exagerado en gran medida el negocio de las prisiones, de todos modos; empezamos en el extremo equivocado. Pero mientras tengamos prisiones, éstas pueden ajustarse tan bien al esquema general de la producción que una prisión puede convertirse en una unidad productiva de trabajo para el alivio del público y el beneficio de los prisioneros. Sé que hay leyes (leyes necias aprobadas por hombres que no piensan) que restringen las actividades industriales de las prisiones. Esas leyes se aprobaron en su mayoría a instancias de lo que se denomina mano de obra. No son para el beneficio del trabajador. Incrementar las cargas sobre una comunidad no beneficia a nadie de la comunidad. Cuando la idea de servicio se tiene en cuenta, hay siempre en cada comunidad más trabajo que hacer que hombres que puedan hacerlo.

La industria organizada para el servicio elimina la necesidad de filantropía. La filantropía, con independencia de lo noble que sea su motivo, no favorece la autonomía. Debemos ser autónomos. Una comunidad está mejor si está descontenta, si no está satisfecha con lo que tiene. No me refiero a la clase mezquina, diaria, irritante, insistente de descontento, sino a una clase amplia, valiente de descontento que cree que todo lo que se hace puede y debe, con el tiempo, hacerse mejor. La industria organizada para el servicio (y tanto el obrero como el líder tienen que servir) puede pagar salarios suficientemente grandes como para permitir que todas las familias sean a la vez autónomas y autosuficientes. Una filantropía que emplea su tiempo y su dinero en ayudar al mundo a hacer más por sí mismo es mucho mejor que el tipo que simplemente da y por tanto fomenta la ociosidad. La filantropía, como todo lo demás, debe ser productiva, y creo que puede serlo. Yo personalmente he estado experimentando con una escuela de oficios y un hospital para averiguar si no puede hacerse que esas instituciones, que comúnmente se consideran de beneficencia, se mantengan en pie por sí mismas. He descubierto que puede hacerse.

No simpatizo con la escuela de oficios tal y como se organiza comúnmente: los muchachos obtienen solo un conocimiento superficial y no aprenden cómo utilizar ese conocimiento. La escuela de oficios no debería ser un cruce entre una escuela técnica y un colegio; debería ser un medio para enseñar a los muchachos a ser productivos. Si se les pone a hacer tareas inútiles, a fabricar artículos y luego tirarlos a la basura, no pueden tener interés por adquirir el conocimiento que es su derecho. Y durante el período de escolarización el niño no es productivo; los colegios, salvo por caridad, no hacen ninguna provisión para el sustento del niño. Muchos niños necesitan sustento; tienen que trabajar en la primera cosa que tienen a mano. No tienen la oportunidad de escoger y elegir.

Cuando de ese modo el niño ingresa en la vida sin formación, no hace más que sumarse a la ya gran escasez de mano de obra competente. La industria moderna requiere un grado de habilidad y destreza que ni el abandono temprano de la escuela ni la permanencia prolongada en la escuela proporcionan. Es cierto que, con el fin de mantener el interés del niño y formarlo en la artesanía, los departamentos de formación manual han adoptado los sistemas de enseñanza más avanzados, pero incluso éstos son reconocidas improvisaciones porque solo atienden, sin satisfacer, los instintos creativos normales del muchacho.

Para enfrentar esta situación, para cumplir con las posibilidades educativas del niño y al mismo tiempo comenzar su entrenamiento industrial a lo largo de líneas constructivas, se fundó la Escuela de Oficios Henry Ford en 1916. No utilizamos la palabra filantropía en relación con esta iniciativa. Se desarrolló a partir del deseo de ayudar al niño cuyas circunstancias le obligaron a abandonar la escuela antes de tiempo. El deseo de ayudar encajaba bien con la necesidad de proporcionar fabricantes de herramientas capacitados a los talleres. Desde el principio nos hemos atenido a tres principios fundamentales: en primer lugar, que el niño debía seguir siendo un niño y no transformarse en un prematuro hombre trabajador; en segundo lugar, que la formación académica debía ir de la mano con la formación industrial; tercero, que debía darse al niño un sentimiento de orgullo y responsabilidad sobre su trabajo entrenándole en artículos que iban a ser utilizados. El niño trabaja en objetos de reconocido valor industrial. La escuela está fundada como escuela privada y está abierta para niños de entre doce y dieciocho años de edad. Está organizada sobre la base de becas y cada niño recibe al entrar una beca anual de cuatrocientos dólares. Ésta se incrementa gradualmente hasta un máximo de seiscientos dólares si su rendimiento es satisfactorio.

Se guarda un registro del trabajo en clase y en el taller, y también del empeño que el niño pone en cada uno. Son sus muestras de empeño las que se tienen en cuenta para hacer los ajustes posteriores en su beca. Además de su beca, cada niño recibe una pequeña cantidad cada mes que debe ser depositada en su cuenta de ahorros. Este fondo de ahorro debe dejarse en el banco mientras el niño permanece en la escuela, a menos que las autoridades le den permiso para utilizarlo en caso de emergencia.

Uno a uno, los problemas de la gestión de la escuela están siendo resueltos y se están descubriendo mejores formas de lograr sus objetivos. Al principio la costumbre era que el niño empleara un tercio del día en trabajo de clase y dos tercios en trabajo de taller. Este ajuste diario resultó ser un obstáculo para el progreso, y ahora el chico recibe su instrucción en bloques de semanas: una semana en clase y dos semanas en el taller. Las clases son continuas, con los diversos grupos tomando sus semanas por turnos.

Los mejores instructores que se pueden conseguir son el propio personal, y el libro de texto es la planta Ford. Ofrece más recursos para la educación práctica que la mayoría de las universidades. Las lecciones de aritmética llegan en problemas concretos del taller. Ya no se tortura la mente del niño con el misterioso A que rema cuatro millas, mientras que B rema dos. Se le enseñan los procesos reales y las situaciones reales: se le enseña a observar. Las ciudades ya no son puntos negros en los mapas, y los continentes no son solo páginas de un libro. Se le muestran los envíos del taller a Singapur, los recibos de las tiendas de material de África y Sudamérica, y el mundo se convierte en un planeta habitado en lugar de un globo de colores en la mesa del profesor. En física y química la planta industrial proporciona un laboratorio en el que la teoría se convierte en práctica y la lección se convierte en experiencia real. Supongamos que se está enseñando el mecanismo de una bomba. El profesor explica las piezas y sus funciones, responde a las preguntas, y luego todos ellos van en grupo a las salas de máquinas para ver una bomba enorme. La escuela cuenta con un taller de fábrica ordinario con el mejor equipamiento. Los niños van trabajando de una máquina a otra. Solo trabajan en piezas o artículos necesarios para la empresa, pero nuestras necesidades son tan grandes que esa lista comprende casi todo. El trabajo revisado es adquirido por la *Ford Motor Company*, y, por supuesto, el trabajo que no pasa la revisión supone una pérdida para la escuela.

Los chicos que más han avanzado realizan trabajo micrométrico, y llevan a cabo cada operación con un claro entendimiento de los propósitos y los principios involucrados. Ellos reparan sus propias máquinas; aprenden a cuidar de sí mismos entre maquinaria; estudian patronaje y sientan las bases para una carrera exitosa con sus instructores en salas limpias y bien iluminadas.

Cuando se gradúan, siempre hay vacantes con buenos salarios para ellos en los talleres. Se le da al bienestar social y moral de los niños una atención discreta. La supervisión no es de autoridad, sino de interés amistoso. Las circunstancias del hogar de cada niño son bastante bien conocidas, y se observan sus tendencias. Y no se intenta mimarlo. No se hace ningún intento por volverlo ñoño. Un día en que dos muchachos estuvieron a punto de pelearse, no se les dio una charla sobre la maldad de las peleas. Se les aconsejó resolver sus diferencias de una forma mejor, pero cuando, como muchachos, prefirieron el modo más primitivo de arreglo, se les dieron guantes y se les obligó a pelear en una esquina del taller. La única prohibición que se les hizo fue que debían terminar ahí y no ser pillados peleando fuera del taller. Todo resultó en un corto encontronazo... y en una amistad.

Se les trata como niños; se anima sus instintos más juveniles; y cuando uno los ve en los talleres o en las clases difícilmente puede pasar por alto la luz del incipiente perfeccionamiento en sus ojos. Tienen un sentido de "pertenencia". Sienten que están haciendo algo que merece la pena. Aprenden fácilmente y con entusiasmo porque están aprendiendo cosas que todo muchacho activo quiere aprender y acerca de las cuales está constantemente haciendo preguntas que ninguno de sus conocidos de casa puede responder.

Comenzó con seis niños y la escuela tiene ahora doscientos, y está inspirada por un sistema tan práctico que podría ampliarse a setecientos. Comenzó con un déficit, pero dado que es una de mis ideas básicas que cualquier cosa valiosa en sí misma puede hacerse auto-sostenible, ha desarrollado sus procesos de modo que ahora está pagando su andadura.

Hemos sido capaces de dejar que el niño conserve su niñez. Estos niños aprenden a ser trabajadores, pero no olvidan cómo ser niños. Es de suma importancia. Ellos ganan de 19 a 35 centavos por hora, lo cual es más de lo que podrían ganar como niños en la clase de trabajo asequible para un joven. Ayudan mejor a mantener a sus familias permaneciendo en la escuela que trabajando. Cuando se gradúan tienen una buena educación general, el principio de una formación técnica, y son tan hábiles como trabajadores que pueden ganar un salario que les dará la libertad para continuar su educación si así lo quieren. Si no quieren más educación, tienen al menos la habilidad para hacerse acreedores de altos salarios en cualquier parte. No tienen que ingresar en nuestras fábricas; la mayoría de ellos lo hace porque no saben dónde pueden encontrarse mejores puestos de trabajo; nosotros queremos que todos nuestros trabajos sean buenos para los hombres que los aceptan. Pero no hay una cuerda atada a los chicos. Ellos se han ganado su propio camino y no tienen obligaciones con nadie. No hay caridad. La escuela se paga sola.

El Hospital Ford se está desarrollando sobre líneas más o menos similares, pero, debido a la interrupción de la guerra (cuando se le dio al Gobierno y se convirtió en el Hospital General Nº 36, que albergaba unos mil quinientos pacientes), el trabajo no ha avanzado aún hasta el punto de alcanzar resultados absolutamente definitivos. No me propuse deliberadamente construir este hospital. Comenzó en 1914 como el Hospital General de Detroit y estaba pensado que se construyera por suscripción popular. Hice una suscripción junto a otros y comenzó la construcción. Mucho antes de que se hicieran los primeros edificios, los fondos se agotaron y se me pidió que hiciera otra suscripción. Me negué porque pensaba que los administradores debían haber sabido lo que iba a costar el edificio antes de haber empezado. Y esa clase de comienzo no transmitía mucha confianza en cuanto a cómo iba a gestionarse el lugar después de terminado. No obstante, sí me ofrecí a llevar todo el hospital, reembolsando todas las suscripciones que se habían hecho. Así sucedió, y estábamos avanzando en el trabajo cuando, el 1 de agosto de 1918, toda la institución fue entregada al Gobierno. Nos lo devolvieron en octubre de 1919, y el diez de noviembre del mismo año fue admitido el primer paciente privado.

El hospital se encuentra en el West Grand Boulevard de Detroit y la parcela tiene veinte acres, así que habrá espacio de sobra para ampliarlo. Nuestra idea es ir ampliando las instalaciones a medida que se justifiquen por sí mismas. Nos hemos alejado de la idea original del hospital y nos hemos esforzado en elaborar un nuevo tipo de hospital, tanto en diseño como en gestión. Hay muchos hospitales para ricos. Hay muchos hospitales para pobres. No hay hospitales para aquellos que pueden permitirse pagar solo una cantidad moderada y que sin embargo desean pagar sin la sensación de ser receptores de caridad. Se ha dado por sentado que un hospital no puede servir y ser autosuficiente a la vez: que tiene que ser una institución sustentada por donaciones privadas o pasar a ser de la clase de clínicas privadas gestionadas con ánimo de lucro. Este hospital está diseñado para ser autosuficiente, para dar un máximo de servicio a un costo mínimo y sin el menor atisbo de caridad.

En los nuevos edificios que hemos erigido no hay salas. Todas las habitaciones son privadas y cada una de ellas está provista de baño. Las habitaciones (que están en grupos de veinticuatro) son todas idénticas en tamaño, accesorios y mobiliario. No hay elección de habitaciones. Está previsto que no haya elección de ningún tipo dentro del hospital. Cada paciente está en igualdad de condiciones con cualquier otro paciente.

No está del todo claro si los hospitales, tal y como están gestionados en la actualidad, existen para los pacientes o para los médicos. Me consta la gran cantidad de tiempo que un médico o un cirujano capaz dedican a la caridad, pero no estoy convencido de que los honorarios de los cirujanos deban estar regulados de acuerdo con la riqueza del paciente, y estoy totalmente convencido de que lo que se conoce como "etiqueta profesional" es una maldición para la humanidad y para el desarrollo de la medicina. El diagnóstico no está muy desarrollado. No me gustaría estar entre los propietarios de un hospital en el que no se hubieran tomado todas las medidas para asegurar que los pacientes estaban siendo tratados de lo que en realidad les aquejaba, y no de algo que un médico había decidido que tenían. La etiqueta profesional hace que sea muy difícil que un diagnóstico equivocado sea corregido. El consultor médico, a menos que sea un hombre de mucho tacto, no va a cambiar un diagnóstico o un tratamiento a menos que el médico que le ha reclamado esté completamente de acuerdo, y luego, si se realiza algún cambio, por lo general es sin el conocimiento del paciente. Parece que existe la noción de que el paciente, y especialmente cuando se encuentra en un hospital, se convierte en propiedad del doctor. Un practicante concienzudo no se aprovecha del paciente. Uno menos concienzudo sí lo hace. Muchos médicos parecen considerar tan importante el sostenimiento de sus propios diagnósticos como la recuperación del paciente.

Ha sido un objetivo de nuestro hospital acabar de raíz con todas estas prácticas y poner en primer lugar los intereses del paciente. Por lo tanto, es lo que se conoce como un hospital "cerrado". Todos los médicos y todas las enfermeras son empleados durante todo el año y no pueden ejercer fuera del hospital. Incluyendo los residentes, forman el personal veintiún médicos y cirujanos. Estos hombres han sido seleccionados con mucho cuidado y se les pagan salarios al menos tan altos como los que normalmente ganarían con una práctica privada exitosa. Ninguno de ellos tiene interés financiero alguno en ningún paciente, y el paciente no puede ser tratado por un médico externo. Con mucho gusto reconocemos el papel y la utilidad del médico de familia. No buscamos suplantarlo. Nosotros empezamos el caso donde él lo termina, y devolvemos al paciente lo más rápidamente posible. Nuestro sistema hace que sea indeseable para nosotros mantener a los pacientes más tiempo del necesario: no necesitamos esa clase de negocio. Y compartimos con el médico de familia nuestro conocimiento del caso, pero mientras el paciente está en el hospital asumimos toda la responsabilidad. Está "cerrado" a la práctica de los médicos externos, aunque no está cerrada nuestra cooperación con cualquier médico de familia que la desee.

La admisión de un paciente es interesante. El paciente entrante es examinado por primera vez por el médico jefe y luego pasa a ser examinado por tres, cuatro, o el número de médicos que se entienda necesario. Este recorrido se lleva a cabo con independencia del motivo por el que el paciente llegó al hospital, porque, tal y como estamos descubriendo poco a poco, lo importante es la salud completa en lugar de una única enfermedad. Cada uno de los médicos hace un examen completo, y cada uno envía sus conclusiones por escrito al médico jefe sin ninguna oportunidad en absoluto de consultar con cualquiera de los otros médicos examinadores. Por lo menos tres, y a veces seis o siete diagnósticos absolutamente completos y absolutamente independientes están por tanto en manos del director del hospital. Constituyen un registro completo del caso. Estas precauciones se toman con el fin de asegurar, dentro de los límites del conocimiento actual, un diagnóstico correcto.

En la actualidad hay cerca de seiscientas camas disponibles. Cada paciente paga de acuerdo a un programa fijo que incluye la habitación del hospital, pensión completa, asistencia médica y quirúrgica y enfermería. No hay extras. No hay enfermeras privadas. Si el caso requiere más atención de la que las enfermeras asignadas al ala pueden ofrecer, entonces se pone otra enfermera, pero sin ningún gasto adicional para el paciente. Esto, sin embargo, rara vez es necesario debido a que los pacientes se agrupan de acuerdo a la cantidad de asistencia que van a necesitar. Puede haber una enfermera por cada dos pacientes, o una enfermera por cada cinco pacientes, dependiendo de lo que requiera el tipo de caso. Ninguna enfermera tiene nunca más de siete pacientes a su cargo, y gracias a los procedimientos es fácilmente posible para una enfermera cuidar a siete pacientes que no estén gravemente enfermos. En el hospital habitual las enfermeras deben dar muchos pasos inútiles. Dedican más tiempo a caminar que a cuidar del paciente. Este hospital está diseñado para ahorrar pasos. Cada planta es completa en sí misma, y al igual que en las fábricas hemos tratado de eliminar la necesidad de movimiento desperdiciado, así hemos tratado también de eliminar el movimiento desperdiciado en el hospital. El cargo para los pacientes por una habitación, enfermería y asistencia médica es de 4,50 $ al día. Se reducirá a medida que el tamaño del hospital aumente. El cargo por una operación mayor es de 125 $. El cargo por operaciones menores va de acuerdo a una escala fija. Todos los cargos son provisionales. El hospital cuenta con el mismo sistema de costos que una fábrica. Los cargos se regularán para hacer que alcancen nuestros propósitos.

No parece haber ninguna buena razón por la que el experimento no deba tener éxito. Su éxito es puramente una cuestión de gestión y matemáticas. El mismo tipo de gestión que permite a una fábrica prestar el servicio más completo permitirá a un hospital prestar el servicio más completo, y por un precio tan bajo como para estar al alcance de todos. La única diferencia entre la contabilidad del hospital y la de la fábrica es que no espero que el hospital retorne un beneficio; sí esperamos que cubra la depreciación. La inversión en este hospital hasta la fecha es de aproximadamente 9.000.000 $.

Si somos capaces de alejarnos de la caridad, los fondos que ahora se dedican a empresas caritativas pueden destinarse a impulsar la producción: a fabricar bienes de forma barata y en gran abundancia. Y entonces no solo estaremos quitando la carga de los impuestos de la comunidad y liberando a los hombres, sino que también podremos estar incrementando la riqueza general. Dejamos al interés privado demasiadas cosas que debemos hacer por nosotros mismos por interés común. Necesitamos un pensamiento más constructivo en el servicio público. Necesitamos algún tipo de "formación universal" en hechos económicos. Las sobredimensionadas ambiciones del capital especulativo, así como las irrazonables demandas de la mano de obra irresponsable, se deben a la ignorancia del fundamento económico de la vida. Nadie puede obtener más de la vida de lo que la vida puede producir; aun así, casi todo el mundo piensa que él sí puede. El capital especulativo quiere más; la mano de obra quiere más; la fuente de materia prima quiere más; y el público comprador quiere más. Una familia sabe que no puede vivir por encima de sus ingresos; hasta los niños saben eso. Pero el público nunca parece aprender que no puede vivir por encima de sus ingresos, tener más de lo que produce.

Para acabar con la necesidad de caridad debemos tener en cuenta no solo los hechos económicos de la existencia, sino también que la falta de conocimiento de estos hechos fomenta el miedo. Desterremos el miedo y podremos tener autonomía. La caridad no está presente donde mora la autonomía.

El miedo es el fruto de una confianza depositada en algo externo: en la buena voluntad de un capataz, tal vez, en la prosperidad de un taller, en la firmeza de un mercado. Esto es solo otra manera de decir que el miedo es la parte del hombre que reconoce su pugna por seguir manteniendo las circunstancias terrenales. Cuando el cuerpo adquiere ascendencia sobre el alma, la consecuencia es el miedo.

La habituación al fracaso es puramente mental y es la madre del miedo. Este hábito se adhiere a los hombres debido a que carecen de visión. Empiezan a hacer algo que va desde la A a la Z. En la A fallan, en la B tropiezan, y en la C se encuentran con lo que parece ser una dificultad insuperable. Entonces gritan "Vencido" y tiran abajo toda la tarea. Ni siquiera se han dado a sí mismos la oportunidad de fracasar de verdad; no han dado a su visión la oportunidad de ser confirmada o desmentida. Simplemente se han dejado vencer por las dificultades naturales que se presentan en toda clase de iniciativa.

Se rinden más hombres de los que fracasan. Lo que necesitan no es sabiduría o dinero, o brillantez, o "empuje", sino solo el hueso y el cartílago corrientes. Ese ímpetu crudo, simple y primitivo que denominamos "*aférrate-a-ellosidad*" es el rey sin corona del mundo del emprendimiento. La gente está completamente equivocada en su modo de ver las cosas. Ven los éxitos que han logrado los hombres y de alguna manera les parecen fáciles. Pero eso está a un mundo de distancia de los hechos. El fracaso es lo que es fácil. El éxito es siempre difícil. Un hombre puede fracasar con facilidad; solo puede tener éxito mediante el pago de todo lo que tiene y es. Esto es lo que hace que sea algo tan lamentable el éxito si se alcanza en direcciones que no sean útiles y edificantes.

Si un hombre vive con el temor constante a la situación industrial debe cambiar su vida a fin de no depender de él. Siempre estará el campo, y ahora hay menos personas en el campo que nunca. Si un hombre vive con el temor de que cambie el favor de un empleador para con él, debe liberarse de la dependencia de cualquier empleador. Puede convertirse en su propio jefe. Puede que él mismo sea un jefe peor que aquel al que deja, y que sus rendimientos sean mucho menores, pero al menos se habrá librado de la sombra de su miedo inicial, y eso vale mucho en dinero y posición. Mejor aún es que el hombre llegue al fondo de sí mismo y se supere a sí mismo mediante la eliminación de sus temores en medio de las circunstancias en las que se decide su suerte. Conviértete en un hombre libre en el lugar donde primero cediste tu libertad. Gana tu batalla donde la perdiste. Y llegarás a ver que, aunque había mucho fuera de ti que no estaba bien, había más que no estaba bien dentro de ti. De esta manera descubrirás que el mal dentro de ti estropea incluso el bien que está fuera de ti.

El hombre es aún el ser superior de la tierra. Pase lo que pase, sigue siendo un hombre. Los negocios pueden flaquear mañana: él sigue siendo un hombre. Atraviesa los cambios de circunstancias igual que atraviesa los cambios de temperatura: siendo un hombre. Con solo que pueda hacer renacer en él este pensamiento, abre nuevos pozos y minas en su propio ser. No hay seguridad fuera de uno mismo. No hay riqueza fuera de uno mismo. Eliminar el miedo significa atraer la seguridad y la provisión.

Dejemos que todos los americanos se blinden contra la indulgencia. A los americanos debe ofenderles la indulgencia. Es una droga. Ponte en pie y mantente firme; deja la caridad para los débiles.

CAPÍTULO XVI
LOS FERROCARRILES

Nada en este país proporciona un ejemplo mejor de cómo una empresa puede ser desviada de su función de servicio que los ferrocarriles. Tenemos un problema de ferrocarril, y se ha dedicado mucha reflexión erudita y discusión a la solución de este problema. Todo el mundo está insatisfecho con los ferrocarriles. El público está insatisfecho porque las tarifas, tanto de pasajero como de carga, son muy altas. Los empleados del ferrocarril están insatisfechos porque dicen que sus salarios son demasiado bajos y sus jornadas demasiado largas. Los dueños de los ferrocarriles están insatisfechos porque se asegura que no logran ningún rendimiento adecuado sobre el dinero invertido. Todos los contactos de una empresa gestionada adecuadamente deben ser satisfactorios. Si ni el público, ni los empleados ni los dueños se encuentran en una situación mejor gracias a la empresa, entonces algo debe estar yendo muy mal en la forma en que se está llevando la empresa.

No tengo el menor interés en absoluto en hacerme pasar por una autoridad en ferrocarriles. Pueden existir autoridades del ferrocarril, pero si el servicio tal y como es prestado a día de hoy por el ferrocarril americano es el resultado del conocimiento ferroviario acumulado, entonces no puedo decir que mi respeto por la utilidad de ese conocimiento sea del todo profundo. Tengo la total certeza de que los gestores activos de los ferrocarriles, los hombres que realmente hacen el trabajo, son totalmente capaces de encargarse de los ferrocarriles del país a satisfacción de todos, y tampoco tengo ninguna duda de que estos gestores activos, forzados por una serie de circunstancias, han hecho de todo menos gestionar. Y ahí está la fuente de la mayoría de los problemas. A los hombres que saben de ferrocarriles no se les ha autorizado a gestionar los ferrocarriles.

En un capítulo anterior acerca de la financiación se expusieron los peligros inherentes al préstamo indiscriminado de dinero. Es inevitable que todo aquel que pueda pedir prestado libremente para cubrir errores de gestión pida prestado en lugar de corregir los errores. A nuestros gerentes de ferrocarriles prácticamente les han obligado a endeudarse, ya que desde el inicio mismo de los ferrocarriles no han sido agentes libres. La mano rectora del ferrocarril no ha sido el hombre del ferrocarril, sino el banquero. Cuando el crédito del ferrocarril era alto, se hacía más dinero emitiendo bonos y especulando con los valores que mediante el servicio al público. Una fracción muy pequeña del dinero ganado por los ferrocarriles se ha reinvertido en la rehabilitación de inmuebles. Cuando, gracias a la gestión especializada, los ingresos netos llegaban a ser lo suficientemente grandes como para pagar un dividendo considerable por acción, entonces los especuladores de dentro y los responsables de la política fiscal del ferrocarril usaban en primer lugar ese dividendo para reventar el stock y deshacerse de sus participaciones, y luego para emitir bonos respaldados por la fortaleza del crédito obtenido a través de los ingresos. Cuando las ganancias disminuían o se hundían artificialmente, entonces los especuladores volvían a comprar las acciones y al cabo de un tiempo ponían en escena otro avance y repliegue. Apenas hay un ferrocarril en los Estados Unidos que no haya pasado por una o varias suspensiones de pagos, debido al hecho de que los intereses financieros se acumulaban después de una compra tras otra de valores hasta que las estructuras crecían hasta sobrecargarse y se desplomaban. Entonces declaraban la suspensión de pagos, hacían dinero a costa de los crédulos tenedores de valores, y comenzaban desde el principio el mismo viejo juego piramidal una vez más.

El aliado natural del banquero es el abogado. El tipo de juegos que se han jugado en los ferrocarriles han necesitado de asesoramiento jurídico experto. Los abogados, al igual que los banqueros, no saben absolutamente nada acerca de los negocios. Se imaginan que un negocio está correctamente dirigido si se mantiene dentro de la ley o si la ley puede ser alterada o interpretada para satisfacer el propósito que les ocupa. Viven de las reglas. Los banqueros arrebataron las finanzas de las manos de los gerentes. Colocaron abogados para asegurarse de que los ferrocarriles violaban la ley solo de forma legal, y así fue como surgieron inmensos departamentos jurídicos. En lugar de operar bajo las reglas del sentido común y de acuerdo a las circunstancias, cada ferrocarril tenía que operar conforme al asesoramiento de un abogado. Las reglas se propagaron a través de cada segmento de la organización. Luego vino la avalancha de regulaciones estatales y federales, hasta que a día de hoy tenemos a los ferrocarriles maniatados por una masa de reglas y regulaciones. Con los abogados y los financieros en el interior y varias comisiones estatales en el exterior, el gestor ferroviario tiene pocas posibilidades. Ese es el problema de los ferrocarriles. Las empresas no pueden ser dirigidas por la ley.

Nosotros hemos tenido la oportunidad de demostrarnos a nosotros mismos lo que significa liberarse de las manos muertas banquero-legales, en nuestra experiencia con el Ferrocarril Detroit, Toledo & Ironton. Compramos el ferrocarril porque su derecho de paso interfería con algunas de nuestras mejoras en River Rouge. No lo compramos como una inversión ni como un complemento a nuestras industrias, ni debido a su situación estratégica. La extraordinariamente buena situación del ferrocarril parece haberse hecho universalmente evidente solo a partir de que lo compramos. Eso, sin embargo, no viene al caso. Compramos el ferrocarril porque interfería en nuestros planes. Luego tuvimos que hacer algo con él. Lo único que podía hacerse era hacerlo funcionar como una empresa productiva, aplicándole exactamente los mismos principios que se aplican en todos los departamentos de nuestras industrias. Hasta el momento no hemos realizado esfuerzos especiales de ningún tipo y el ferrocarril no se constituyó como una demostración de cómo deberían funcionar todos los trenes. Es cierto que la aplicación de la norma de máximo servicio al mínimo coste ha hecho que el ingreso del ferrocarril exceda los gastos, lo cual, para ese ferrocarril, representa una condición de lo más inusual. Se ha interpretado que los cambios que hemos hecho (y recordemos que se han hecho simplemente como parte del trabajo diario) son peculiarmente revolucionarios y en cierta medida no aplicables a la gestión ferroviaria en general. Personalmente, me parece que nuestra pequeña línea no difiere mucho de las grandes líneas. En nuestro propio trabajo siempre hemos comprobado que, si nuestros principios son correctos, el ámbito en el que van a aplicarse no importa. Los principios que utilizamos en la gran planta de Highland Park parecen funcionar igual de bien en todas las plantas que instalamos. Para nosotros nunca ha supuesto ninguna diferencia si multiplicábamos lo que estábamos haciendo por cinco o por quinientos. El tamaño solo tiene que ver con la tabla de multiplicar, en cualquier caso.

El Ferrocarril Detroit, Toledo & Ironton se organizó hace unos veintitantos años y se ha reorganizado cada pocos años desde entonces. La última reorganización fue en 1914. La guerra y el control federal de los ferrocarriles interrumpieron el ciclo de reorganización. El ferrocarril posee 343 millas de vías, tiene 52 millas de ramales y 45 millas de derechos de peaje sobre otros ferrocarriles. Va desde Detroit casi con rumbo sur hasta Ironton sobre el río Ohio, pasando así por los depósitos de carbón de Virginia Occidental. Cruza la mayor parte de las grandes líneas troncales y es una línea férrea que, desde un punto de vista empresarial en general, debe rentar. Ha rentado. A los banqueros parece que les ha rentado. En 1913 la capitalización neta por milla de línea férrea era de 105.000 dólares. En la siguiente suspensión de pagos ésta se redujo a 47.000 $ por milla. No sé cuánto dinero basado en la fortaleza del ferrocarril se ha recaudado en total. Lo que sí sé es que en la reorganización de 1914 los tenedores de bonos fueron tasados y obligados a desembolsar en la tesorería casi cinco millones de dólares, que es la cantidad que pagamos nosotros por todo el ferrocarril. Nosotros pagamos sesenta centavos de dólar por los bonos hipotecarios pendientes, aunque el precio vigente justo antes del momento de la compra era de entre treinta y cuarenta centavos por dólar. Pagamos un dólar por cada acción ordinaria y cinco dólares por cada acción preferente, lo que parecía ser un precio razonable teniendo en cuenta que nunca se había pagado ningún interés por los bonos, y que el dividendo sobre las acciones era una posibilidad de lo más remota. El material rodante del ferrocarril consistía en cerca de setenta locomotoras, veintisiete vagones de pasajeros y alrededor de dos mil ochocientos vagones de carga. Todo el material rodante se encontraba en un estado extremadamente malo, y una buena parte de él no funcionaba en absoluto. Todos los edificios estaban sucios, sin pintar, y por lo general deteriorados. El balasto era poco más que un reguero de óxido y algo menos que una vía férrea. Los talleres de reparación estaban sobredimensionados de personal e infra-mecanizados. Prácticamente todo lo relacionado con la operativa se llevaba a cabo con un máximo de desperdicio. Había, no obstante, un departamento ejecutivo y de administración exageradamente amplio, y por supuesto un departamento legal. Solo el departamento legal costaba cerca de 18.000 $ al mes.

Nos hicimos cargo del ferrocarril en marzo de 1921. Comenzamos a aplicar principios industriales. Había habido una oficina ejecutiva en Detroit. La cerramos y pusimos a cargo de la administración a un hombre y le dimos la mitad de la mesa plana de la oficina de transporte de mercancías. El departamento jurídico se fue junto con las oficinas ejecutivas. No hay ningún motivo para tanto litigio asociado a los ferrocarriles. Nuestra gente rápidamente se hizo cargo de toda la masa de créditos impagados, algunos de los cuales llevaban años pendientes. Conforme surgen nuevas demandas, se resuelven en el acto y de acuerdo a los hechos, por lo que el gasto legal rara vez supera los 200 $ al mes. Se prescindió de toda la contabilidad y toda la burocracia innecesarias, y la nómina del ferrocarril se redujo de 2.700 a 1.650 hombres. Siguiendo nuestra política general, se abolieron todos los títulos y todas las oficinas, excepto las requeridas por la ley. La organización ferroviaria habitual es rígida; un mensaje tiene que recorrer una determinada línea de autoridad y no se espera que nadie haga nada sin órdenes expresas de su superior. Una mañana fui al ferrocarril muy temprano y encontré un tren de demolición con el vapor encendido, la tripulación a bordo y todos listos para empezar. Había estado "a la espera de órdenes" durante media hora. Bajamos y limpiamos la chatarra antes de que llegaran las órdenes; eso fue antes de que la idea de responsabilidad personal hubiera calado. Fue un poco difícil romper la habituación a las "órdenes"; los hombres al principio tenían miedo de asumir la responsabilidad. Pero a medida que seguimos adelante, parecía que el plan les iba gustando cada vez más, y ahora nadie limita sus atribuciones. A un hombre se le paga por una jornada de trabajo de ocho horas, y se espera de él que trabaje durante esas ocho horas. Si es un maquinista y termina una carrera en cuatro horas, entonces las siguientes cuatro horas trabaja en cualquier otra cosa que se necesite. Si un hombre trabaja más de ocho horas no se le pagan las horas extraordinarias: se descuenta ese tiempo extra del siguiente día de trabajo o lo guarda hasta que tiene un día libre entero pagado. Nuestra jornada de ocho horas es una jornada de ocho horas, no una base para calcular la paga.

El salario mínimo es de seis dólares al día. No hay hombres de más. Hemos recortado en las oficinas, en los talleres y en las vías. En un taller, 20 hombres están haciendo ahora más trabajo del que antes hacían 59. No hace mucho tiempo, una de nuestras cuadrillas de trabajo, que se componen de un capataz y 15 hombres, estaba trabajando en una vía paralela en la que había una cuadrilla de 40 hombres haciendo exactamente el mismo tipo de reparación de vía y balasto. ¡En cinco días nuestra cuadrilla hizo dos postes de telégrafo más que la cuadrilla competidora!

El ferrocarril está siendo rehabilitado; casi toda la pista se ha rebalastado y se han tendido muchas millas de raíles nuevos. Las locomotoras y el material rodante están siendo revisados en nuestros talleres a muy bajo costo. Hemos comprobado que los suministros que se compraban antes eran de mala calidad o inadecuados para el uso; estamos ahorrando dinero en suministros comprando calidades mejores y vigilando que nada se desperdicie. Los hombres parecen enteramente dispuestos a cooperar en el ahorro.

No desechan aquello que puede utilizarse. Le preguntamos a un hombre, "¿Qué puedes sacar de un motor?" y él responde con un récord de economía. Y no estamos inyectando grandes cantidades de dinero. Todo se está haciendo a base de ganancias. Esa es nuestra política. Los trenes deben hacer su recorrido y llegar en hora. El tiempo de los movimientos de mercancías se ha reducido alrededor de dos tercios. Un vagón en una vía muerta no es solo un vagón en una vía muerta. Es un gran signo de interrogación. Alguien tiene que saber por qué está allí. Solía tardar 8 o 9 días llevar la carga hasta Filadelfia o Nueva York; ahora tarda tres días y medio. La organización está sirviendo.

Se plantean todo tipo de explicaciones de por qué un déficit se ha convertido en un superávit. Me han dicho que todo se debe a la derivación de la carga de las industrias Ford. Si hubiéramos derivado todo nuestro negocio a este ferrocarril, eso no explicaría por qué gestionamos con un costo de operación mucho más bajo que antes. Estamos ubicando nuestro propio negocio tanto como podemos en el ferrocarril, pero solo porque en él conseguimos el mejor servicio. En el pasado estuvimos durante años tratando de enviar mercancías a través de este ferrocarril porque estaba convenientemente localizado, pero nunca fuimos capaces de utilizarlo en medida alguna a causa de los retrasos en las entregas. No podíamos contar con un envío de cinco o seis semanas; eso inmovilizaba demasiado dinero y también trastornaba nuestro programa de producción. No había ninguna razón para que el ferrocarril no tuviera un horario; pero no lo tenía. Los retrasos se convertían en asuntos legales que debían resolverse por la vía legal correspondiente; esa no es la senda del negocio. Pensamos que una demora es una reseña crítica sobre nuestro trabajo y es algo que debe investigarse al momento. Eso es negocio.

Los ferrocarriles en general se han venido abajo, y si la gestión anterior del Detroit, Toledo & Ironton constituye algún criterio general de gestión, no hay ninguna razón en el mundo por la que no deberían haberse venido abajo. Se dirigen demasiados ferrocarriles, no desde las oficinas de los hombres prácticos, sino desde las oficinas bancarias, y los principios de procedimiento, todo el enfoque, es financiero: no de transporte, sino financiero. Se ha producido un desplome simplemente porque se ha prestado más atención a los ferrocarriles como operadores en el mercado de valores que como servidores de la gente. Las ideas caducas se han conservado, el desarrollo prácticamente se ha detenido, y los hombres del ferrocarril con visión no han tenido libertad para evolucionar.

¿Resolverán mil millones de dólares esa clase de problema? No, mil millones de dólares solo empeorarán mil millones de dólares la situación. El propósito de los mil millones es simplemente continuar con los actuales métodos de gestión del ferrocarril, y si tenemos alguna dificultad en absoluto con el ferrocarril es a causa de los métodos actuales.

Las cosas erróneas y estúpidas que hicimos hace años están sobrepasándonos ahora. Al comienzo del transporte ferroviario en los Estados Unidos había que explicarle a la gente su utilidad, igual que hubo que explicarle la utilidad del teléfono. Además, los nuevos ferrocarriles tuvieron que hacer negocios para seguir siendo solventes. Y debido a que la financiación del ferrocarril comenzó en uno de los períodos más podridos de nuestra historia empresarial, se establecieron una serie de prácticas como precedentes que han influido en el trabajo ferroviario desde entonces. Una de las primeras cosas que los ferrocarriles hicieron fue estrangular a todos los demás medios de transporte. Al principio había un espléndido sistema de canales en este país, y un gran movimiento para la canalización se encontraba en su apogeo. Las compañías ferroviarias compraron las empresas de canalización y dejaron que los canales se atascaran y se llenaran de malas hierbas y despojos. En todo el Este y en partes de los estados del Medio Oeste están los restos de esta red interior de canales navegables. Ahora están siendo restaurados lo más rápidamente posible; los están conectando entre sí; diversas comisiones, públicas y privadas, han tenido la visión de un sistema completo de vías de agua que sirva a todos los rincones del país, y gracias a sus esfuerzos, persistencia y fe se está llevando a cabo el progreso.

Pero había otra. Se trataba del sistema de hacer el recorrido lo más largo posible. Cualquiera que esté familiarizado con las reuniones que resultaron en la formación de la Comisión de Comercio Interestatal sabe a lo que me refiero con esto. Hubo un período en el que el transporte ferroviario no se consideraba al servicio del público viajero, manufacturero y comercial. Se trataba a los negocios como si ellos existieran para el beneficio de los ferrocarriles. Durante este período de locura, un buen desempeño ferroviario no consistía en llevar mercancías desde su punto de envío a su destino por la línea más directa posible, sino en mantenerlos en tránsito todo el tiempo posible, enviarlos a través del itinerario más largo, dar un pedazo de las ganancias a cuantas más líneas de conexión fuera posible, y dejar que el público soportara la consiguiente pérdida de tiempo y dinero. Hubo un tiempo en que eso se consideraba un buen desempeño ferroviario. No ha perdido totalmente su vigencia hoy en día.

Uno de los grandes cambios en nuestra vida económica a los que esta política ferroviaria contribuyó fue la centralización de determinadas actividades, no porque la centralización fuera necesaria, ni porque contribuyera al bienestar de la gente, sino porque, entre otras cosas, suponía el doble de negocio para los ferrocarriles. Examinemos dos alimentos básicos: la carne y el trigo. Si nos fijamos en los mapas que muestran las empresas empacadoras, y vemos de dónde se ha extraído el ganado; y luego, si tenemos en cuenta que el ganado, una vez convertido en alimentos, es llevado por los mismos ferrocarriles de vuelta al lugar de donde vino, obtendremos algo de luz acerca del problema del transporte y el precio de la carne. Examinemos también el trigo. Todo lector de anuncios sabe dónde se encuentran los grandes molinos de harina del país. Y probablemente sabe también que estos grandes molinos no se encuentran en las regiones donde se cultiva el trigo de los Estados Unidos. Hay cantidades asombrosas de trigo, miles de trenes cargados, transportados inútilmente largas distancias, y luego en forma de harina transportados de nuevo largas distancias a los estados y las regiones donde el trigo fue plantado: un sobrecoste de los ferrocarriles que no beneficia a las comunidades donde se cultivó el trigo ni a ninguna otra persona salvo a los molinos monopolísticos y los ferrocarriles. Los ferrocarriles siempre pueden hacer grandes negocios sin ayudar a los negocios del país en absoluto; siempre pueden ser contratados para esa clase de transporte inútil. En carne y cereales, y tal vez en algodón también, el coste del transporte podría reducirse más de la mitad mediante la preparación del producto para su uso antes de ser enviado. Si una comunidad carbonera extrajera carbón en Pennsylvania, y luego lo enviara por ferrocarril a Michigan o Wisconsin para cribarlo, y luego lo trasladara de nuevo a Pennsylvania para su uso, no sería mucho más estúpido que el acarreo de res viva desde Tejas hasta Chicago para sacrificarlo allí, y luego enviarlo muerto de vuelta a Texas; o el acarreo de trigo desde Kansas hasta Minnesota para ser molido allí en los molinos y trasladado de nuevo en forma de harina. Es un buen negocio para los ferrocarriles, pero es un mal negocio para los negocios. Un ángulo del problema del transporte a la que muy pocos hombres están prestando atención es este traslado inútil de material. Si el problema se aborda desde la perspectiva de librar a los ferrocarriles de sus desplazamientos inútiles, descubriríamos que estamos en mejor forma de la que pensamos para ocuparnos del negocio del transporte legítimo en el país. En materias primas como el carbón es necesario que se transporten desde donde están hasta donde más se necesitan. Lo mismo puede decirse de las materias primas de la industria: deben ser transportadas desde el lugar donde la naturaleza las ha almacenado hasta el lugar donde hay gente dispuesta a trabajar con ellas. Y dado que estas materias primas no se encuentran a menudo reunidas en una región, es necesaria una cantidad considerable de transporte hasta un lugar de almacenamiento central. El carbón proviene de una región, el cobre de otra, el hierro de otra, la madera de otra: todos deben ser agrupados.

Pero, siempre que sea posible, debe adoptarse una política de descentralización. Necesitamos, en lugar de molinos de harina mastodónticos, una multitud de molinos más pequeños distribuidos a través de todas las regiones en las que se cultiva el trigo. Siempre que sea posible, la región que produce la materia prima debe producir también el producto acabado. El trigo debería transformarse en harina allí donde se cultiva. Un país que cría cerdos no debería exportar cerdos, sino carne de cerdo, jamones y beicon. Las fábricas de algodón deberían estar cerca de los campos de algodón. No se trata de una idea revolucionaria. En cierto sentido, es reaccionaria. No sugiere nada nuevo; sugiere algo que es muy viejo. Esta es la forma en la que se hacían las cosas en el país antes de que adoptáramos el hábito de hacer circular las cosas durante unos cuantos miles de millas y luego cargar el transporte a la factura del consumidor. Nuestras comunidades deben ser más completas en sí mismas. No deberían depender innecesariamente del transporte ferroviario. Deberían abastecerse de lo que producen y distribuir el excedente. ¿Y cómo van a hacerlo a menos que cuenten con los medios para transformar sus materias primas como el trigo y el ganado en productos acabados? Si la empresa privada no proporciona estos medios, la cooperación entre los agricultores puede hacerlo. La principal injusticia que sufre el agricultor hoy día es que, aun siendo el mayor productor, no puede ser también el mayor comercializador, ya que se ve obligado a vender a aquellos que adaptan sus productos para la venta comercial. Si pudiera transformar su trigo en harina, su ganado en carne de res, y sus cerdos en jamones y beicon, no solo recibiría un beneficio más completo de su producto, sino que haría que las comunidades de sus alrededores fueran más independientes de las exigencias del ferrocarril, y por consiguiente mejoraría el sistema de transporte, al liberarlo de la carga de su producto no acabado. La cosa no solo es razonable y posible, sino que está llegando a ser absolutamente necesaria. Más que eso, se está haciendo en muchos lugares. Pero no mostrará su efecto completo sobre la situación del transporte y sobre el coste de la vida hasta que no se haga de forma más amplia y con más cantidad de materiales.

Retirar la prosperidad de los negocios que no sirven es una de las atribuciones de la naturaleza.

Nosotros descubrimos que podíamos, siguiendo nuestra política universal, reducir nuestros precios y obtener más negocio en el Detroit, Toledo & Ironton. Hicimos algunos recortes, ¡pero la Comisión Interestatal de Comercio se negó a autorizarlos! En tales circunstancias, ¿por qué cuestionar los ferrocarriles como negocio? ¿O como servicio?

CAPÍTULO XVII
LAS COSAS EN GENERAL

Ningún hombre excede a Thomas A. Edison en amplitud de visión y entendimiento. Lo conocí por primera vez hace muchos años cuando estaba con la *Detroit Edison Company*, probablemente alrededor de 1887 más o menos. Los hombres de las eléctricas celebraban una convención en Atlantic City, y Edison, como líder de la ciencia eléctrica, pronunció un discurso. Yo estaba trabajando por entonces en mi motor de gasolina, y la mayoría de la gente, incluyendo a todos mis colegas de la empresa eléctrica, se había tomado la molestia de decirme que el tiempo dedicado a un motor de gasolina era tiempo perdido, que la energía del futuro iba a ser la electricidad. Estas críticas no habían hecho ninguna mella en mí. Yo seguía trabajando con todas mis fuerzas. Pero estar en la misma habitación que Edison me sugirió que sería una buena idea saber si el padre de la electricidad pensaba que iba a ser la única energía del futuro. Así que, después de que el Sr. Edison hubiera terminado su discurso, me las arreglé para pillarlo a solas un momento. Le conté en lo que estaba trabajando.

Le interesó en el acto. Le interesa cada búsqueda de nuevo conocimiento. Y entonces le pregunté si pensaba que el motor de combustión interna tenía futuro. Él respondió algo parecido a esto:

"Sí, cualquier motor ligero que pueda desarrollar una gran potencia y sea autónomo tiene mucho futuro. Ninguna clase de fuerza motriz en solitario se ocupará jamás de todo el trabajo del país. No sabemos lo que la electricidad puede hacer, pero yo doy por sentado que no puede hacerlo todo. Siga con su motor. Si puede usted conseguir lo que anda buscando, le veo un gran futuro."

Esto es característico de Edison. Él era la figura central de la industria eléctrica, que en aquella época era joven y entusiasta. El común de los hombres de las eléctricas no podían ver nada más allá de la electricidad, pero su líder veía con claridad cristalina que ninguna energía en solitario podría hacer todo el trabajo del país. Supongo que por eso era el líder.

Así fue mi primer encuentro con Edison. No lo volví a ver hasta muchos años después: hasta que nuestro motor estuvo desarrollado y en producción. Él recordaba perfectamente nuestro primer encuentro. Desde entonces nos hemos visto a menudo. Él es uno de mis mejores amigos, y hemos intercambiado juntos más de una idea.

Su conocimiento es casi universal. Se interesa por todos los temas imaginables y no acepta limitaciones. Él cree que todo es posible. Al mismo tiempo, mantiene sus pies en el suelo. Avanza paso a paso. Considera que "imposible" es la descripción de lo que aún no tenemos conocimiento para lograr. Sabe que a medida que acumulamos conocimiento desarrollamos la energía para superar lo imposible. Esa es la forma racional de hacer lo "imposible". La forma irracional consiste en hacer el intento sin el esfuerzo de acumular conocimientos. El Sr. Edison aún no ha hecho más que aproximarse a la plenitud de sus facultades. Él es el hombre que va a mostrarnos lo que puede hacer realmente la química. Porque él es un verdadero científico que considera el conocimiento que siempre anda buscando como una herramienta para dar forma al progreso del mundo. Él no es la clase de científico que simplemente almacena conocimiento y convierte su cabeza en un museo. [2]Edison es realmente el científico más grande del mundo. Además tiene sentido constructivo y directivo. No solo ha tenido visiones, sino que las ha convertido en realidades. Ha dirigido a hombres y ha estado envuelto en negocios hasta un grado inusual en un inventor a quien casi siempre se considera un visionario. Aunque no lo era en un principio, se ha hecho a sí mismo hombre de negocios por pura necesidad. Edison podía haber hecho cualquier cosa a la que hubiera dedicado su mente. Él ve más allá de las cosas, y hay mucha falta de *ver más allá* hoy en día.

John Burroughs fue otro de los hombres que me honró con su amistad. A mí también me gustan los pájaros. Me gusta el aire libre. Me gusta caminar por el campo y saltar cercas. Tenemos quinientas casas de pájaros en la granja. Los llamamos nuestros hoteles de pájaros, y uno de ellos, el Hotel Pontchartrain, una casa de vencejos, tiene setenta y seis apartamentos. Tenemos cestas de alambre con comida colgadas de los árboles durante todo el invierno, y luego hay una tina grande en la que se evita que el agua se congele mediante un calentador eléctrico. En verano y en invierno hay comida, bebida y refugio disponible para los pájaros. Hemos empollado faisanes y codornices en incubadoras y luego los hemos pasado a criaderos eléctricos. Tenemos todo tipo de casas de pájaros y nidos. Los gorriones, que son grandes abusadores de la hospitalidad, reclaman que sus nidos estén fijos, que no se mezan con el viento; a las ratonas les gustan los nidos que se mecen. Así que montamos una serie de cajas para ratonas sobre tiras de acero elástico para que se mezan en el viento. A las ratonas les ha gustado la idea y a los gorriones no, así que hemos sido capaces de mantener el nido de ratonas en paz. En verano dejamos las cerezas sin recoger en los árboles y las fresas en las matas, y creo que no solo tenemos más cantidad, sino también más variedad de cantos de pájaro que en cualquier otro lugar de los estados del norte. John Burroughs dijo que así lo creía, y un día, cuando estaba alojado en nuestra casa, se encontró con un pájaro que nunca antes había visto.

Hace unos diez años importamos una gran cantidad de pájaros desde el extranjero: escribanos cerillos, pinzones comunes, pinzones verdes, pinzones rojo pálido, pardillos de pico amarillo, camachuelos, arrendajos, pardillos comunes,

---

[2] En la primera edición de 1922 a cargo de *Doubleday, Page & Company*, el párrafo finaliza de forma alternativa. Dice así: "Edison es con facilidad el científico más grande del mundo. No estoy seguro de que no sea también el peor hombre de negocios del mundo. No sabe casi nada de negocios." En el resto de ediciones consultadas, tanto las posteriores de *Doubleday, Page & Company* a partir de 1923 como también las de *Garden City Publishing Co., Inc.* del propio año 1922, el texto ha sido modificado a la versión que se ofrece en esta traducción.

alondras... unos quinientos de ellos. Se quedaron un tiempo, pero no sé dónde pueden estar ahora. No voy a importar más. Los pájaros tienen derecho a vivir donde quieren vivir.

Los pájaros son la mejor de las compañías. Los necesitamos por su belleza y su compañía, y también los necesitamos por la razón estrictamente económica de que destruyen los insectos dañinos. La única vez que utilicé la organización Ford para influir en la legislación fue en nombre de los pájaros, y creo que el fin justificaba los medios. El Proyecto de Ley de Aves Weeks-McLean para proporcionar refugios de pájaros a nuestras aves migratorias estaba aplazado en el Congreso con todas las probabilidades de morir de muerte natural. Sus patrocinadores inmediatos no podían atraer mucha atención por parte de los congresistas. Los pájaros no votan. Nos pusimos detrás de ese proyecto de ley y pedimos a cada uno de nuestros seis mil distribuidores que telefoneara a su representante en el Congreso. Comenzó a resultar evidente que los pájaros podían tener votos; el proyecto de ley se aprobó. Nuestra organización nunca ha sido utilizada para ningún propósito político y nunca lo será. Asumimos que nuestra gente tiene derecho a sus propias preferencias.

Por volver a John Burroughs. Por supuesto sabía quién era y había leído casi todo lo que había escrito, pero nunca había pensado en conocerle hasta hace algunos años en que desarrolló una animadversión en contra del progreso moderno. Detestaba el dinero y especialmente detestaba el poder que el dinero otorgaba a la gente vulgar para saquear la hermosa campiña. Empezó a rechazar la industria de la que provenía el dinero. Le disgustaban el ruido de las fábricas y los ferrocarriles. Criticaba el progreso industrial, y declaró que el automóvil iba a acabar con la apreciación de la naturaleza. Yo estaba fundamentalmente en desacuerdo con él. Pensaba que sus emociones le habían llevado por el rumbo equivocado, de modo que le envié un automóvil con la petición de que lo probara y descubriera por sí mismo si no le ayudaba a conocer mejor la naturaleza. Ese automóvil (y le llevó algún tiempo aprender a manejarlo él mismo) cambió por completo su punto de vista. Descubrió que le ayudaba a ver más, y desde el momento en que lo tuvo, realizó casi todas sus expediciones de búsqueda de aves detrás del volante. Se dio cuenta de que en lugar de tener que limitarse a unas pocas millas alrededor de Slabsides, el campo entero estaba abierto para él.

A raíz de ese automóvil surgió nuestra amistad, y fue una buena amistad. Era imposible no ser mejor tras conocer a John Burroughs. Él no era un naturalista profesional, pero tampoco dejaba que el sentimiento interfiriera con la investigación exhaustiva. Es fácil ponerse sentimental al aire libre; lo difícil es buscar la verdad acerca de un pájaro del mismo modo que cabría perseguir un principio mecánico. Pero John Burroughs lo hacía, y el resultado era que las observaciones que recogía por escrito eran increíblemente precisas. Era impaciente con los hombres que no eran precisos en sus observaciones de la naturaleza. John Burroughs amaba la naturaleza en primer lugar por sí misma; no era solamente su fuente de material como escritor profesional. La amaba antes de empezar a escribir sobre ella.

Al final de su vida se hizo filósofo. Su filosofía no era tanto una filosofía de la naturaleza como una filosofía natural: las reflexiones extensas y serenas de un hombre que había vivido en el espíritu tranquilo de los árboles. No era pagano; no era panteísta; pero no hacía mucha diferenciación entre la naturaleza y la naturaleza humana, ni entre la naturaleza humana y la divina. John Burroughs vivió una vida saludable. Tuvo la suerte de tener como casa la granja en la que había nacido. Durante largos años estuvo rodeado de los elementos que favorecen una mente en calma. Amaba los bosques e hizo que la gente de mente polvorienta de la ciudad los amara también: les ayudó a apreciar lo que él apreciaba. No hizo mucho más que ganarse la vida. Podía haberlo hecho, tal vez, pero ese no era su objetivo. Como un naturalista americano más, su ocupación podría haber sido descrita como inspector de nidos de aves y senderos de montaña. Por supuesto, eso no renta en dólares y centavos.

Después de cumplir los setenta años cambió sus puntos de vista sobre la industria. Tal vez yo tuve algo que ver en ello. Se dio cuenta de que no todo el mundo podía vivir de la búsqueda de nidos de pájaros. En un momento de su vida desarrolló una animadversión contra todo el progreso moderno, especialmente cuando implicaba la quema de carbón y el ruido del tráfico. Puede que eso fuera lo más cerca que llegó a estar de la afectación literaria. A Wordsworth también le disgustaban los ferrocarriles, y Thoreau decía que apreciaba mejor el campo a pie. Tal vez fueron influencias como esas las que dispusieron durante un tiempo a John Burroughs en contra del progreso industrial. Pero solo durante un tiempo. Se dio cuenta de que era una suerte para él que los gustos de otros discurrieran por otras vías, como era una suerte para el mundo que su gusto discurriera por su propia vía. No ha habido ninguna evolución observable en el método de fabricación de nidos de aves desde el comienzo de la observación registrada, pero esa era difícilmente una razón por la que los seres humanos no debieran preferir las higiénicas casas modernas a los asentamientos en cuevas. No tener miedo a cambiar sus puntos de vista formaba parte de la sensatez de John Burroughs. Él era un amante de la Naturaleza, no su alcahuete. Con el transcurso del tiempo llegó a valorar y aprobar los dispositivos modernos, y aunque esto es por sí mismo un hecho interesante, no lo es tanto como el hecho de que hizo este cambio después de cumplir los setenta años. John Burroughs nunca era demasiado viejo para cambiar. Siguió creciendo hasta el final. El hombre que está demasiado cuajado para cambiar ya está muerto. El funeral es un mero detalle.

Si él hablaba más de una persona que de otra, era de Emerson. No solo conocía a Emerson de memoria como autor, sino que lo conocía de memoria como espíritu. Él me enseñó a conocer a Emerson. Él mismo se había saturado tanto de Emerson que en algunos momentos pensaba como él e incluso incurría en su forma de expresarse. Pero después encontró su propio camino, lo cual fue mejor para él.

No hubo tristeza en la muerte de John Burroughs. Cuando el trigo está maduro y tostado bajo el sol en la época de siega, y los segadores están ocupados atándolo en gavillas, no hay tristeza por el trigo. Ha madurado y ha completado su ciclo, y así también John Burroughs. En él se habían completado la madurez y la cosecha, no la decadencia. Trabajó casi hasta el final. Sus planes continuaron más allá del final. Lo enterraron entre los paisajes que amaba; era su octogésimo cuarto cumpleaños. Esos paisajes se conservarán tal y como él los amó.

John Burroughs, Edison, y yo junto a Harvey S. Firestone hicimos varios viajes de vagabundos juntos. Viajábamos en auto-caravanas y dormíamos en tiendas de campaña. Una vez vagamos cruzamos las Adirondacks y continuamos a través de los Alleghenies en dirección sur. Los viajes eran muy divertidos, salvo porque comenzaron a atraer demasiada atención.

*****

Hoy en día estoy más en contra de la guerra de lo que nunca lo he estado, y creo que la gente del mundo sabe (incluso si los políticos no lo saben) que la guerra nunca arregla nada. Fue la guerra la que convirtió los procesos ordenados y rentables del mundo en lo que son hoy en día: una masa confusa e inconexa. Por supuesto, algunos hombres se enriquecen a costa de la guerra; otros se empobrecen. Pero los hombres que se enriquecen no son los que lucharon o los que realmente ayudaron en la retaguardia. Ningún patriota hace dinero a costa de la guerra. Ningún hombre con verdadero patriotismo puede hacer dinero a costa de la guerra, a costa del sacrificio de las vidas de otros hombres. Hasta que el soldado haga dinero por luchar, hasta que las madres hagan dinero por entregar sus hijos a la muerte; hasta que eso ocurra, ningún ciudadano debería hacer dinero a costa de proporcionar a su país los medios para preservar su vida.

Si las guerras continúan, será más y más difícil para el hombre de negocios honesto considerar la guerra como un medio legítimo para lograr beneficios amplios y rápidos. Las fortunas de guerra están perdiendo lustre a cada día que pasa. Incluso la codicia se lo pensará dos veces algún día ante la impopularidad abrumadora y la oposición que enfrentará el especulador de guerra. Los negocios deberían estar del lado de la paz, porque la paz es el mejor activo de negocio.

Y, por cierto, ¿fue alguna vez más estéril el ingenio creador que durante la guerra?

Una investigación imparcial de la última guerra, de lo que la precedió y de lo que ha salido de ella, demostraría más allá de toda duda que hay en el mundo un grupo de hombres con amplios poderes de control, que prefieren permanecer en el anonimato, que no persiguen un cargo ni ninguno de los indicadores de poder, que no pertenecen a ninguna nación concreta sino que son internacionales: una fuerza que utiliza cada gobierno, cada organización empresarial sistematizada, cada agencia de publicidad, todos los recursos de la psicología nacional, para sumir al mundo en una situación de pánico en aras de obtener aún más poder sobre el mundo. Un viejo truco de tahúres solía consistir en que el jugador gritara "¡Policía!" cuando había una gran cantidad de dinero sobre la mesa, y, en el pánico que se desataba, apoderarse del dinero y huir con él. Hay un poder en el mundo que grita "¡Guerra!" y, en la confusión de las naciones y el sacrificio sin límites que la gente hace por la seguridad y la paz, se escapa con el botín del pánico.

El factor a tener en cuenta es que, a pesar de que hemos ganado la contienda militar, el mundo aún no ha tenido éxito en obtener una victoria total sobre los promotores de la guerra. No debemos olvidar que las guerras son un mal puramente artificial, y que se hacen de acuerdo a una estrategia definida. Una campaña para la guerra se hace basándose en líneas tan definidas como las de una campaña para cualquier otro propósito. En primer lugar, se trabaja sobre la gente. Mediante rumores astutos se despiertan las suspicacias de la gente hacia la nación contra la que se desea la guerra. Se fomenta la desconfianza en la nación; se fomenta la desconfianza en la otra nación. Todo lo que se necesita para ello son unos pocos agentes con cierta astucia y sin conciencia, y una prensa cuyo interés esté comprometido con los intereses que se verán beneficiados por la guerra. Entonces pronto aparecerá el "casus belli". No es en absoluto complicado conseguir un "casus belli", una vez que se ha trabajado para elevar el odio de dos naciones hasta el volumen adecuado.

Hubo hombres en todos los países que se alegraron de ver comenzar la Guerra Mundial y que lamentaron verla acabar. Cientos de fortunas americanas datan de la Guerra Civil; miles de nuevas fortunas datan de la Primera Guerra Mundial. Nadie puede negar que la guerra es un negocio rentable para aquellos a quienes les gusta esa clase de dinero. La guerra es una orgía de dinero, al igual que es una orgía de sangre.

Y no nos conducirían tan fácilmente a la guerra si considerásemos qué es lo que hace realmente grande a una nación. No es la cantidad de comercio lo que hace grande a una nación. La creación de fortunas privadas, como la creación de una autocracia, no hace grande a ningún país. Tampoco el mero cambio de una población agrícola a una población industrial. Un país se hace grande cuando, en virtud del sabio desarrollo de sus recursos y la pericia de su gente, la propiedad se distribuye ampliamente y de manera justa.

El comercio exterior está lleno de engaños. Debemos desear para toda nación un grado de autosuficiencia tan grande como sea posible. En lugar de querer que continúen siendo dependientes de nosotros por lo que fabricamos, deberíamos desearles que aprendan a fabricar ellos mismos y que construyan una civilización sólidamente asentada. Cuando cada nación aprenda a producir las cosas que puede producir, seremos capaces de sentar unas bases de servicio mutuo dentro de pautas especiales en las que no cabe la competencia. La Zona Templada del Norte nunca será capaz de competir con los trópicos en los productos especiales de los trópicos. Nuestro país nunca será competidor del Oriente en producción de té, ni del Sur en producción de caucho.

Una buena parte de nuestro comercio exterior está basada en el atraso de nuestros clientes extranjeros. El egoísmo es un motivo que preservaría este atraso. La humanidad es un motivo que estimularía a las naciones atrasadas hacia una base autosuficiente. Tomemos México, por ejemplo. Hemos oído hablar mucho acerca del "desarrollo" de México. Explotación es la palabra que debe utilizarse en su lugar. Cuando se explotan sus ricos recursos naturales para aumentar las fortunas privadas de los capitalistas extranjeros, eso no es desarrollo, es abuso. México nunca podrá desarrollarse hasta que se desarrollen los mexicanos. Y hasta ahora, ¿cuánto del "desarrollo" de México a cargo de explotadores extranjeros ha tenido en cuenta el desarrollo de su gente? El peón mexicano ha sido considerado como mero combustible para los fabricantes de dinero extranjeros. El comercio exterior ha sido su degradación.

Las personas miopes temen un consejo semejante. Dicen: "¿Qué sería de nuestro comercio exterior?"

Cuando los nativos de África comiencen a cultivar su propio algodón y los nativos de Rusia comiencen a hacer sus propios aperos de labranza y los nativos de China comiencen a atender sus propias necesidades, eso supondrá una diferencia, sin duda, pero ¿hay algún hombre razonable que imagine que el mundo puede continuar mucho tiempo bajo el esquema actual de unas pocas naciones abasteciendo las necesidades del mundo? Debemos pensar en términos de lo que será el mundo cuando la civilización se generalice, cuando todos los pueblos hayan aprendido a servirse a sí mismos.

Cuando un país se vuelve loco con el comercio exterior, generalmente depende de otros países para su materia prima, convierte a su población en carne de fábrica, crea una clase privada rica, y deja que se descuide su propio interés inmediato. Aquí en los Estados Unidos tenemos trabajo suficiente desarrollando nuestro propio país como para liberarnos de la necesidad de buscar comercio exterior durante una larga temporada. Tenemos suficiente agricultura para alimentarnos mientras lo hacemos, y dinero suficiente para llevar el trabajo adelante. ¿Hay algo más estúpido que los Estados Unidos esperando ociosos porque Japón, Francia o cualquier otro país no nos ha enviado un pedido, cuando tenemos esperándonos trabajo para cien años en el desarrollo de nuestro propio país?

El comercio comenzó con el servicio. Los hombres ofrecían sus excedentes a las personas que no tenían ninguno. El país que cultivaba maíz lo llevaba hasta el país que no podía cultivar maíz. El país frondoso llevó madera a la llanura sin árboles. El país con vides llevó frutos a los climas fríos del norte. El país de pasto llevó la carne a la región sin hierba. Era todo servicio. Cuando todos los pueblos del mundo lleguen a desarrollarse en el arte de la autosuficiencia, el comercio volverá a funcionar sobre esa base. El negocio volverá una vez más a convertirse en servicio. No habrá competencia, porque el fundamento de la competencia habrá desaparecido. Los diferentes pueblos desarrollarán habilidades que serán más del tipo monopolístico que competitivo. Desde el principio, las razas han mostrado distintas modalidades de ingenio: una para el gobierno; otra para la colonización; otra para el mar; otra para el arte y la música; otra para la agricultura; otra para los negocios, y así sucesivamente. Lincoln decía que esta nación no podría sobrevivir mitad esclava y mitad libre. La raza humana no puede existir para siempre mitad explotadora y mitad explotada. Hasta que lleguemos a ser compradores y vendedores por igual, productores y consumidores por igual, manteniendo el equilibrio no a base de beneficio sino a base de servicio, la situación seguirá estando patas arriba.

Francia tiene algo que ofrecer al mundo que no hay competencia que pueda trampear. También Italia. También Rusia. También los países de América del

Sur. También Japón. También el Reino Unido. También Estados Unidos. Cuanto antes volvamos a una base de especialidades naturales y abandonemos este sistema caótico de apropiación, antes aseguraremos internacionalmente el respeto de cada nación por sí misma... y la paz internacional. Intentar hacerse con el comercio del mundo puede promover la guerra. No puede promover la prosperidad. Algún día incluso los banqueros internacionales se darán cuenta de esto.

Nunca he sido capaz de descubrir ninguna razón honorable para el comienzo de la Guerra Mundial. Parece haber surgido de una situación muy complicada creada en gran medida por quienes pensaban que podrían beneficiarse de la guerra. Creía, con la información de la que disponía en el año 1916, que algunas naciones estaban ansiosas por la paz y hubieran dado la bienvenida a una manifestación por la paz. Fue con la esperanza de que esto fuera cierto que financié la expedición a Estocolmo en lo que desde entonces se ha llamado el "Barco de la Paz"[3]. No me arrepiento del intento. El mero hecho de que fracasara no es, para mí, una prueba concluyente de que no valiera la pena intentarlo. Aprendemos más de nuestros fracasos que de nuestros éxitos. Lo que aprendí en ese viaje mereció el tiempo y el dinero invertidos. Ahora ya no sé si la información que me transmitieron era verdadera o falsa. No me importa. Pero creo que todo el mundo estará de acuerdo en que si hubiera sido posible poner fin a la guerra en 1916, el mundo estaría mejor de lo que está hoy en día.

Porque los vencedores se echaron a perder para ganar, y los vencidos para resistir. Nadie obtuvo ninguna ventaja, honorable o vergonzosa, de esa guerra. Yo tenía la esperanza, al final, cuando los Estados Unidos entraron en guerra, de que pudiera ser una guerra para acabar con las guerras, pero ahora sé que las guerras no acaban con las guerras más de lo que una conflagración extraordinariamente grande acaba con el riesgo de incendio. Cuando nuestro país entró en guerra se convirtió en el deber de todo ciudadano hacer todo lo posible para procurar acometer el fin que habíamos emprendido. Creo que el deber del hombre que se opone a la guerra es oponerse a ir a la guerra hasta el momento en que finalmente se declara.

Mi oposición a la guerra no se basa en principios pacifistas o de no resistencia. Puede que el estado actual de la civilización sea tal que algunas cuestiones internacionales no puedan ser discutidas; puede que tengan que ser zanjadas en combate. Pero la lucha no arregla nunca la cuestión. Solo promueve en los participantes una tesitura mental en la que aceptarán discutir de aquello por lo que estaban luchando.

Una vez que estuvimos en guerra, todas las instalaciones de las industrias Ford fueron puestas a disposición del Gobierno. Hasta el momento de la declaración de guerra nos habíamos negado rotundamente a aceptar pedidos de guerra de los beligerantes extranjeros. Es totalmente contrario a los principios

---

[3] En 1915 Henry Ford financió una expedición a Europa junto a 170 líderes partidarios de la paz para intentar frenar la Guerra Mundial. El viaje fue un fracaso y se convirtió en objeto de burla tanto en Europa como en Estados Unidos.

de nuestro negocio perturbar la rutina de nuestra producción salvo en caso de emergencia. Resulta contrario a nuestros principios humanos ayudar a ambos bandos de una guerra en la que nuestro país no estaba involucrado. Estos principios dejaron de ser aplicables una vez que Estados Unidos entró en guerra. Desde abril de 1917 hasta noviembre de 1918 nuestra fábrica trabajó casi exclusivamente para el Gobierno. Por supuesto que fabricamos automóviles y piezas y camiones de reparto especial y ambulancias como parte de nuestra producción en general, pero también hicimos muchos otros artículos que eran más o menos nuevos para nosotros. Fabricamos camiones de 2,5 y 6 toneladas. Fabricamos motores Liberty en grandes cantidades, cilindros para aviones, carros de artillería de 1,55 y 4,7 milímetros. Fabricamos dispositivos de escucha, cascos de acero (tanto en Highland Park como en Filadelfia), y buques patrulleros Eagle, y llevamos a cabo una gran cantidad de trabajo experimental en blindajes, compensadores y chalecos blindados. Para los buques Eagle pusimos en marcha una planta especial en el emplazamiento de River Rouge. Estos buques fueron diseñados para luchar contra los submarinos. Medían 204 pies de largo, eran de acero, y una de las cláusulas suspensivas de su construcción era que su construcción no interfiriese con cualquier otra línea de producción de guerra, y también que se entregaran rápidamente. El diseño fue elaborado por la Secretaría de la Marina. El 22 de diciembre de 1917 me ofrecí para construir los barcos para la Armada. La discusión concluyó el 15 de enero de 1918, cuando el Departamento de la Marina otorgó el contrato a la *Ford Company*. El 11 de julio se botó el primer barco completo. Construimos tanto los cascos como los motores, y no se empleó forjado o viga laminada alguna en la construcción salvo para el motor. Armamos completamente los cascos a base de chapa de acero. Fueron construidos en interior. En cuatro meses pusimos en funcionamiento un edificio en el río Rouge de un tercio de milla de largo, 350 pies de ancho y 100 pies de altura que abarca más de trece acres. Estos buques no fueron construidos por ingenieros navales. Fueron construidos simplemente mediante la aplicación de nuestros principios de producción a un nuevo producto.

Con el Armisticio abandonamos la guerra en el acto y regresamos a la paz.

*****

Un hombre capaz es un hombre que puede hacer cosas, y su aptitud para hacer cosas depende de lo que tiene en su interior. Lo que tiene en su interior depende de aquello con lo que partía y lo que ha hecho para aumentarlo y disciplinarlo.

Un hombre educado no es alguien cuya memoria está entrenada para albergar unas cuantas fechas de la historia; es alguien que puede lograr cosas. Un hombre que no sabe pensar no es un hombre educado, por muchos títulos universitarios que pueda haber adquirido. Pensar es el trabajo más duro que cualquiera puede hacer, que es probablemente el motivo de que tengamos tan pocos pensadores. Hay dos extremos que hay que evitar: uno es la actitud de desprecio hacia la educación, el otro es el trágico esnobismo de asumir que pasar por un sistema educativo es un remedio seguro para la ignorancia y la mediocridad. En ninguna escuela puedes aprender lo que hará el mundo el año que viene, pero puedes aprender algunas de las cosas que el mundo ha tratado de hacer en los años anteriores, y en cuáles ha fracasado y en cuáles ha tenido éxito. Si la educación consistiera en mantener alejado al joven de algunas de las teorías falsas sobre las que los hombres han tratado de construir para que él se ahorrara la pérdida de tiempo de averiguarlo por sí mismo a través de la amarga experiencia, su bondad sería incuestionable. Una educación que consistiera en indicaciones que advirtieran del fracaso y de las falacias del pasado sin duda sería muy útil. Limitarse a retener las teorías de una gran cantidad de profesores no es educación. Conjeturar es muy interesante, y a veces rentable, pero no es educación. Aprender ciencia hoy en día no es más que estar al tanto de un centenar de teorías que no han sido demostradas. Y no saber cuáles son esas teorías es ser "iletrado", "ignorante" y demás. Si el aprendizaje consiste en el conocimiento de conjeturas, entonces uno puede llegar a ilustrarse haciendo simplemente sus propias conjeturas. Y por la misma regla de tres puede tildar al resto del mundo de "ignorante" por no saber cuáles son esas conjeturas. Pero lo mejor que la educación puede hacer por un hombre es ponerle en posesión de sus facultades, darle el control de las herramientas con las que el destino le ha dotado, y enseñarle a pensar. La universidad desempeña su mejor servicio como gimnasio intelectual, en el que se desarrolla el músculo mental y el estudiante se fortalece para hacer lo que puede. Decir, sin embargo, que la gimnasia mental solo puede obtenerse en la universidad no es cierto, como sabe todo educador. La verdadera educación de un hombre comienza después de haber dejado la escuela. La verdadera educación se adquiere a través de la disciplina de la vida.

Hay muchos tipos de conocimiento, y cuál sea el tipo de conocimiento más respetado del momento depende del contexto en el que te haya tocado estar, o de cómo funcionen las modas del momento. Hay modas de conocimiento, igual que las hay en todo lo demás. Cuando algunos de nosotros éramos chiquillos, el conocimiento estaba limitado a la Biblia. Había ciertos hombres en el vecindario que conocían el Libro a fondo, y se les admiraba y respetaba. El conocimiento bíblico estaba muy valorado entonces. Pero hoy en día resulta dudoso que un profundo conocimiento de la Biblia sea suficiente para que un hombre se haga famoso por su erudición.

El conocimiento, en mi opinión, es algo que alguien sabía en el pasado y que fue recogido de tal forma que permite adquirirlo a todo el que lo desee. Si un hombre nace con facultades humanas normales, si está equipado con la aptitud suficiente para utilizar las herramientas que denominamos "letras" para leer o escribir, no hay conocimiento en posesión de la raza humana que no esté en condiciones de adquirir... ¡si lo desea! La única razón por la que nadie conoce todo lo que la mente humana ha aprendido alguna vez es porque hasta ahora a nadie le ha parecido nunca que valiera la pena saber tanto. Los hombres satisfacen más sus mentes averiguando las cosas por sí mismos que apilando todas las cosas que algún otro ha descubierto. Puedes estar acumulando conocimientos durante toda tu vida, y con todo ese montón ni siquiera lograrás ponerte al día de tu propia época. Puedes rellenar tu cabeza con todos los "hechos" de todas las épocas, y que cuando termines tu cabeza sea solo una caja sobrecargada de hechos. El asunto es este: Grandes pilas de conocimiento en la cabeza no equivalen a actividad mental. Un hombre puede ser muy ilustrado y muy inútil. Y también un hombre puede ser iletrado y muy útil.

El objeto de la educación no consiste en llenar de hechos la mente de un hombre; consiste en enseñarle a usar su mente para pensar. Y sucede a menudo que un hombre puede pensar mejor si no se ve obstaculizado por el conocimiento del pasado.

Es una tendencia muy humana pensar que lo que la humanidad todavía no sabe nadie lo puede aprender. Y sin embargo debe estar muy claro para todos que no debe permitirse que el aprendizaje pasado de la humanidad obstaculice nuestro aprendizaje futuro. La humanidad no ha llegado tan lejos, si mides su progreso en relación con el conocimiento que aún queda por adquirir, los secretos que aún están por aprender.

Una buena forma de entorpecer el progreso es llenar la cabeza de un hombre con toda la sabiduría del pasado; eso le hace sentir que, puesto que su cabeza está llena, no hay nada más que aprender. La mera acumulación de conocimientos puede llegar a ser el trabajo más inútil que un hombre pueda hacer. ¿Qué puedes hacer para ayudar al mundo y curarlo? Ese es el reto educativo. Si un hombre puede sustentar su propio fin, cuenta por uno. Si es capaz de ayudar a otros diez o cien o mil hombres a sustentar sus fines, cuenta por más. Puede que esté bastante oxidado en muchas cosas que corresponden al ámbito de la imprenta, pero igualmente es un hombre culto. Cuando un hombre es un experto en su propio ámbito, sea el que sea, se ha ganado su título: ha ingresado en el reino de la sabiduría.

*****

El trabajo que nosotros describimos como Estudios de la Cuestión Judía, y que ha sido profusamente tildado por sus antagonistas como "la campaña judía", "el ataque contra los judíos", "el pogromo antisemita" y demás, no necesita ninguna explicación para aquellos que lo han seguido. Sus motivos y propósitos deben ser juzgados por el propio trabajo. Se ofrece como una contribución a una cuestión que afecta profundamente al país, una cuestión que es racial en su origen, y que tiene que ver con influencias e ideales en lugar de personas. Nuestras afirmaciones deben ser juzgadas por los lectores sinceros que son lo suficientemente inteligentes como para contrastar nuestras palabras con la vida tal y como ellos la conciben. Si nuestra afirmación y su experiencia coinciden, entonces ese es el caso. Es perfectamente necio empezar a condenarnos antes de que se haya demostrado que nuestras afirmaciones no tienen fundamento o son disparatadas. El primer punto a tener en cuenta es la verdad de lo que hemos expuesto. Y ese es precisamente el punto que nuestros críticos optan por evitar.

Los lectores de nuestros artículos descubrirán en seguida que no nos mueve ninguna clase de prejuicio, salvo que sea un prejuicio a favor de los principios que han forjado nuestra civilización. Se han observado en este país ciertas corrientes de influencia que estaban causando un marcado deterioro de nuestra literatura, diversiones y comportamiento social; los negocios se estaban alejando de su antigua sensatez esencial; se percibe en todas partes un deterioro general de las pautas de conducta. No se trataba de la robusta tosquedad del hombre blanco, la ruda falta de delicadeza, por ejemplo, de los personajes de Shakespeare, sino de un desagradable Orientalismo que ha afectado de forma insidiosa a todos los canales de expresión, y hasta tal punto que ya era hora de oponerse a él. El hecho de que todas estas influencias sean achacables a una única fuente racial es un hecho a tener en cuenta, no solo por nosotros, sino también por las personas inteligentes de la raza en cuestión. Pueden serles ampliamente reconocidas las medidas que han tomado para negar su protección a los infractores más flagrantes de la hospitalidad americana, pero todavía hay margen para desechar las ideas caducas de superioridad racial que alimentan una guerra subversiva económica o intelectual contra la sociedad cristiana.

Nuestro trabajo no pretende decir la última palabra sobre el judío en América. Solo dice las palabras que describen su evidente impronta actual en el país. Cuando se cambie dicha impronta, la conclusión sobre ella puede cambiar. Actualmente, por tanto, la cuestión está totalmente en manos de los judíos. Si son tan sabios como dicen ser, trabajarán para hacer que los judíos sean americanos, en lugar de trabajar para hacer judía a América. El espíritu de los Estados Unidos de América es cristiano en el sentido más amplio, y su destino es seguir siendo cristiano. Esto no lleva aparejado ningún significado sectario, sino que se refiere a un principio básico que se diferencia de otros principios en que proporciona libertad junto con moral, y compromete a la sociedad con un código de relaciones basadas en concepciones cristianas fundamentales relativas a derechos humanos y obligaciones.

En cuanto a los prejuicios o el odio contra las personas, no son americanos ni cristianos. Nuestra oposición es solo a las ideas, a ideas falsas que están minando la resistencia moral de la gente. Estas ideas proceden de fuentes fácilmente identificables, son promulgadas por métodos fácilmente detectables; y se controlan solamente evidenciándolas. Nosotros simplemente hemos empleado el método de evidenciarlas. Cuando la gente sea capaz de identificar el origen y la naturaleza de la influencia que gira alrededor de ellos, será suficiente. Dejemos que el pueblo americano entienda de una vez que lo que nos aflige no es degeneración natural, sino subversión calculada, y estarán a salvo. La explicación es el remedio.

Emprendí este trabajo sin motivos personales. Cuando llegó a una etapa en la que creíamos que el pueblo americano había comprendido lo fundamental, lo dejamos reposar por el momento. Nuestros enemigos dicen que comenzamos por venganza y que lo dejamos por miedo. El tiempo demostrará que nuestros críticos están simplemente tratando de evadirse porque no se atreven a abordar la cuestión principal. El tiempo también demostrará que nosotros somos más amigos de los mejores intereses de los judíos que aquellos que les alaban en su presencia y les critican a sus espaldas.

CAPÍTULO XVIII
DEMOCRACIA E INDUSTRIA

Quizá no haya una palabra más sobreexplotada hoy en día que la palabra "democracia", y en mi opinión son los que vociferan más fuerte sobre ella los que, por regla general, menos la desean. Yo siempre sospecho de los hombres que hablan a la ligera de la democracia. Me pregunto si pretenden establecer algún tipo de despotismo o si pretenden que alguien haga por ellos lo que deben hacer por sí mismos. Yo estoy a favor de la clase de democracia que ofrece a cada uno una oportunidad equivalente conforme a su aptitud. Creo que, si prestamos más atención a servir a nuestros semejantes, nos ocuparemos menos de las formas vacías de gobierno y nos ocuparemos más de hacer las cosas. Al pensar en el servicio no tenemos que preocuparnos por los buenos sentimientos en la industria o en la vida; no tenemos que preocuparnos por las masas y las clases, o por los talleres abiertos o cerrados, y asuntos tales que no tienen nada que ver con el verdadero negocio de la vida. Podemos centrarnos en los hechos. Tenemos necesidad de hechos.

Es un shock cuando la mente se hace consciente del hecho de que no toda la humanidad es humana; que grupos enteros de personas no consideran que los demás estén dotados de sentimientos humanos. Se han hecho grandes esfuerzos para que esta parezca ser la actitud de una clase, pero en realidad es la actitud de todas las "clases" en tanto están influidas por la falsa noción de "clases". Antes, cuando el constante esfuerzo de la propaganda consistía en hacer creer a la gente que era solo el "rico" quien carecía de sentimientos humanos, llegó a convertirse en la opinión general que las virtudes humanas florecían entre los "pobres".

Pero los "ricos" y los "pobres" son ambas minorías muy reducidas, y no puede clasificarse la sociedad en estas categorías. No hay suficientes "ricos" ni tampoco suficientes "pobres" para servir al propósito de dicha clasificación. Los hombres ricos se han empobrecido sin cambiar su naturaleza, y los hombres pobres se han enriquecido, y el problema no se ha visto afectado por ello.

Entre los ricos y los pobres se sitúa la gran masa de personas que no son ricas ni pobres. Una sociedad compuesta exclusivamente de millonarios no sería diferente de la sociedad actual; algunos de los millonarios tendrían que cultivar trigo y hornear pan y fabricar maquinaria y operar trenes: de lo contrario todos se morirían de hambre. Alguien tiene que hacer el trabajo. En realidad no tenemos clases fijas. Tenemos hombres que están dispuestos a trabajar y hombres que no lo están. La mayor parte de las "clases" sobre las que uno lee son puramente ficticias. Consideremos ciertos periódicos capitalistas. Se sorprenderá de algunas de las afirmaciones acerca de la clase trabajadora. Nosotros que hemos sido y seguimos siendo una parte de la clase trabajadora sabemos que las afirmaciones son falsas. Consideremos algunos de los periódicos obreros. Le sorprenden igualmente algunas de las afirmaciones que hacen sobre los "capitalistas". Y, no obstante, en ambos bandos hay una pizca de verdad. El hombre que es un capitalista y nada más, que especula con los frutos del trabajo de otros hombres, se merece todo lo que se diga en su contra. Pertenece exactamente a la misma clase que el timador barato que estafa a los trabajadores su salario. Las afirmaciones que leemos acerca de la clase trabajadora en la prensa capitalista rara vez las escriben los gerentes de las grandes industrias, sino una clase de escritores que escriben lo que piensan que va a complacer a sus empleadores. Ellos escriben lo que imaginan que agradará. Examine la prensa obrera y encontrará otra clase de escritores que buscan de manera similar ajustarse a los prejuicios que imaginan que tiene el trabajador. Ambos tipos de escritores son meros propagandistas. Y la propaganda que no propaga hechos es autodestructiva. Y así debe ser. No puede predicarse a los hombres el patriotismo con el fin de lograr que se queden quietos mientras les roban... e ir por ahí con esa clase de prédica durante mucho tiempo. No puede predicarse el deber de trabajar duro y producir en abundancia, y hacer de ello una pantalla para un beneficio adicional para uno mismo. Y tampoco puede el trabajador encubrir la falta de un día de trabajo con una frase.

Sin duda la clase patronal posee datos que el empleado debe tener a fin de construir opiniones racionales y emitir juicios justos. Sin duda el empleado posee datos que son igualmente importantes para el empleador. Resulta extremadamente dudoso, no obstante, que cualquiera de los bandos tenga todos los datos. Y es aquí donde la propaganda, incluso si pudiera llegar a ser un éxito total, resulta defectuosa. No resulta conveniente "imputar" un conjunto de ideas a una clase que sostiene otro conjunto de ideas. Lo que realmente necesitamos es reunir todas las ideas y construir a partir de ellas.

Tomemos, por ejemplo, todo ese asunto de los sindicatos y el derecho de huelga.

El único grupo fuerte de sindicalistas del país es el grupo que obtiene sus salarios de los sindicatos. Algunos de ellos son muy ricos. Algunos de ellos están interesados en influir en los asuntos de nuestras grandes instituciones de crédito. Otros son tan extremos en su así denominado socialismo que rayan en el bolchevismo y el anarquismo: sus salarios sindicales les liberan de la necesidad de trabajar para que puedan dedicar sus energías a la propaganda subversiva. Todos ellos gozan de cierto prestigio y poder que, en el curso natural de la competencia, no podrían haber adquirido de otra forma.

Si el personal oficial de los sindicatos fuera tan tenaz, tan honesto, tan decente y tan notoriamente sabio como el grueso de los hombres afiliados, todo el movimiento habría tomado un cariz diferente en estos últimos años. Pero este personal oficial, en su mayoría (hay notables excepciones) no se ha dedicado a aliarse con las fortalezas naturales del trabajador; más bien se ha dedicado a manipular sus debilidades, principalmente las debilidades de la fracción de la población recién llegada que aún no sabe lo que es el americanismo, y que nunca lo sabrá si se la deja al amparo de sus líderes sindicales locales.

Los trabajadores, salvo los pocos que han sido inoculados con la doctrina falaz de la "guerra de clases" y que han aceptado la filosofía de que el progreso consiste en fomentar la discordia en la industria ("Cuando consigas tus 12 dólares al día, no te detengas ahí. Protesta por los 14 $. Cuando consigas tus ocho horas al día, no seas tonto y te quedes contento; protesta por seis horas. ¡Quéjate de algo! ¡Quéjate siempre de algo!"), tienen el buen sentido que les permite reconocer que, con principios aceptados y acreditados, las circunstancias cambian. Los dirigentes sindicales nunca han advertido esto. Desean que las circunstancias permanezcan como están: situaciones de injusticia, provocación, huelgas, mal ambiente, y la vida nacional paralizada. De lo contrario ¿dónde estaría la necesidad de dirigentes sindicales? Toda huelga es un nuevo argumento para ellos; señalan hacia ella y dicen: "¿Lo veis? Todavía nos necesitáis."

El único dirigente laboral verdadero es el que guía a la mano de obra hacia el trabajo y los salarios, y no el líder que guía a la mano de obra a las huelgas, el sabotaje y la inanición. El sindicato que está empezando a destacar en este país es el sindicato de todos aquellos cuyos intereses son interdependientes: cuyos intereses dependen por completo de la utilidad y la eficiencia del servicio que prestan.

Se aproxima un cambio. Cuando el sindicato de los "dirigentes sindicales" desaparezca, junto con él desaparecerá el sindicato de jefes ciegos: jefes que nunca hicieron nada decente por sus empleados hasta que les obligaron. Si el jefe ciego fue la enfermedad, el dirigente sindical egoísta fue el antídoto. Cuando el líder sindical se convierta en la enfermedad, el jefe ciego se convertirá en el antídoto. Ambos son inadaptados, ambos están fuera de lugar en una sociedad bien organizada. Y ambos están desapareciendo juntos.

Es al jefe ciego a quien se le oye decir hoy día: "Ahora es el momento de acabar con la mano de obra, están en retirada". Esa voz está sumiéndose en el silencio junto a la voz que predica "guerra de clases". Los productores (desde los hombres en la mesa de dibujo hasta los hombres en la planta de modelado) se han unido en un sindicato real, y en adelante ellos se encargarán de manejar sus propios asuntos.

La explotación de la insatisfacción es hoy en día un negocio establecido. Su objeto no es resolver nada, ni hacer nada, sino que siga existiendo insatisfacción. Y los instrumentos utilizados para ello son todo un conjunto de teorías falsas y promesas que nunca podrán cumplirse mientras la tierra siga siendo lo que es.

Yo no me opongo a la organización de la mano de obra. No me opongo a ningún tipo de organización que se haga en favor del progreso. Lo que me preocupa es organizarse para limitar la producción, ya sea entre empleadores o entre trabajadores.

El trabajador mismo debe estar en guardia en contra de algunas nociones muy peligrosas: peligrosas para sí mismo y para el bienestar del país. A veces se dice que, cuanto menos hace un trabajador, más puestos de trabajo crea para otros hombres. Esta falacia asume que la ociosidad es creativa. La ociosidad no ha creado jamás un puesto de trabajo. Solo genera cargas. El hombre laborioso nunca deja sin trabajo a su compañero de trabajo; de hecho, el hombre laborioso es el socio del gerente laborioso: el que crea más y más negocios, y por lo tanto más y más puestos de trabajo. Es una gran lástima que se haya difundido ampliamente entre los hombres sensatos la idea de que convirtiéndose en "soldados" del trabajo ayudan a alguien. Un momento de reflexión demostrará la debilidad de tal idea. El negocio saludable, el negocio que siempre está ofreciendo más y más oportunidades para que los hombres se ganen la vida amplia y honorablemente, es el negocio en el que cada hombre hace un trabajo diario del que se enorgullece. Y el país que está más sólidamente asentado es el país en el que los hombres trabajan honestamente y no hacen trampas con los medios de producción. No podemos jugar de forma apresurada y descuidada con las leyes económicas, porque si lo hacemos nos tratan de formas muy severas.

El hecho de que un trabajo que solían hacer diez hombres lo hagan ahora nueve no significa que el décimo hombre esté desempleado. Simplemente no está empleado en ese trabajo, y el público no está soportando la carga de su sustento pagando más de lo que debería por ese trabajo; porque, después de todo, ¡es el público el que paga!

Una compañía industrial que es lo suficientemente amplia para reorganizarse en busca de eficiencia, y lo suficientemente honesta con el público para trasladarle los costos necesarios y no más, es por lo general una compañía empresarial que tiene muchos puestos de trabajo en los que emplear al décimo hombre. Está obligada a crecer, y el crecimiento significa puestos de trabajo. Una compañía bien administrada siempre está tratando de reducir el costo laboral para el público; y está decidida a emplear más hombres que la compañía que holgazanea y hace que el público pague el costo de su mala gestión.

El décimo hombre era un costo innecesario. El consumidor final lo estaba pagando. Pero el hecho de que él no fuera necesario para ese trabajo en particular no significa que no sea necesario para el trabajo del mundo, o incluso para el trabajo de su taller concreto.

El público paga toda mala gestión. Más de la mitad del problema del mundo a día de hoy es la mentalidad de "soldado" y la dilución y la baratura y la ineficiencia por la que las personas están pagando su buen dinero. Dondequiera que se pague a dos hombres por lo que podría hacer solo uno, la gente está pagando el doble de lo que debería. Y es un hecho que hace solo un tiempo en los Estados Unidos, hombre por hombre, no estábamos produciendo lo mismo que durante los años previos a la guerra.

Una jornada de trabajo significa más que simplemente estar "de servicio" en el taller durante el número requerido de horas. Significa ofrecer en servicio el equivalente al salario obtenido. Y cuando ese equivalente se ve adulterado en cualquier dirección, cuando el hombre da más de lo que recibe, o recibe más de lo que da, no pasa mucho tiempo antes de que se manifieste un serio desajuste. Ampliemos esa situación a todo el país, y tendremos un malestar completo en los negocios. Todo lo que significa esa dificultad industrial es la destrucción de los equivalentes básicos en el taller. La dirección comparte la culpa con la mano de obra. La dirección también ha sido perezosa. A la dirección le ha parecido más fácil contratar quinientos hombres adicionales que mejorar sus métodos para que cien hombres del personal antiguo pudieran ser liberados para otro trabajo. El público seguía pagando, y el negocio estaba en auge, y a la dirección no le importaba lo más mínimo. Lo que ocurría en la oficina no era diferente de lo que ocurría en el taller. La ley de los equivalentes ha sido tan vulnerada por los administradores como por los trabajadores.

Prácticamente nada de importancia está garantizado por la mera demanda. Es por eso que las huelgas siempre fracasan, aunque pueda parecer que tienen éxito. Una huelga que consigue mayores salarios o menos horas y traslada el costo a la comunidad es en realidad un fracaso. Solo hace que la industria sea menos capaz de servir, y disminuye el número de puestos de trabajo que puede soportar. Esto no quiere decir que ninguna huelga esté justificada; puede llamar la atención sobre un mal. Los hombres pueden hacer huelga con justicia; que de esa forma consigan que se haga justicia es otra cuestión. La huelga para reclamar condiciones apropiadas y recompensas justas es justificable. La pena es que los hombres se vean obligados a utilizar la huelga para conseguir lo que es suyo por derecho. Ningún americano debería verse obligado a ir a la huelga para reclamar sus derechos. Debería recibirlos naturalmente, fácilmente, como una cuestión de rutina. Estas huelgas justificadas por lo general son culpa del empleador. Algunos empleadores no son aptos para su trabajo. El empleo de hombres, la dirección de sus energías, la organización de sus recompensas en justa proporción con su producción y con la prosperidad de la empresa, no es un trabajo sencillo. Un empleador puede no ser apto para su trabajo, así como un hombre puede ser no apto para el torno. Las huelgas justificadas son una señal de que el jefe necesita otro trabajo, uno que pueda manejar. Un empleador no apto causa más problemas que un empleado no apto. Puedes cambiar este último a otro puesto de trabajo más adecuado. Pero al primero debe aplicársele la ley de compensación [cada uno tiene lo que le corresponde]. La huelga justificada, entonces, es aquella a la que nunca hubiera hecho falta recurrir si el empleador hubiera hecho su trabajo.

Hay un segundo tipo de huelga: la huelga con una estrategia oculta. En este tipo de huelga los trabajadores se convierten en herramientas de algún manipulador que persigue sus propios fines a través de ellos. Para ilustrarlo: Digamos que tenemos una gran industria cuyo éxito se debe a haber dado respuesta a una necesidad pública con una producción eficiente y hábil. Tiene reputación de ser justa. Dicha industria representa una gran tentación para los especuladores. Simplemente con hacerse con su control pueden cosechar suculentos beneficios de todo el esfuerzo honesto que se ha invertido en ella. Pueden destruir el salario de los beneficiarios y el reparto de beneficios, exprimir hasta el último dólar del público, el producto, y el trabajador, y reducirlos a la difícil situación de otros negocios que se conducen bajo principios innobles. El motivo puede ser la codicia personal de los especuladores, o pueden querer cambiar la política de una empresa debido a que su ejemplo resulta embarazoso para otros empleadores que no quieren hacer lo que es correcto. La industria no puede ser manipulada desde dentro, ya que sus hombres no tienen ninguna razón para la huelga. Así que se adopta otro método. El negocio puede dar empleo a muchos talleres periféricos que la abastecen de material. Si pueden controlarse estos talleres periféricos, entonces puede mutilarse la gran industria.

Así que las huelgas se fomentan en las industrias periféricas. Se hace todo lo posible para reducir la fuente de suministros de la fábrica. Si los trabajadores de las talleres periféricos supieran en qué consiste el juego se negarían a jugar, pero no lo saben; sirven como herramientas de la estrategia de los capitalistas sin saberlo. Hay un momento, sin embargo, que debe despertar las sospechas de los trabajadores involucrados en este tipo de huelga. Si la huelga no puede resolverse, con independencia de lo que cada bando se ofrezca a hacer, es una prueba casi segura de que hay un tercero interesado en que la huelga continúe. Esa influencia oculta no desea un acuerdo en término alguno. Si los huelguistas ganan una huelga como esta, ¿mejorará la suerte del trabajador? Después de arrojar la industria en manos de los especuladores externos, ¿recibirán los trabajadores mejor trato o salario?

Hay un tercer tipo de huelga: la huelga que está provocada por los intereses del dinero para dar mala reputación a la mano de obra. El trabajador americano siempre ha tenido la reputación de tener buen juicio. No se ha dejado llevar por cada charlatán que se ha comprometido a crear el milenio de la nada. Ha tenido una mente propia y la ha usado. Siempre ha reconocido la verdad fundamental de que la ausencia de razón nunca se hizo buena por la irrupción de la violencia. En su andadura el trabajador americano se ha ganado un cierto prestigio entre su propio pueblo y en todo el mundo. La opinión pública ha tendido a considerar con respeto sus opiniones y necesidades. Pero parece haber un decidido empeño por afianzar la mancha bolchevique en la mano de obra americana, incitándola a tales actitudes imposibles y a tales acciones completamente inauditas que transformen el sentimiento público desde el respeto a la reprobación.

De todos modos, simplemente evitar las huelgas no impulsa la industria. Podemos decirle al trabajador:

"Usted tiene una queja, pero la huelga no es el remedio: solo empeora la situación tanto si usted gana como si pierde."

Entonces el trabajador puede admitir que esto es cierto y abstenerse de hacer huelga. ¿Arregla esto algo?

¡No! Si el trabajador abandona la huelga como un medio indigno para obtener las condiciones deseables, eso simplemente significa que los empleadores deben ponerse a trabajar por iniciativa propia y corregir las condiciones defectuosas.

La experiencia de las industrias Ford con el trabajador ha sido enteramente satisfactoria, tanto en Estados Unidos como en el extranjero. No tenemos ningún antagonismo hacia los sindicatos, pero no participamos en ningún acuerdo con ninguna organización, ya sea de trabajadores o de empleadores. Los salarios que se pagan son siempre más altos que los que cualquier sindicato razonable podría pensar en exigir, y las horas de trabajo son siempre menores. No hay nada que una afiliación sindical pudiera hacer por nuestra gente. Puede que algunos de ellos pertenezcan a sindicatos, probablemente no la mayoría. No lo sabemos y no intentamos averiguarlo, porque no es una cuestión que nos preocupe lo más mínimo. Respetamos los sindicatos, simpatizamos con sus buenos propósitos y denunciamos los malos. A cambio yo creo que nos respetan, pues nunca ha habido un intento autoritario para entrometerse entre los hombres y la gestión en nuestras plantas. Por supuesto que agitadores radicales han tratado de crear problemas de vez en cuando, pero los hombres los han considerado en su mayoría simplemente como rarezas humanas y su interés por ellos ha sido el mismo tipo de interés que tendrían por un hombre de cuatro piernas.

En Inglaterra sí nos enfrentamos de lleno a la cuestión de los sindicatos en nuestra planta de Manchester. Los trabajadores de Manchester están en su mayoría sindicados, y prevalecen las restricciones sobre la producción de los sindicatos ingleses habituales. Nos hicimos cargo de una planta de carrocerías en la que había una serie de carpinteros sindicados. De inmediato los dirigentes sindicales pidieron ver a nuestros ejecutivos y arreglar sus condiciones. Solo negociamos con nuestros propios empleados y nunca con representantes externos, así que nuestra gente se negó a recibir a los dirigentes sindicales. Entonces llamaron a los carpinteros a la huelga. Los carpinteros no hicieron huelga y fueron expulsados del sindicato. Entonces los hombres expulsados presentaron una demanda contra el sindicato por su participación en el fondo de beneficios. No sé cómo acabó el pleito, pero ese fue el final de la injerencia de los dirigentes sindicales en nuestras operaciones en Inglaterra.

Nosotros no intentamos mimar a la gente que trabaja con nosotros. Es absolutamente una relación de dar y tomar. Durante el período en que aumentamos en gran medida los salarios sí mantuvimos una fuerza de supervisión considerable. Se investigó la vida en el hogar de los hombres y se hizo un esfuerzo para averiguar lo que hacían con sus salarios. Tal vez fuera necesario en aquel momento; nos aportó información valiosa. Pero no funcionaría en absoluto como un asunto permanente y se ha desechado.

Nosotros no creemos en la "mano amiga", o en el "toque personal" o "factor humano" institucionalizado. Es demasiado tarde para ese tipo de cosas. Los hombres quieren algo más que un sentimiento bienintencionado. Las circunstancias sociales no están hechas de palabras. Son el resultado neto de las relaciones cotidianas entre hombre y hombre. El mejor espíritu social se evidencia por algún acto que cuesta algo a la dirección y que beneficia a todos. Esa es la única manera de demostrar las buenas intenciones y ganar respeto. La propaganda, los boletines, las conferencias... no son nada. Lo que cuenta es el acto justo que se hace sinceramente.

Un gran negocio es en verdad demasiado grande para ser humano. Se hace tan grande como para suplantar la personalidad del hombre. En una gran empresa, tanto el empleador como el empleado se pierden en la masa. Juntos han creado una gran organización productiva que distribuye los artículos que el mundo compra, y paga a cambio un dinero que proporciona un medio de vida para todo el mundo del negocio. El negocio en sí mismo se convierte en lo más importante.

Hay algo sagrado en un gran negocio que proporciona sustento a cientos y miles de familias. Cuando uno repara en los bebés que vienen al mundo, en los niños y niñas que van a la escuela, en los jóvenes trabajadores que, gracias a sus puestos de trabajo, se casan y se establecen por su cuenta, en los miles de hogares que se están pagando en cuotas con los ingresos de los hombres... Cuando uno mira a una gran organización productiva que está permitiendo que se hagan todas estas cosas, entonces la continuación de ese negocio se convierte en una misión sagrada. Se vuelve más grande y más importante que los individuos.

El empresario no es más que un hombre como sus empleados, y está sujeto a todas las limitaciones de la humanidad. Está autorizado a mantener su puesto de trabajo solo mientras pueda desempeñarlo. Si puede mantener el negocio enderezado, si sus hombres pueden confiar en él para ejecutar su parte del trabajo correctamente y sin poner en peligro su seguridad, entonces está cumpliendo con su papel. De lo contrario no es más apto para su puesto de lo que lo sería un niño. El empresario, como todo el mundo, ha de ser juzgado exclusivamente por su aptitud. Puede no ser más que un nombre para los hombres:

un nombre en un cartel. Pero está el negocio, y eso es más que un nombre. Produce la vida, y una vida es una cosa bastante tangible. El negocio es una realidad. Hace cosas. Es una empresa en marcha. La evidencia de su estado de forma es que los sobres de pago sigan llegando.

Difícilmente puedes tener demasiada armonía en los negocios. Pero puedes ir demasiado lejos seleccionando hombres debido a que armonizan. Puedes tener tanta armonía que no habrá suficiente del tira y afloja en que consiste la vida: suficiente competencia de la que implica esfuerzo y progreso. Una cosa es que una organización trabaje armoniosamente hacia un propósito, y otra cosa es que una organización trabaje en armonía con cada unidad individual de sí misma. Algunas organizaciones dedican tanto tiempo y energía a mantener un sentimiento de armonía que no les resta fuerza para trabajar para el propósito para el que fue creada la organización. La organización es secundaria al propósito. La única organización armoniosa que es digna de cualquier cosa es una organización en la que todos los miembros están volcados en el único propósito principal: conseguir llevar adelante ese propósito. Un propósito común en el que se cree honestamente y que se desea sinceramente: ese es el gran principio de armonización.

Me da lástima el pobre hombre que es tan suave y voluble que siempre debe tener "una atmósfera de buenos sentimientos" a su alrededor para poder hacer su trabajo. Hay hombres así. Y al final, a menos que adquieran suficiente resistencia mental y moral para sacarlos de su suave dependencia del "sentimiento", son un desastre. No son solo un desastre de negocio; también son un desastre de carácter; es como si sus huesos nunca hubieran alcanzado el grado suficiente de dureza que les permita tenerse en pie por sí mismos. Hay en general demasiada dependencia de los buenos sentimientos en nuestras organizaciones empresariales. Las personas tienen una excesiva afición por trabajar con la gente que les gusta. Al final eso echa a perder un buen número de cualidades valiosas.

No me malinterpreten; cuando utilizo el término "buen sentimiento" me refiero a la costumbre de convertir las preferencias personales en el único baremo de juicio. Supongamos que no te gusta un hombre. ¿Significa eso algo en su contra? Podría ser algo en tu contra. ¿Qué tienen que ver tus preferencias con los hechos? Todo hombre de sentido común sabe que hay hombres que le desagradan que son realmente más capaces que él mismo.

Y extrapolando todo esto del taller hasta un ámbito más amplio, no es necesario que los ricos amen a los pobres o que los pobres amen a los ricos. No es necesario que el empleador ame al empleado o que el empleado ame el empleador. Lo que es necesario es que cada uno trate de hacer justicia al otro conforme a sus méritos. Esa es la democracia real, y no la discusión sobre quién debe ser el propietario de los ladrillos y el mortero y los hornos y los molinos. La democracia no tiene nada que ver con la pregunta: "¿Quién debe ser el jefe?".

Eso se parece mucho a preguntar: "¿Quién debe ser el tenor en el cuarteto?". Obviamente, el hombre que puede cantar como tenor. No podrías haber depuesto a Caruso. Supongamos que una teoría de la democracia musical hubiera confinado a Caruso al proletariado musical. ¿Habría hecho surgir eso otro tenor para ocupar su lugar? ¿O las virtudes de Caruso hubieran seguido siendo suyas?

CAPÍTULO XIX
LO QUE PODEMOS ESPERAR

Estamos (salvo que yo no interprete correctamente los síntomas) en medio de un cambio. Está pasando a nuestro alrededor, lentamente y casi desapercibido, pero con firme seguridad. Estamos aprendiendo poco a poco a relacionar causa y efecto. Una gran parte de lo que llamamos perturbación, una gran parte del malestar en el que parecen haber estado sumidas las instituciones, no es en realidad nada más que el indicio superficial de algo parecido a una regeneración. El punto de vista público está cambiando, y realmente solo necesitamos un punto de vista algo diferente para hacer del malísimo sistema del pasado un sistema muy bueno para el futuro. Estamos sustituyendo esa virtud peculiar que solía ser admirada como testarudez, y que en realidad era simplemente tener la cabeza de madera, por la inteligencia, y también nos estamos deshaciendo del sentimentalismo sensiblero. La primera confundía la dureza con el progreso; la segunda confundía la suavidad con el progreso. Estamos adquiriendo una visión mejor de la realidad y estamos empezando a saber que ya tenemos en el mundo todas las cosas necesarias para un tipo de vida plena, y que las usaremos mejor una vez que nos demos cuenta de lo que son y lo que significan.

Lo que sea que esté mal (y todos sabemos que muchas cosas están mal) puede corregirse mediante una definición clara de lo incorrecto. Hemos estado mirándonos tanto unos a otros, a lo que uno tiene y a otro le falta, que hemos convertido en un asunto personal algo que excede las personalidades. Ciertamente la naturaleza humana forma parte en gran medida de nuestros problemas económicos. Existe el egoísmo, y sin duda impregna todas las actividades competitivas de la vida. Si el egoísmo fuera la característica de cualquier clase concreta podría ser fácilmente atajado, pero en todas partes forma parte de la fibra humana. Y existe la codicia. Y existe la envidia. Y existe la suspicacia.

Pero, a medida que la lucha por la mera existencia se hace menor (y es menor de lo que solía ser aunque la sensación de incertidumbre pueda haber aumentado), tenemos la oportunidad de dar rienda suelta a algunas de las más nobles motivaciones. Pensamos menos en los lujos de la civilización a medida que nos acostumbramos a ellos. El progreso tal y como el mundo lo ha conocido hasta ahora viene acompañado de un gran aumento de los elementos de la vida. Hay más equipamiento y más material forjado en el patio trasero americano medio que en todo el dominio de un rey africano. El niño americano medio tiene más parafernalia alrededor de él que toda una comunidad esquimal. Los enseres de la cocina, el comedor, el dormitorio y la carbonera constituyen una lista que habría pasmado al más lujoso potentado de hace quinientos años. El aumento en la impedimenta de la vida solo representa una etapa. Somos como el indio que llega a la ciudad con todo su dinero y compra todo lo que ve. No existe una toma de conciencia adecuada de la gran proporción de mano de obra y material industrial que se emplea en abastecer al mundo de su oropel y sus baratijas, que se fabrican solo para ser vendidas, y se compran solo para poseerlas; no desempeñan ningún servicio en absoluto y al final son mera basura como al principio no eran más que un desperdicio. La humanidad está dejando atrás su etapa de fabricación de baratijas, y la industria está orientándose a satisfacer las necesidades del mundo, y por tanto podemos esperar un mayor avance hacia esa vida que muchos ven ahora, pero que está obstaculizada por la actual etapa de lo "suficientemente bueno".

Y nos estamos alejando de ese culto a las posesiones materiales. Ser rico ya no es una distinción. De hecho, ser rico ya no es una ambición común. A la gente no le importa el dinero por el mero dinero, como ocurría antes. Ciertamente no lo contemplan con admiración, ni tampoco a quien lo posee. Lo que acumulamos a base de excedentes inútiles no nos confiere distinción alguna.

Se necesita pensar solo un momento para ver que, en lo que se refiere a la ventaja personal del individuo, vastas acumulaciones de dinero no significan nada. Un ser humano es un ser humano y se alimenta de la misma cantidad y calidad de alimentos y se calienta con la misma cantidad de ropa, sea rico o pobre. Y nadie puede ocupar más de una habitación a la vez.

Pero si uno tiene aspiraciones de servicio, si uno tiene grandes planes que ningún recurso ordinario podría llegar a realizar, si uno tiene la ambición en la vida de hacer que el desierto industrial florezca como una rosa, y la vida del trabajo diario florece de pronto en motivos humanos frescos y entusiastas de mayor carácter y eficiencia, entonces uno ve en las grandes sumas de dinero lo que el agricultor ve en su semilla de maíz: el comienzo de nuevas y ricas cosechas cuyos beneficios no pueden ser limitados de forma egoísta más de lo que pueden serlo los rayos del sol.

Hay dos tontos en este mundo. Uno es el millonario que piensa que amasando dinero puede acopiar de alguna manera el poder real, y el otro es el reformador sin blanca que piensa que solo con tomar el dinero de una clase y dárselo a otra curará todos los males del mundo. Ambos están en el camino equivocado. Podrían igualmente acaparar todas las damas o todas las fichas de dominó del mundo bajo la ilusión de que así acaparan grandes cantidades de aptitud. Algunos de los más exitosos hacedores de dinero de nuestro tiempo nunca han aportado un céntimo de valor a la riqueza del hombre. ¿Un jugador de cartas contribuye a la riqueza del mundo?

Si todos creáramos riqueza hasta el límite, el modesto límite, de nuestra capacidad creativa, entonces sencillamente habría suficiente para todo el mundo, y todo el mundo obtendría suficiente. Cualquier escasez real de las necesidades de la vida en el mundo (no una escasez ficticia causada por la falta de tintineo de discos metálicos en la propia bolsa) se debe únicamente a la falta de producción. Y la falta de producción se debe con demasiada frecuencia a la falta de conocimiento de cómo y qué producir.

*****

Esto es todo lo que hay que creer como punto de partida:

Que la tierra produce, o es capaz de producir, lo suficiente como para proporcionar sustento decente a todo el mundo: no solo de alimentos, sino de todo lo demás que necesitamos. Porque todo se produce a partir de la tierra.

Que esto es posible por la organización del trabajo, la producción, la distribución y la recompensa de forma que se asegure que aquellos que contribuyen reciban la parte que les corresponde con justicia exacta.

Que a pesar de las debilidades de la naturaleza humana, nuestro sistema económico puede ajustarse de tal modo que el egoísmo, aun no abolido, pueda ser despojado del poder para obrar injusticias económicas graves.

*****

El negocio de la vida es fácil o difícil conforme a la aptitud o la falta de aptitud que se despliegue en la producción y la distribución. Se pensaba que los negocios existían para el beneficio. Esto es un error. Los negocios existen para el servicio. Son una profesión y deben tener reconocida la ética profesional, cuya infracción desprestigia a un hombre. Los negocios necesitan más espíritu profesional. El espíritu profesional persigue la integridad profesional por orgullo, no por obligación. El espíritu profesional detecta sus propias infracciones y las penaliza. Los negocios llegarán algún día a ser limpios. Una máquina que se detiene a cada rato es una máquina imperfecta, y su imperfección está dentro de ella. Un cuerpo que cae enfermo a cada rato es un cuerpo enfermo, y su enfermedad está en sí mismo. Así ocurre con los negocios. Sus fallos, muchos de ellos meramente fallos de la constitución moral de los negocios, obstruyen su progreso y los enferman a cada rato. Algún día la ética de los negocios será reconocida universalmente, y ese día se verá que los negocios son la más antigua y la más útil de todas las profesiones.

*****

Todo lo que ha hecho industrias Ford, todo lo que yo he hecho, es esforzarme por intentar evidenciar mediante obras que el servicio precede al beneficio y que la clase de negocio que hace que el mundo mejore con su presencia constituye una profesión noble. A menudo ha llegado hasta mí que lo que de alguna forma se considera la notable progresión de nuestras empresas (no diré "éxito", porque esa palabra es un epitafio, y nosotros estamos solo empezando) es fruto de alguna casualidad; y que los métodos que hemos empleado, aunque suficientemente buenos en su recorrido, solo son válidos para la fabricación de nuestros productos en particular, y no servirían en absoluto para ninguna otra línea de negocio ni, de hecho, para ningún producto o personalidad distintos de los nuestros.

Solía darse por sentado que nuestras teorías y nuestros métodos eran esencialmente desatinados. Esto se debe a que no se entendían. Los acontecimientos han acabado con ese tipo de comentario, pero sigue existiendo la creencia totalmente sincera de que lo que hemos hecho no podría haber sido hecho por ninguna otra compañía: que fuimos tocados por una varita mágica, que ni nosotros ni ningún otro podría fabricar zapatos, o sombreros, o máquinas de coser, o relojes, o máquinas de escribir, o ningún otro bien necesario, de la forma en que nosotros fabricamos automóviles y tractores. Y que bastaría con que nos aventurásemos en otros ámbitos para descubrir inmediatamente nuestros errores. No estoy de acuerdo con nada de eso. Nada ha venido del aire. Las páginas precedentes deberían bastar para demostrarlo. No tenemos nada que otros no pudieran tener. No hemos tenido mejor suerte que la que siempre asiste a cualquiera que da lo mejor de sí en su trabajo. No hubo nada que pudiéramos llamar "favorable" en nuestros inicios. Empezamos con casi nada. Lo que tenemos nos lo hemos ganado, y nos lo hemos ganado a base de trabajo incesante y de fe en un principio. Tomamos lo que era un lujo y lo convertimos en un bien necesario sin trucos ni subterfugios. Cuando empezamos a fabricar nuestro actual coche de motor el país tenía pocas carreteras buenas, la gasolina era escasa, y en la mente del público estaba firmemente implantada la idea de que un automóvil era, en el mejor de los casos, un juguete para un hombre rico. Nuestra única ventaja fue la falta de precedente.

Empezamos a manufacturar conforme a un credo, un credo que era en ese momento desconocido en los negocios. Lo nuevo siempre es considerado extraño, y algunos de nosotros estamos hechos de tal forma que nunca podremos superar la idea de que todo lo que es nuevo debe ser extraño y probablemente ridículo. La mecánica de nuestro credo está en constante cambio. Continuamente estamos descubriendo nuevas y mejores formas de ponerlo en práctica, pero no nos hemos visto en la necesidad de modificar los principios, y no puedo imaginarme por qué podría ser alguna vez necesario modificarlos, porque yo sostengo que son absolutamente universales y que conducirán a una vida mejor y más amplia para todos.

Si no lo creyera no seguiría trabajando, pues el dinero que obtengo no tiene importancia. El dinero solo es útil en la medida en que sirve para promover con el ejemplo práctico el principio de que los negocios se justifican solo en tanto sirven, que siempre tienen que dar más a la comunidad de lo que se llevan, y que a menos que todos se beneficien de la existencia de un negocio, ese negocio no debería existir. Lo he demostrado con automóviles y tractores. Tengo la intención de demostrarlo con ferrocarriles y corporaciones de servicio público, no para mi satisfacción personal y no por el dinero que puede ganarse. (Es completamente imposible, aplicando estos principios, evitar obtener una ganancia mucho mayor que si el beneficio fuera el propósito principal.) Quiero demostrarlo de forma que todos nosotros podamos tener más, y que todos podamos vivir mejor mediante el aumento de los servicios prestados por todos los negocios. La pobreza no puede abolirse por decreto; puede abolirse únicamente a base de trabajo duro e inteligente. Somos, en efecto, una estación experimental para demostrar un principio. Que de hecho hacemos dinero es solo una prueba más de que tenemos razón. Pues ese es un tipo de argumento que se afirma por sí solo sin palabras.

En el primer capítulo se expuso el credo. Permítanme repetirlo a la luz del trabajo que se ha realizado conforme a él, ya que es el fundamento de todo nuestro trabajo:

1. La ausencia de miedo al futuro y de veneración por el pasado. Quien teme al futuro o al fracaso limita sus actividades. El fracaso es solo la oportunidad de comenzar de nuevo de forma más inteligente. No hay vergüenza en el fracaso honesto; hay vergüenza en el miedo a fracasar. Lo que es pasado es útil solo en tanto sugiere formas y medios para el progreso.

2. La despreocupación por la competencia. Quienquiera que haga una cosa mejor debe ser quien la haga. Es criminal intentar quitarle el negocio a otro: criminal porque entonces uno está tratando de rebajar la condición del prójimo en beneficio propio, regir por la fuerza en lugar de por la inteligencia.

3. Poner el servicio antes que el beneficio. Sin beneficio, las empresas no pueden crecer. No hay nada inherentemente malo en obtener un beneficio. Las empresas de negocios bien gestionadas no pueden dejar de obtener un beneficio, pero el beneficio vendrá y debe inevitablemente venir como recompensa por un buen servicio. No puede ser la base: debe ser el resultado del servicio.

4. La fabricación no es comprar barato y vender caro. Es el proceso de comprar materiales de manera justa y, con la menor adición de costos posible, transformar esos materiales en un producto de consumo y ofrecérselo al consumidor. Los tejemanejes, la especulación y el trato brusco solo tienden a obstruir esta progresión.

*****

Debemos tener producción, pero lo que más cuenta es el espíritu tras ella. Esa clase de producción que constituye un servicio inevitablemente implica un verdadero deseo de resultar útil. Las diversas normas puramente artificiales creadas para las finanzas y la industria y que se tramitan como "leyes" naufragan con tanta frecuencia que demuestran que ni siquiera son buenas conjeturas. El fundamento de todo razonamiento económico es la tierra y sus productos. Hacer que el rendimiento de la tierra en todas sus formas sea lo suficientemente grande y lo suficientemente manejable como para servir de fundamento a la vida real, la vida que va más allá de comer y dormir, es el máximo servicio. Ese es el fundamento real de un sistema económico. Podemos construir cosas; el problema de la producción ha sido resuelto de manera brillante. Podemos construir cualquier cantidad de diferentes tipos de cosas a millones. El aspecto material de nuestra vida está espléndidamente provisto. Hay suficientes procesos y mejoras catalogados ahora mismo y a la espera de aplicación como para llevar el aspecto físico de la vida a una plenitud casi milenaria. Pero estamos demasiado absortos en las cosas que estamos haciendo; no somos lo suficientemente conscientes de los motivos por los que las hacemos. Todo nuestro sistema competitivo, toda nuestra expresión creativa, todo el juego de nuestras facultades parece estar centrado en torno a la producción material y sus subproductos de éxito y riqueza.

Existe, por ejemplo, la sensación de que el beneficio personal o de grupo puede obtenerse a expensas de otras personas o grupos. No hay nada que ganar aplastando a alguien. Si los agricultores en bloque aplastaran a los fabricantes, ¿estarían mejor los agricultores? Si los fabricantes en bloque aplastaran a los agricultores, ¿estarían mejor los fabricantes? ¿Ganaría algo el capital aplastando a la mano de obra? ¿O la mano de obra aplastando al capital? ¿O gana algo un hombre de negocios aplastando a un competidor? No, la competencia destructiva no beneficia a nadie. El tipo de competencia que se traduce en la derrota de los muchos y el señorío despiadado de los pocos debe desaparecer. La competencia destructiva carece de las cualidades de las que surge el progreso. El progreso surge de una forma generosa de rivalidad. La mala competencia es personal. Funciona para el engrandecimiento de algún individuo o grupo. Es una especie de guerra. Está inspirada por el deseo de "hacerse" con alguien. Es totalmente egoísta. Es decir, su motivación no es el orgullo del producto, ni el deseo de distinguirse en el servicio, ni siquiera una sana ambición de acercarse a los métodos científicos de producción. Está movida simplemente por el deseo de expulsar a otros y monopolizar el mercado para conseguir dinero. Una vez cumplido esto, siempre ofrece un producto de calidad inferior.

*****

Liberarnos de la especie mezquina de competencia destructiva nos libera de muchas nociones establecidas. Estamos demasiado atados a los viejos métodos y a las utilidades únicas, de un solo sentido. Necesitamos más movilidad. Hemos estado utilizando ciertas cosas de una sola forma, hemos estado distribuyendo ciertos bienes a través de un solo canal, y cuando esa utilidad flaquea, o ese canal se interrumpe, el negocio también se detiene, e irrumpen todas las lamentables consecuencias de la "depresión". Tomemos el maíz, por ejemplo. Hay millones y millones de fanegas de maíz almacenadas en los Estados Unidos sin ninguna salida a la vista. Una cierta cantidad de maíz se utiliza como alimento para el hombre y la bestia, pero no toda. En los días anteriores a la prohibición, una cierta cantidad de maíz se destinaba a la elaboración de licor, lo que no era un uso demasiado bueno para el buen maíz. Pero durante muchos años el maíz siguió esos dos canales, y cuando se interrumpió uno de ellos las existencias de maíz comenzaron a acumularse. Es la fantasía de dinero la que por lo general retrasa el movimiento de los stocks, pero incluso si el dinero fuera abundante no podríamos consumir las reservas de alimentos que a veces poseemos.

Si los alimentos se vuelven demasiado abundantes para ser consumidos como alimento, ¿por qué no encontrar otros usos para ellos? ¿Por qué utilizar el maíz solo para los cerdos y las destilerías? ¿Por qué sentarse y lamentarse de la terrible catástrofe que ha sacudido el mercado del maíz? ¿No hay otro uso para el maíz aparte de la elaboración de carne de cerdo o la fabricación de whisky? Seguramente debe haberlo. Debería haber tantos usos para el maíz como para que solo los usos importantes pudieran ser plenamente atendidos; debe haber suficientes canales abiertos para permitir que el maíz se emplee siempre sin desperdicio.

Hubo un tiempo en que los agricultores quemaban el maíz como combustible: el maíz era abundante y el carbón era escaso. Era una manera tosca de disponer del maíz, pero contenía el germen de una idea. Hay combustible en el maíz; a partir del maíz pueden obtenerse aceite y alcohol combustible, y ya es hora de que alguien esté abriendo este nuevo uso para que los cultivos de maíz almacenados puedan moverse.

¿Por qué tener una sola cuerda en nuestro arco? ¿Por qué no dos? Si una se rompe, está la otra. Si el negocio de cerdos flaquea, ¿por qué no debería el agricultor convertir su maíz en combustible de tractor?

Necesitamos mayor diversidad en todo. El sistema de cuatro carriles en todas partes no sería una mala idea. Tenemos un sistema de dinero de un solo carril. Es un sistema increíblemente bueno para aquellos a quienes les pertenece. Se trata de un sistema perfecto para los financieros que controlan el crédito y el interés, quienes son literalmente los dueños de la mercancía llamada Dinero y quienes son literalmente los dueños de la maquinaria mediante la cual se fabrica y se utiliza el dinero. Déjenles que mantengan su sistema si les gusta. Pero la gente se está dando cuenta de que es un mal sistema para lo que denominamos "tiempos difíciles", ya que restringe la línea y detiene el tráfico.

Si existen protecciones especiales para los intereses, también debe haber protección especial para la gente corriente. Diversidad de salidas, de usos y de habilitación financiera son las defensas más fuertes que podemos tener contra las emergencias económicas.

Es lo mismo con la mano de obra. Seguramente debe haber escuadrones volantes de hombres jóvenes que estarían disponibles para situaciones de emergencia en el ámbito de la cosecha, la mina, el taller o el ferrocarril. Si los fuegos de un centenar de industrias amenazan con apagarse por falta de carbón, y un millón de hombres están amenazados por el desempleo, parecería a la vez un buen negocio y un bien a la humanidad que un número suficiente de hombres echaran una mano en las minas y los ferrocarriles. Siempre hay algo que hacer en este mundo, y solo estamos nosotros para hacerlo. El mundo entero puede estar inactivo, y en el sentido fabril puede que no haya "nada que hacer". Puede que no haya nada que hacer en este lugar o en el otro, pero siempre hay algo que hacer. Es este hecho el que nos debe instar a organizarnos a nosotros mismos de tal manera que este "algo que hacer" se haga, y el desempleo se reduzca al mínimo.

*****

Cada avance comienza de forma pequeña y con el individuo. La masa no puede ser mejor que la suma de los individuos. El avance comienza dentro del hombre mismo; cuando avanza desde el mediano interés a la tenacidad en su propósito; cuando avanza desde la vacilación a la franqueza decidida; cuando avanza desde la inmadurez a la madurez de juicio; cuando avanza desde el aprendizaje a la maestría; cuando avanza de mero *dilettante*[4] en el trabajo a trabajador que encuentra genuina alegría en el trabajo; cuando avanza de servidor vigilado a alguien en quien se pueda confiar para hacer su trabajo sin supervisión y sin incitación... ¡entonces, el mundo avanza! El avance no es fácil. Vivimos tiempos volubles en que a los hombres se les enseña que todo debe ser fácil. El trabajo que llega a algo nunca será fácil. Y cuanto más asciendes en la escala de responsabilidad, más difícil se hace el trabajo. Las facilidades tienen su lugar, por supuesto. Todo hombre que trabaja debe tener suficiente tiempo libre. El hombre que trabaja duro debería tener su sillón, su confortable chimenea, su entorno agradable. Estos son suyos por derecho. Pero nadie merece facilidades hasta después de que su trabajo esté hecho. Nunca será posible revestir de facilidades el trabajo. Algunos trabajos son innecesariamente duros. Pueden ser aligerados por una gestión adecuada Debe emplearse cada mecanismo para dejar libre a un hombre para hacer el trabajo de un hombre. La car-

---

[4] En italiano en el original (N. del T.)

ne y el hueso no deben soportar las cargas que pueda soportar el acero. Pero incluso cuando se hace lo mejor, el trabajo sigue siendo el trabajo, y cualquier hombre que se entrega a sí mismo en su trabajo advertirá que es trabajo.

Y no puede haber mucho escoger y elegir. La tarea asignada puede ser menor de lo que se esperaba. El verdadero trabajo de un hombre no es siempre el que él habría elegido hacer. El verdadero trabajo de un hombre es aquel para el que ha sido elegido. Ahora mismo hay más trabajos de baja categoría de los que habrá en el futuro; y mientras haya puestos de trabajo de baja categoría, alguien tendrá que hacerlos; pero no hay ninguna razón para que un hombre deba ser penalizado porque su trabajo sea de baja categoría. Hay una cosa que puede decirse de los trabajos de baja categoría que no puede decirse de un gran número de los así llamados puestos de trabajo de mayor responsabilidad, y es que son útiles y son respetables y son honestos.

Ha llegado el momento de extirpar la monotonía del trabajo. No es al trabajo a lo que los hombres se oponen, sino al elemento de monotonía. Debemos expulsar la monotonía dondequiera que la encontremos. Nunca estaremos completamente civilizados hasta que eliminemos la rutina del trabajo diario. Ahora la invención está haciendo esto en cierta medida. Hemos logrado aliviar en gran medida a los hombres de los trabajos más pesados y más onerosos que solían minar su fuerza, pero incluso aligerando el trabajo más pesado no hemos logrado aún eliminar la monotonía. Ese es otro campo que llama nuestra atención: la abolición de la monotonía, y tratando de lograrlo descubriremos sin duda otros cambios que tendrán que hacerse en nuestro sistema.

*****

La oportunidad de trabajar es ahora mayor que nunca. La oportunidad de avanzar es mayor. Es cierto que el joven que ingresa en la industria a día de hoy ingresa en un sistema muy diferente de aquel en el que el joven de hace veinticinco años comenzaba su carrera. El sistema se ha reforzado; hay menos juego o fricción en él; un menor número de cuestiones se dejan a la voluntad aleatoria de la persona; el trabajador moderno se encuentra formando parte de una organización que en apariencia le deja poca iniciativa. Sin embargo, con todo esto, no es cierto que "los hombres son simples máquinas". No es cierto que la oportunidad se haya perdido en la organización. Si el joven se libera de estas ideas y aprecia el sistema tal como es, descubrirá que lo que consideraba una barrera es en realidad una ayuda.

La organización de la fábrica no es un mecanismo para prevenir la expansión de la capacidad, sino un mecanismo para reducir el desperdicio y las pérdidas debidas a la mediocridad. No es un mecanismo para impedir que el hombre ambicioso y de cabeza despejada dé lo mejor de sí, sino un mecanismo para evitar que el tipo de individuo al que no le importa nada dé lo peor de sí. Es decir, cuando se permite que la pereza, la indolencia, la holgazanería y la falta de interés campen a sus anchas, todo el mundo lo padece. La fábrica no puede prosperar y por tanto no puede pagar salarios dignos. Cuando una organización hace lo necesario para que el tipo de individuo al que no le importa nada lo haga mejor de lo que lo haría de forma natural, es por su bien: está mejor físicamente, mentalmente, y financieramente. ¿Qué salarios podríamos pagar si confiáramos en un gran grupo indiferente para elegir sus propios métodos y ocuparse de la marcha de la producción?

Si el sistema fabril que ha elevado la mediocridad hasta un nivel superior hubiera operado también para rebajar la capacidad a un nivel inferior, sería un sistema muy malo, un sistema rematadamente malo. Pero un sistema, incluso uno perfecto, debe contar con personas capaces de hacerlo funcionar. Ningún sistema funciona por sí mismo. Y el sistema moderno necesita para su funcionamiento más cerebro que el viejo. Se necesita más cerebro que nunca hoy en día, aunque tal vez no se necesite en el mismo lugar en que estuvo alguna vez. Es justo igual que con la energía: antes cada máquina se hacía funcionar con la energía del pie; la energía estaba justo sobre la máquina. Pero hoy en día hemos alejado la energía: la hemos concentrado en la central eléctrica. Así también hemos hecho innecesario que las mejores capacidades mentales tengan que estar involucradas en cada operación de la fábrica. Los mejores cerebros están en la planta de energía mental.

Cada negocio que nace significa al mismo tiempo la creación de nuevos puestos para hombres capaces. No puede evitarse que así sea. Esto no significa que las nuevas vacantes lleguen todos los días y en grupos. De ninguna forma. Llegan solo después de un duro trabajo; es el tipo que puede soportar el azote de la rutina y aun así mantenerse vivo y alerta quien finalmente llega a la dirección. No es la brillantez sensacional lo que uno busca en los negocios, sino la sólida y sustancial fiabilidad. Las grandes empresas se mueven inevitablemente con lentitud y con cautela. El hombre joven con ambición debe mirar a largo plazo y dejar un amplio margen de tiempo para que las cosas sucedan.

*****

Una gran cantidad de cosas van a cambiar. Aprenderemos a ser maestros en lugar de servidores de la Naturaleza. Con toda nuestra supuesta pericia todavía dependemos en gran medida de los recursos naturales y pensamos que no puede prescindirse de ellos. Extraemos minerales y carbón y talamos árboles. Utilizamos el carbón y el mineral, y desaparecen; los árboles no pueden ser reemplazados en el curso de una vida. Algún día tendremos que aprovechar el calor que está cerca de nosotros y no depender más del carbón: ahora podemos generar calor a través de la electricidad generada por la fuerza del agua. Mejoraremos ese método. A medida que avance la química me siento bastante seguro de que se encontrará un método para transformar cosas vivas en sustancias que resistirán mejor que los metales; apenas hemos tanteado los usos del algodón. Se puede hacer mejor madera de la que crece. El espíritu de verdadero servicio creará para nosotros. Basta con que cada uno de nosotros haga su parte con sinceridad.

*****

Todo es posible... "la fe es la certeza de cosas que se esperan, la evidencia de cosas que no se ven."

FIN

Made in the USA
Las Vegas, NV
22 January 2024